江苏省“十四五”首批职业教育规划教材

高等职业教育教学改革融合创新型教材 · 旅游类

旅游文化

Lüyou Wenhua

(第六版)

张维亚　主　编

吴春雷　副主编

东北财经大学出版社
Dongbei University of Finance & Economics Press
大连

图书在版编目（CIP）数据

旅游文化 / 张维亚主编. —6版. —大连：东北财经大学出版社，2024.1
（高等职业教育教学改革融合创新型教材·旅游类）
ISBN 978-7-5654-5002-0

Ⅰ. 旅… Ⅱ. 张… Ⅲ. 旅游文化-中国-高等职业教育-教材
Ⅳ. F592

中国国家版本馆CIP数据核字（2023）第244107号

东北财经大学出版社出版
（大连市黑石礁尖山街217号　邮政编码　116025）
网　址：http://www.dufep.cn
读者信箱：dufep@dufe.edu.cn
大连天骄彩色印刷有限公司印刷　东北财经大学出版社发行
幅面尺寸：185mm×260mm　字数：333千字　印张：15.5
2024年1月第6版　2024年1月第1次印刷
责任编辑：魏　巍　责任校对：刘贤恩
封面设计：原　皓　版式设计：原　皓
定价：39.00元

教学支持　售后服务　联系电话：（0411）84710309

如有印装质量问题，请联系营销部：（0411）84710711

第六版前言

党的二十大报告首次将“旅游”写入其中，提出“坚持以文塑旅、以旅彰文，推进文化和旅游深度融合发展”。推进文旅融合发展既是弘扬和传承中华优秀传统文化、坚定文化自信、提高文化软实力的重要路径，也是丰富旅游发展的内涵、提高旅游产业吸引力、满足人民日益增长的美好生活需要的重要渠道。当今社会，无论是政府管理，还是市场发展，文旅融合不断走向深入，旅游文化理论研究和实践创新成果不断涌现。本书作为一本紧贴文旅行业的应用型教材，修订工作势在必行。

为了达到上述目标，本书第六版在修订过程中，以习近平新时代中国特色社会主义思想为指导，以体现文旅融合深度化、产教融合新趋势为主线，结合高等职业教育旅游大类专业人才培养目标和文旅行业人才需求，着重从以下几个方面展开：

一是体现党的二十大精神，进一步加强课程思政引领。党的二十大报告指出，“繁荣发展文化事业和文化产业。坚持以人民为中心的创作导向，推出更多增强人民精神力量的优秀作品”“健全现代公共文化服务体系”“实施重大文化产业项目带动战略”“促进群众体育和竞技体育全面发展，加快建设体育强国”“增强中华文明传播力影响力，坚守中华文化立场，讲好中国故事、传播好中国声音，展现可信、可爱、可敬的中国形象”“推动中华文化更好走向世界”。本次修订将党的二十大精神融入教材，更加突出文旅融合、乡村振兴、生态文明、高质量发展、中国式现代化，通过章节内容、“启智润心”栏目、“拓展阅读”二维码等形式，把国家对旅游人才培养的新要求体现在其中。

二是注重理实结合，深化产教融合。习近平总书记强调，要“优化职业教育类型定位，深化产教融合、校企合作，深入推进育人方式、办学模式、管理体制、保障机制改革”。因此，深化产教融合是实现我国职业教育高质量发展的必由之路。本次修订注重将理论与实践、案例等相结合，既体现旅游文化学专业知识，又融入文旅行业的发展经验和成功模式，以更好地服务于项目化、情景化、实战化教学实践的开展。同时，本书深入对接行业，邀请南京市中山陵园管理有限责任公司总经理吴春雷参与本次修订工作，从而使教材内容更加贴合岗位实际。

三是增加文旅行业最新研究成果，更新数据信息。新时代文旅行业的发展日新月异，理论研究和行业实践时刻都在推陈出新，本次修订及时融入了文旅行业的新成果、新经验、新规范及未来发展趋势，如非遗旅游文化建设、智慧文旅建设、旅行社目的地文旅共建模式、乡村旅游文化发展等，以帮助读者更好地了解旅游文化发展的最新动态。

本次修订工作由金陵科技学院张维亚教授主持完成，南京市中山陵园管理有限责任公司总经理吴春雷负责部分案例素材的编写。此外，南京城墙保护管理中心学术研究部主任周源、中国国旅（江苏）国际旅行社有限公司副总经理高志勤、江苏大遗址文化科技产业发展研究院有限公司董事长杨筠也对本次修订工作提出了宝贵意见，在此深表谢意。由于作者编写水平有限，书中不足之处在所难免，欢迎读者提出宝贵意见。

张维亚

2023年10月

目 录

数字资源目录

续表

章	数字资源	页码
第4章 旅游人文文化	在线课堂4-1　旅游人文文化价值	99
	拓展阅读4-1　《曲阜宣言》	101
	拓展阅读4-2　中国历史文化名城类型	106
	拓展阅读4-3　酒令	114
	拓展阅读4-4　扬州八怪	120
	随堂测验4-1　选择题	123
	随堂测验4-2　判断题	123
	随堂测验4-3　简答题及讨论题	124
	随堂测验4-4　案例分析	124
第5章 旅游社会文化	在线课堂5-1　旅游社会文化价值	130
	在线课堂5-2　道教文化	137
	拓展阅读5-1　宗族	131
	拓展阅读5-2　孙思邈	138
	拓展阅读5-3　中国曲阜国际孔子文化节	147
	拓展阅读5-4　宋代四大书院	154
	随堂测验5-1　选择题	159
	随堂测验5-2　判断题	160
	随堂测验5-3　简答题	160
	随堂测验5-4　案例分析	160
第6章 旅游业文化	在线课堂6-1　旅游交通文化	184
	在线课堂6-2　旅游网络文化	193
	拓展阅读6-1　文旅融合与文化传播	167
	拓展阅读6-2　历年世界旅游日主题	169
	拓展阅读6-3　独库公路魅力绽放	185
	拓展阅读6-4　中国高铁成就	186
	拓展阅读6-5　精品旅游饭店	193
	随堂测验6-1　选择题	199
	随堂测验6-2　判断题	200
	随堂测验6-3　简答题	200
	随堂测验6-4　案例分析	201
第7章 旅游文化环境	在线课堂7-1　文化遗产旅游开发	226
	拓展阅读7-1　国家级文化生态保护区	207
	拓展阅读7-2　低碳世园：向世界传达绿色发展理念	209
	拓展阅读7-3　文明旅游　从我做起	209
	拓展阅读7-4　后现代主义	218
	拓展阅读7-5　“颗粒归仓，守护城墙”公益活动	223
	拓展阅读7-6　文化和自然遗产日	227
	随堂测验7-1　选择题	233
	随堂测验7-2　判断题	233
	随堂测验7-3　简答题	234
	随堂测验7-4　案例分析	235

第1章

旅游文化概论

【学习目标】

1. 了解旅游文化的定义和内涵。
2. 熟悉旅游文化的特征。
3. 掌握旅游文化的主要构成。
4. 了解旅游文化的学科背景。
5. 提升审美素养及对本专业的认知度和理解度。

【知识导图】

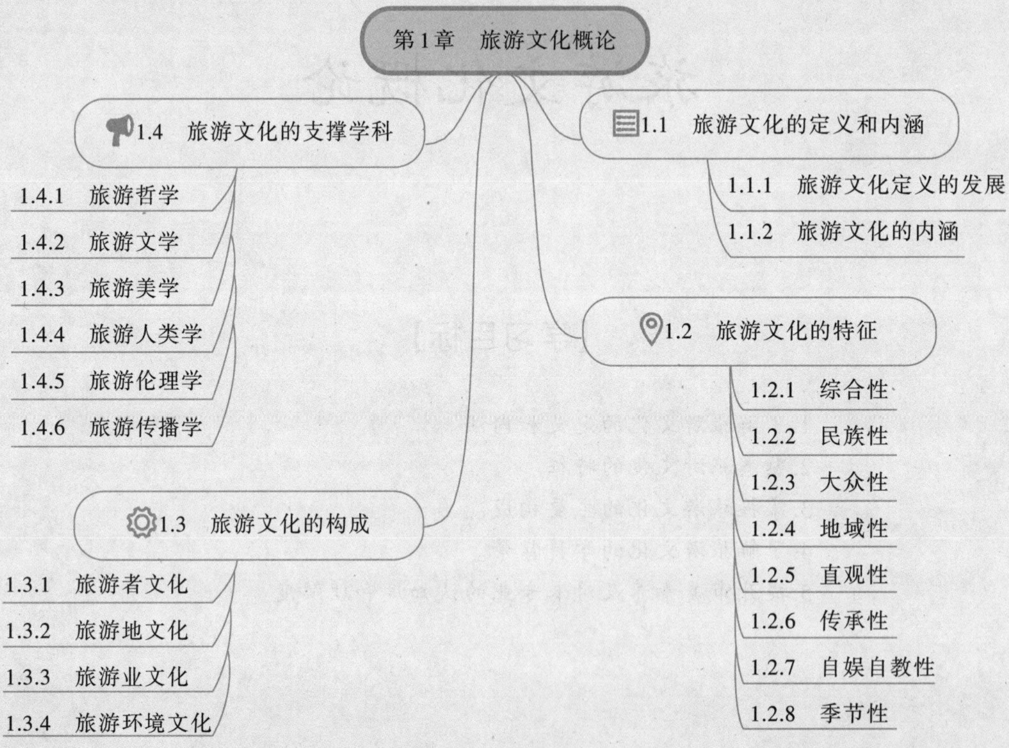
第1章 旅游文化概论
1.1 旅游文化的定义和内涵
1.1.1 旅游文化定义的发展
1.1.2 旅游文化的内涵
1.2 旅游文化的特征
1.2.1 综合性
1.2.2 民族性
1.2.3 大众性
1.2.4 地域性
1.2.5 直观性
1.2.6 传承性
1.2.7 自娱自教性
1.2.8 季节性
1.3 旅游文化的构成
1.3.1 旅游者文化
1.3.2 旅游地文化
1.3.3 旅游业文化
1.3.4 旅游环境文化
1.4 旅游文化的支撑学科
1.4.1 旅游哲学
1.4.2 旅游文学
1.4.3 旅游美学
1.4.4 旅游人类学
1.4.5 旅游伦理学
1.4.6 旅游传播学

引例

有效推动中华优秀传统文化创造性转化创新性发展

习近平总书记指出，“只有全面深入了解中华文明的历史，才能更有效地推动中华优秀传统文化创造性转化、创新性发展，更有力地推进中国特色社会主义文化建设，建设中华民族现代文明”。

2023年7月下旬，客家文化（梅州）生态保护区非遗展演暨梅州文旅宣传推介活动在广州等地举行，精彩的非遗表演令与会者印象深刻。“沿着长江读懂中国——万里长江行”活动青海、西藏长江源头段探访于7月下旬启动；屈原文化公园、南水北调中线水文化旅游区等项目如期开工；长江读书节、长江三峡（巴东）纤夫文化旅游节等活动陆续开展。暑假期间，安徽祁门的中国祁红科技博览园免费向学生开放，充满好奇的青少年在这里了解有关祁门红茶生产、科研的故事，感受历史悠久的茶文化。在内蒙古自治区，一年一度的乌兰牧骑月7月下旬落下帷幕。活动期间，乌兰牧骑总行程达11 600余千米，集中开展演出、宣讲2 100余场次，惠及各族群众180余万人次，进一步丰富了基层文化服务。7月20日至8月5日，以“舞动梦想 和美丝路”为主题的第六届中国新疆国际民族舞蹈节精彩举行，来自亚洲、欧洲、非洲等10多个国家和地区的1 000多名艺术家会聚天山脚下。

资料来源 杨亚鹏. 有效推动中华优秀传统文化创造性转化创新性发展——各地各有关部门深入贯彻落实文化传承发展座谈会精神［EB/OL］.［2023-08-11］. http://www.ctnews.com.cn/news/content/2023-08/11/content_147756.html.

1.1 旅游文化的定义和内涵

在线课堂 1-1
旅游文化的定义和内涵

旅游文化是旅游学的基本概念之一，是旅游学研究的重要内容。但在旅游学的基本理论中，“旅游文化”到底指的是什么？它包含哪些内容？长期以来，人们对这些问题的认识一直比较模糊。本章试图通过总结国内外学者对旅游文化定义的研究成果，对旅游文化的内涵进行分析。

1.1.1 旅游文化定义的发展

1）国内学者对旅游文化的研究

到目前为止，国内学者对“旅游文化”的定义主要有以下几种：

①旅游文化是人类过去和现在所创造的与旅游有关的物质财富和精神财富的总和。(陈辽，1987)

②旅游文化是通过旅游这一特殊的生活方式，满足旅游者求新、求知、求乐、求美的欲望而形成的综合性现代文化现象。(魏小安，1987)

③旅游文化是旅游的“人”化，即旅游者的文化，是旅游者这一旅游主体借助旅游媒体等外部条件，通过对旅游客体的能动的活动，碰撞产生的各种旅游文化现象的总和。(沈祖祥，1988)

④旅游文化是旅游主体、旅游客体、旅游媒体相互作用所产生的物质和精神成果，旅游三要素中的任何一项都不能单独构成或形成旅游文化。(冯乃康，1991)

⑤从广义上说，旅游文化是一门研究人类旅游活动发展规律的学问；狭义地说，它是一门研究商品经济运行环境下，如何合理开发利用过去时代所创造的旅游文化遗产，如何立足本国本地创造有时代精神和地域特色的旅游文化的学问。(喻学才，1996)

⑥旅游文化是指与自然风光、古迹遗址有关的历史掌故、民俗文化、文学艺术、传说故事及百科知识等。(周谦，1996)

⑦旅游文化主要是指旅游组织者为满足旅游者旅游活动全过程中的精神文化需要，所采取的各种文化措施以及接待人员在接待工作中所表现出的能满足旅游者需要的精神风貌和文化素养。(杨建新，1996)

⑧旅游文化是一种全新的文化形态，是环绕旅游活动有机形成的物质文明和精神文明的总和。(贾祥春，1997)

⑨旅游文化是旅游者和旅游经营者在旅游消费或旅游经营服务过程中所反映、创造出来的观念形态及其外在表现的总和，是旅游客源地社会文化和旅游接待地社会文化通过旅游者这个特殊媒介相互作用的过程和结果。(马波，1998)

⑩旅游文化是人类创造的有关旅游的不同形态特质所构成的复合体。(刘卫英、王立，1998)

⑪旅游文化是以旅游行为为核心、以旅游产品为依托、以旅游环境为背景的系统性的场景文化。旅游消费与旅游服务行为文化、旅游资源和旅游产品文化、旅游环境文化共同组成了这一场景文化体系。(张国洪，1999)

⑫旅游文化是以旅游活动为核心而形成的文化现象和文化关系的总和。(王德刚，1999)

⑬旅游文化是传统文化和旅游科学相结合而产生的一种全新的文化形态。(谢春山，2000)

⑭旅游文化是基于人类追求自由、完善人格而要求拓展和转换生活空间的内在冲动，其实质是文化交流与对话的一种方式。(章海荣，2004)

⑮旅游文化是人们的旅游体验与介入过程及其精神产品的总和。(邹本涛、谢春山，2008)

分析上述定义，我们可以得出如下结论：

第一，早期观点偏于强调旅游文化的外在物化表现，定义比较笼统；后期观点逐渐强调旅游活动和旅游者是旅游文化的核心。

第二，许多学者偏好使用“总和”一词来界定旅游文化。

第三，由于有关文化的定义至今仍然存在许多分歧，因此学者们对旅游文化的认识也存在很大差异，但基本上都是从定义和特征的角度进行研究的。

2）国外学者对旅游文化的研究

在西方国家，用来指称“旅游文化”的词语一般是“tourist culture”，“tourism culture”一词极少使用。也就是说，西方学者在研究旅游文化时，明显把旅游者放在了旅游文化结构框架的中心位置，以交际（或跨文化交际）为媒介，研究旅游过程中主客“碰撞”产生的各种文化现象，突出这个概念的动态特征。同时，“旅游文化”一般不被作为一个单独的研究领域来对待，也找不到一个关于“旅游文化”的具体定义，学者们大多将其作为一种研究系统、一个研究视角。因为在社会学和文化人类学学者看来，旅游应该被作为一种社会文化活动来研究其本质和特点，由此产生了一系列关于旅游的基础理论观点，如主客关系理论、神圣游程理论、旅游地生命周期理论等。被社会科学引文索引（SSCI）收录的旅游学界的权威刊物——《旅游研究纪事》（Annals of Tourism Research）就是以旅游文化研究为核心的，该刊迄今为止已经刊发了大量关于旅游社会文化学研究的论文。多数学者认为，目的地国民族文化、客源国文化，以及主体、客体、媒体在旅游活动过程中交际碰撞产生的文化都是旅游文化的研究范畴。

总体来看，国外学者对旅游文化的研究具有以下几个特点：

第一，国外学者的主流观点中，从社会学角度把旅游作为文化现象研究的“文化派”的声音，与从经济学角度把旅游作为经济现象和经济产业来研究的“经济派”的声音不相上下，“文化派”的声音有时更为洪大。

第二，学者们并不是笼统地对旅游文化进行研究，而是分别从社会学、文化人类学、心理学等角度进行具体研究，这些研究也成为旅游学的基础理论。

第三，“文化派”学者重点研究旅游者的量化标准、文化特征与旅游的社会文化影响等问题。

1.1.2 旅游文化的内涵

从上述分析我们可以看出，旅游文化实际上是由客源文化、东道主文化和服务文化三种文化综合而成的，但是这种综合过程只有在旅游过程中才能得以实现，即旅游文化是在旅游活动和为旅游活动提供服务的过程中产生的。因此，我们可以给旅游文化下这样的定义：旅游文化是旅游者在旅游活动过程中形成的文化现象和文化关系的总和。

启智润心 1-1 **文化和旅游的关系**

文化是旅游的灵魂，旅游是文化的重要载体。习近平总书记指出：“旅游是不同国家、不同文化交流互鉴的重要渠道，是发展经济、增加就业的有效手段，也是提高人民生活水平的重要产业。”推动文化与旅游融合发展，大力发展全域旅游，是党中央、国务院做出的重大决策部署，是不断满足人民日益增长的美好生活需要的重要手段，也是推动文化产业和旅游产业转型升级、提质增效的重要途径。

资料来源 范周. 文旅融合的理论与实践［J］. 人民论坛·学术前沿，2019（6）.

这一定义的内涵主要体现在以下几个方面：

1）旅游活动是旅游文化产生的前提

旅游文化的产生和发展与旅游活动的产生和发展是同步的，没有旅游活动，就不会产生旅游文化。或者说，旅游文化是在旅游过程中产生和发展起来的。当然，旅游文化的内容是复杂而广泛的，它不仅包括旅游者在旅游过程中的文化表现和文化影响，而且包括为旅游者提供产品和服务的资源文化和服务文化的内容。因此，旅游文化是以旅游活动为核心而形成的。

2）旅游活动本身就是一种文化现象

旅游活动本身具有文化属性，虽然它必须以支付必要的花费为前提——以经济形式表现出来，但从本质上说，"旅游者在旅游过程中追求的是文化享受"，个人经济能力在旅游活动中仅起到保障作用，"文化和精神享受才是主要目的"。因此，旅游活动实际上是一种以一定的经济支出为前提的文化行为。

小资料 1-1　《镜花缘》与旅游文化

李汝珍创作的长篇小说《镜花缘》，无论是其文学思想、社会风俗、儒道文化、医药养生、语言、艺术价值等方面，还是与其他文学作品之间的关系，都非常值得研究，以往学界同仁对此研究颇多。如果抛开这些方面及其神异成分，《镜花缘》还是一部非常出色的游记小说，尤其是小说的前半部分，蕴含了丰富的旅游文化。

主人公唐敖等人游历的诸国既有着与中原文化相通的一面，如君子国的好让不争，黑齿国、白民国、淑士国的崇尚儒学，两面国的以貌取人等，也有着与中原文化不同的一面。唐敖等人在游历诸国的过程中，有意或无意地接触到异国文化习俗，他们身上所承载着的中原文化与海外诸国的文化得以交流、碰撞，并且相互影响，批判地吸取彼此的有益成分，这符合旅游文化的特征。

资料来源　徐永斌.《镜花缘》与旅游文化［J］. 明清小说研究，2010（1）.

小思考 1-1

分析提示

小思考 1-1

《镜花缘》反映了旅游文化的何种内涵？

3）旅游文化是一种融合文化，具有综合性

旅游文化是由客源文化、东道主文化和服务文化交流、融合而形成的一种独立的文化形态。这种独立文化的主体包括：一是旅游者，他们是客源文化的载体；二是旅游目的地的从业人员及其他与旅游者有间接接触的目的地接待人员和工作人员，他们是东道主文化和服务文化的载体。二者在旅游或为旅游者提供服务的过程中发生关系，共同促进了文化的交流，创造了旅游文化。因此，无论是从旅游文化的内容还是从旅游文化的形成过程来看，旅游文化都具有综合性。

4）旅游文化是一种冲突文化，具有矛盾性

旅游文化是在不同文化的冲突中产生的，即使是在旅游文化内部，也同样存在着矛盾冲突。旅游者来自不同的地区和民族，其思想观念、生活习俗和行为规范等都必然带有民族特色。在旅游过程中，旅游者虽然可以在一定程度上接受东道国的某些习俗和行为规范，但他们不可能完全脱离自己的传统文化习俗，实际上他们总是倾向于用自己的标准来判断所接触、观察到的各种文化现象，把与自己的价值观相矛盾的习惯和信仰视为不开化和野蛮，而赞扬和接受与自己的价值观相吻合的习惯和信仰。因此，旅游者及其自身的文化是不可能完全融入东道国的，旅游者在东道国永远是一个相对独立的群体。同时，为了尊重旅游者的民族习惯，满足旅游者的不同要求，即使是最落后、贫穷的东道国，也会建设符合国际标准的接待设施；服务方面同样要求标准化，并与旅游者的要求保持一致或相似。这样一来，旅游系统就逐渐从该国或该地区的社会和自然生活中脱离出来，并且形成一个独立的阶层——旅游从业人员阶层。这部分人由于长期在特殊的环境中工作，逐渐形成了不同于当地社会的行为规范，如有较超前的意识，见多识广，注重仪容仪表，因有较高的收入而追求高消费等。这些行为规范都会与当地人的生活习惯形成很大的反差，从而使他们成为当地社会中的一个特殊群体，并与当地的传统文化习俗产生冲突。

在旅游文化的主体内部也存在矛盾和冲突，这主要表现在服务与被服务的关系中。旅游文化主体内部的两部分人——旅游者和旅游从业人员，分别来自不同的国家和民族，具有不同的文化背景和价值观念，虽然旅游业已经形成了一些国际通行的惯例，但来自不同文化背景的人对此的认识仍有很大差异，东道国社会的物质文化也与客源地有很多不同，这必然导致旅游活动中两个主体之间围绕服务与被服务的关系产生一定的矛盾和冲突，从而波及旅游文化的各个方面。

5）旅游文化因主体背景而异，具有多样性

旅游者来自世界各地，分属于不同的文化区域，他们的足迹几乎踏遍地球的每一个角落，与各种不同的东道国文化相融合。因此，虽然旅游文化在空间上存在于整个人类社会，但不同区域的旅游文化却有着不同的表现和特征。同时，由于旅游文化有着不同的主体，并且不同的主体在旅游文化中所扮演的角色不同，因此通过不同的主体表现出来的旅游文化也有较大的差异，这些都体现了旅游文化的多样性。

6）资源文化是旅游文化的重要内容

资源文化作为东道国文化的重要组成部分，是旅游文化的核心内容。它与通过旅游者和旅游从业人员体现出来的旅游文化有所不同，后者是在旅游过程中通过服务与被服务以及旅游过程本身体现出来的，而资源文化是在旅游开发过程中显现出来的。其中，自然旅游资源的文化特征主要体现为艺术性和美学价值；人文旅游资源则体现了接待地的传统文化和人文精神，反映了东道国文化的区域性，最能对旅游者起到文化诱导作用，也是东道国文化与客源地文化交流与融合的重要内容。

人文旅游资源的文化特征既与东道国或接待地的区域性和民族性有关，也与资源的种类有关。例如，同样是民俗资源，在不同的地区却有不同的表现。以我国的春节为例，北方的过节习俗与南方特别是南方少数民族的过节习俗就有很大的不同。再如，同样是园林，我国的江南园林与北方园林无论在结构布局上还是在艺术特征上，都有很大的差别。不同种类的旅游资源在文化内涵上的差异更大。例如，江南园林体现的是江南人浪漫的生活情调，将世间美景都集中于自己的园内，守着妻儿老小，时而学着陶渊明的样子东篱把酒，醉卧菊丛，何其风雅。又如，对于宗教旅游资源，无论是幽暗的殿堂，还是深沉、悠扬的经声佛号，都能给人以超脱凡世的感觉。济南千佛山兴国禅寺院门两侧有一副石刻对联，即“暮鼓晨钟惊醒世间名利客，经声佛号唤回苦海梦迷人”，其中蕴含的哲理引人深思。人文旅游资源的这种文化倾向性或诱导作用说明，人为的开发过程——对旅游资源种类的选择、开发质量，以及开发者的观念等——对旅游文化的形成同样具有不可忽视的作用，它甚至可以影响区域旅游文化的整体内涵。

启智润心 1-2 读万卷书，行万里路

拓展阅读 1-1

“读万卷书·行万里路”中华文化主题旅游宣传推广活动

旅游是传播文明、交流文化、增进友谊的桥梁，是人民生活水平提高的一个重要指标，出国旅游更为广大民众所向往。旅游是综合性产业，是拉动经济发展的重要动力。旅游是修身养性之道，中华民族自古就把旅游和读书结合在一起，崇尚“读万卷书，行万里路”。

资料来源 习近平．习近平在俄罗斯中国旅游年开幕式上的致辞（全文）[EB/OL]．[2013-03-23]．http://www.gov.cn/ldhd/2013-03/23/content_2360500.htm.

1.2 旅游文化的特征

在线课堂 1-2

旅游文化的特征（上）

纵观旅游发展史，虽然每个时期的旅游活动都有自己独特的表现形式，但它们在本质上却有许多共同之处，即旅游者在旅游活动中所追求的文化享受。文化，作为旅游的灵魂，始终蕴含在旅游活动中，表现出极大的魅力。广义的文化，是指人们在生产和生活中创造出来的物质财富和精神财富的总和。文化有很强的民族性和发展性，任何民族都有自己的文化，地域性决定了文化的差异性。不同地域的文化在发展过程中必然相互联系、相互交流，人类的旅游活动就是各种文化相互交流、相互融合的运动。

1.2.1 综合性

旅游活动是社会环境中多种文化现象的综合体现，旅游文化的综合性主要表现为三个方面，即旅游文化主体成分、动机的复杂性，旅游文化客体形态、内容的多样性，旅游文化媒体形态、分布的广泛性。

1）旅游文化主体成分、动机的复杂性

社会中的人是旅游文化的主体，不同的年龄、职业、习俗等都会制约或影响人们对旅游文化的接受、重温、加工与创造。旅游文化主体的差异使旅游文化具有驳杂、内部不断整合的特征，旅游文化主体参与旅游文化消费这一行为也由此具有复杂多样的动机。

2）旅游文化客体形态、内容的多样性

旅游文化客体既有作为物质形态的山水名胜、城乡景观，也有凝结在人文景观之中的文化精神和民俗积存；既有历时性的古代、近现代文化印记，又有共时性的当地、外域不同空间范围的文化因子，还有特定的宗教、哲学、政治、经济等其他文化分支的渗透影响，这使得旅游文化客体成为可以满足旅游者多种文化需求、多种旅游动机的对象。旅游者可以在几乎无所不包的旅游文化客体中找到自己人格对象化的确证满足，进而寻找到日常居家生活所没有或不可能有的新鲜感和愉悦感。

3）旅游文化媒体形态、分布的广泛性

旅游文化媒体发展到现代，已经涵盖了服务于旅游主体食、住、行、游、购、娱等方方面面的设施和人员，这也使得旅游资源得到了较为全面与充分的开发。旅行社、酒店、交通运输机构、商店、娱乐场所等日趋与特定旅游景点和地区风物、民俗风情等相融合，具有丰富的文化内涵。

由此可见，现代旅游文化是一项以文化交流、文化消费为基础，涉及社会各类成员，既包括多种形态的旅游客体，又借助于日益丰富的旅游媒体的综合性大众文化。

1.2.2　民族性

旅游文化不仅涉及某一民族文化的方方面面，而且在各民族文化接触交流的过程中起着不可替代的纽带作用，因此它的民族性是不容忽视的。

1）民族文化的独特性

民族个性是旅游文化的精髓，浓郁的民族个性交织在旅游文化的各个层面中，并且被突出和强化。旅游景点的建设应注意发掘民族特色，旅游从业人员应了解当地民族的历史。在旅游活动中，作为媒介的其他各类服务不必盲目照搬其他民族的文化产品及服务，而应突出本民族的特色，利用本民族文化的独特性尽可能地吸引旅游主体对文化殊异性的追求。

2）民族文化的多样性

在各民族间的跨文化旅游中，旅游媒体不仅应注意本民族文化的个性，而且应了解和尊重其他民族的文化习俗。例如，在印度、马来西亚等国家，人们认为左手最脏，不能用左手与他们接触；有些国家的人受某些宗教信仰或习俗的影响，对牛肉、猪肉、数字“13”有忌讳。这些都是民族文化模式中不可或缺的组成部分，旅游媒体如果不重视旅游文化的民族性，就会在跨文化旅游活动或相关服务中产生问题。

3）民族文化的涵化

不同民族之间的接触容纳、交流互补，是旅游文化最具魅力、最令人神往之处。文化的涵化既是一种过程，又是一种结果，是两种或两种以上文化接触后互相采纳、影响所致。旅游主体可以深刻地感知和体验异域风光民情，并且产生终生难忘的审美愉悦；旅游目的地也会因游客的涌入而承纳文化新质。“无论哪个民族的文化，在变革时每有外来的潮流涌入，外来文化就会成为触媒，成为刺激，使本民族文化发生质变。”异族旅游者带来的异质文化和特殊需求，也会刺激并促进某一特定民族、国家或地区旅游经济的繁荣，从而在不同文化模式的撞击整合中推动旅游文化的进步。

拓展阅读1-2

文化涵化

1.2.3 大众性

大众性是对旅游者人数之多、层次之广的一种说明，它集中体现了旅游文化价值不受地域、阶层、人种限制的“超文化”意趣。大众性与旅游文化的综合性有关，客体的多重“共同美”刺激并满足了主体多种多样的旅游动机。

1）社会经济水平的提高

社会经济水平的提高和生活节奏的加快，使越来越多的人有条件选择旅游作为调节身心健康的方式。在很多经济发达国家，旅游已经从奢侈品演变成人们生活的必需品。

2）社会旅游的兴起

对于低收入的贫困家庭，有些国家会采取由政府、单位、工会或其他团体提供资助或补助的办法，帮助他们实现外出旅游。尽管这类旅游者的消费水平相当有限，但这也说明了旅游文化的普及。

3）旅游活动规范化

规范化旅游日趋成为占支配地位的旅游形式。规范化是指旅游者在旅行社的组织下，借助各类旅游企业提供的旅游产品和服务，按照预定的时间、线路和活动内容，有计划、有步骤地完成全程旅游活动。此外，一些零散游客也时常购买这类产品和服务来实现旅游愿望。于是，人们称这种旅游形式为“大众旅游”，参与这类旅游活动的旅游者则被称为“大众旅游者”。旅游文化在制度方面的创新，既满足了大众旅游需求，又有力地推动了大众旅游活动的开展。

4）现代企业的激励措施

旅游文化的大众性，还与现代企业的某些激励措施有一定的联系，即一些企业对于有突出贡献的员工常常以奖励旅游的方式进行激励。这一不断扩大规模的旅游形式为旅游文化的大众性增添了现代化色彩，旅游文化也给人们的生活带来了更多的活力。

1.2.4 地域性

作为文化复合体的旅游文化，是众多特定地理空间范围的文化产物。也就是说，旅游文化不论是历史传承还是空间移动扩散，都离不开特定的地域。尽管人的地域行为至少可以远溯至游牧生活时代，地域行为深深扎根于人类的进化史中，人们喜爱并且不愿离开自己及本种族生活的地域，但现代旅游文化仍坚信，“只有当人们对他所居住的环境以外的事物产生广泛的兴趣时，只有出于他本身的意愿去注重与陌生而新鲜的事物建立联系，并能估价和享受它们时，旅游才有可能性”。因此，在旅游文化的地域性上做文章是相当重要的。

1）地方特色和乡土气息的体现

旅游文化的地域性要求开发者在设计旅游产品时注重地方特色和乡土气息的体现。文化的地域性，从根本上说是一定的地域空间中的一套文化特质和文化集结的组合表现，一种文化就是在一个地方共同体群落中发现的一类文化的聚合。因此，区域文化的亚文化特征，在我国华南、西北、东北地区甚至一些小城市都可以见到，正所谓“百里不同风，千里不同俗”。就地设计旅游产品，唯我独优地发挥地域之长，典型的例子有哈尔滨的冰雕旅游、吉林的雾凇旅游，以及曲阜“三孔”（孔府、孔庙、孔林）文化之旅等。不论是自然景观的改造还是人文景观的加工利用，都带有鲜明的地域特征，有利于扬长避短，满足旅游主体追求殊异的审美期待。

2）核心区与边缘区

体现旅游文化地域性的旅游文化区，通常由核心区与边缘区两部分组成。核心区的旅游文化特点鲜明且比较典型；边缘区的旅游文化通常是两种或两种以上地域文化融合交汇的结果。例如，我国鲁南一些地区与苏北、豫东毗邻，其旅游文化特征与齐鲁核心区旅游文化的特征就有所不同，受相邻地域文化的影响，去鲁南的游客既可以领略苏北风情，又可以听到河南坠子。

3）旅游文化的漂移和扩散

由于旅游文化具有地域性，因此特定区域的旅游文化会出现漂移和扩散现象。一般来说，两个地区间的文化模式共同点越多，交流扩散越容易发生。当然，这并不完全以两个地区间的空间距离为决定要素。不同地区的旅游文化越相似，越会构成竞争，因此挖掘旅游资源的地域特色十分重要。

小资料 1-2　“一带一路”背景下青藏地区旅游文化资源开发

青藏地区的旅游文化资源主要有四类：一是历史遗址文化资源。雍布拉康、青瓦达孜宫是吐蕃王朝时期兴建的西藏传统宫殿式建筑精品，也是我国保存最完整的集城堡和寺院于一体的遗址类宫殿建筑群之一，是中华民族建筑文化的重要组成部分。二是宗教文化资源。大昭寺、小昭寺和文成公主庙是我国重要的宗教文化建筑。三是湖泊文化资源。青海湖见证了民族历史文化的发展变迁和昆仑文化的博大精深，具有悠久的人文历史和深厚的文化底蕴。四是公园文化资源。可可西里国家级自然保护区、巴松湖国家森林公园、三江源国家公园的文化资源禀赋具有全球意义。

青海省为提升旅游形象，申报了“青海省旅游融入‘一带一路’研究”项目，借鉴国内外先进经验探索生态旅游可持续发展模式和实施机制，弥补青藏地区旅游发展的短板，增强文化旅游和生态旅游的竞争力。在评估旅游资源、旅游环境、旅游开发潜力、融入“一带一路”适应性时，青海省坚持经济性、可靠性、综合性，对旅游前、旅游中和旅游后进行全面分析，旅游管理水平和旅游品质都得到了提升。西藏推出了全国首批康养旅游示范基地，大力发展药浴、温泉养生、休闲度假等特色业态。青藏地区各级旅游部门通过开展旅游直播，持续创新旅游线上线下传播方式，取得了良好的经济效益。

资料来源　羊进拉毛，张海云．“一带一路”背景下旅游文化与国家形象传播——基于青藏地区的田野考察［J］．北方民族大学学报（哲学社会科学版），2022（1）．

小思考 1-2

分析提示

小思考 1-2

青藏地区如何在“一带一路”背景下推动旅游文化形象的塑造和传播？

在线课堂 1-3

旅游文化的特征（下）

1.2.5　直观性

所谓直观性，是指旅游客体直接作用于旅游主体的视听感知，这也是旅游所具有的新奇和感人的魅力之一。唯其如此，旅游主体才能切实得到在原有空间中无法得到的新鲜感受。

1）有形的人文旅游资源

在自然旅游资源和人文旅游资源两大系统中，后者可分为有形的人文旅游资源和无形的人文旅游资源两类。有形的人文旅游资源包括历史文物古迹、民族活动及相关场所、大型体育和文化盛事及某些经济建设成就等，这些资源最能体现旅游文化的直观性，其与自然景观交相呼应，能够最大限度地吸引旅游文化主体。

2）审美文化底蕴

每一种供旅游者观赏的旅游文化产品背后，都凝结着特定的审美因子和文化内蕴，延展着其形式美的价值功能。因此，旅游文化建设的一项重要任务就是将旅游客体直观性背后的审美文化底蕴与其外在的直观性结合起来，使其“外内表里，自相副称”，进而使直观性的价值要素得以丰富和持久。

3）电子媒介

旅游文化的直观性还表现在旅游文化可以通过科技手段尤其是电子媒介进行延展。一些现代化的信息传播设备使旅游活动融宣传、游乐、陶冶、交流等功能于一体，具有直观体验的刺激性、实感性，可以提高旅游主体观光的效率，从而使旅游主体全身心地沉浸在特定的情境氛围中。

4）旅游管理机构以及旅游从业人员的服务

服务于旅游主体的旅游管理机构以及旅游从业人员，都会自觉或不自觉地成为旅游主体观察、接触、感知、体验的一部分，其文化观念也会在与旅游主体的交流中得到全面而真切的展露，从而直接影响到服务的效果。

1.2.6　传承性

传承性是从旅游文化的纵向、时间角度而言的，与地域性，即旅游文化的横向、空间角度相对应。任何文化景观都是人类文化长期演变的结果，文化沉积也说明了旅游文化有自身的文化层，是逐渐演变进化而来的。旅游文化的传承性在物质层面、制度层面和观念层面上都有体现。

1）旅游文化的物质层面

从旅游文化的物质层面来说，现存的自然景观，如名山大川、海洋湖泊等，一般都带有人类旅游文化的印记，人类把自身的烙印打在这些自然景观上面，使得后人在欣赏自然美的同时能够品味旅游文化；现存的人文景观，既有古代社会留下来的遗址胜迹，又有在古代建筑风格等影响下陆续新建的仿古建筑，无不在向游客诉说着建筑文化的历史故事。

2）旅游文化的制度层面

从旅游文化的制度层面来说，历史上形成的旅游文化传统，仍不同程度地为后人所效法、运用。例如，我国古代记述山水名胜的传书，自《禹贡》《山海经》始，到《水经注》《方舆胜览》等，从《洛阳伽蓝记》到《茅山志》，以及旅行名著《法显传》《大唐西域记》《徐霞客游记》等，都是旅游文化在制度层面传承的体现。又如，英国旅行代理商托马斯·库克开创的团体旅游和旅行业务，也体现了特定的旅游思想，为人们广泛继承，并在此基础上派生和增拓。

3）旅游文化的观念层面

从旅游文化的观念层面来说，很多宝贵的旅游文化观念启迪并影响着一代又一代的后来者，如修身旅游观、宗教朝圣旅游观等。

习近平总书记在党的二十大报告中指出："以社会主义核心价值观为引领，发展社会主义先进文化，弘扬革命文化，传承中华优秀传统文化，满足人民日益增长的精神文化需求，巩固全党全国各族人民团结奋斗的共同思想基础，不断提升国家文化软实力和中华文化影响力。"文化发展具有客观规律性，中华文化发展到今天，形成了鲜明特征和累累硕果。"以文塑旅、以旅彰文"，文化无时无刻不在影响旅游的内涵特征和发展方向。只有不断在旅游过程中注入文化基因，才能开发出群众喜闻乐见的旅游产品，使旅游成为国民文化自信的重要渠道。

旅游文化的传承性虽然不全以人的意志为转移，但是在现代旅游文化观念支配下的旅游者，应该并且能够摆正对传统旅游文化的态度，兴利除弊、推陈出新，在对各种旅游文化要素的选择、吸纳与融合中，继承各民族文化的精华，开拓旅游文化的新视野。

1.2.7 自娱自教性

旅游文化对它的主体——旅游者来说，从本质上讲是一种和谐欢乐的文化，是一种满足人类求新奇、求愉悦、求享乐本能的文化。旅游文化给参与者带来的情感体验、基调是乐观积极的，以致学术界在较长一段时期内对旅游和娱乐区分不清，可见旅游对人的身心陶冶有难以替代的自娱自教性。

1）满足人的精神需求

旅游活动能够有效满足人类的某些共同本能需求，旅游文化能够在满足人类的这些本能需求的同时，激发起人作为生命体的深刻而强烈的人生体验，激发起人对生活乃至生命的热爱，从而使人们以更为乐观积极的态度拥抱人生，也更有了解、体验人类文明成就和自然景观的兴趣和热情。从旅游文化学的角度看，人类的旅游活动可以较直接地唤起人的求知本能、好奇本能、结群本能、建设本能等。中国古人就有“五岳寻仙不辞远，一生好入名山游”“乐莫乐兮新相知”之说。旅游常常同人的某种精神需求结合起来，超越空间，达到满足人的精神需求的目的。旅游使人来到一个向往已久却较为陌生的环境，使人在开阔眼界、结交新朋友的过程中获得莫大的愉悦快慰。旅游打破了人们生活的旧有格局和因循节奏，使人“行万里路，胜读万卷书”。

2）主体的自我实现

旅游文化多维多重的丰富内容，有利于主体自我目标的实现。人们参与旅游活动与否，以何种形式参与，完全是自主自愿的。丰富的旅游文化资源、众多的消遣娱乐方式、各式交通工具等，都为旅游者自由选择提供了主客契合的基本条件。人们可以随意不拘地进行自己的旅游实践。玩，则玩个痛快、尽兴；观赏，则尽饱眼福，铭记终生；考察，则慕名而来，身心投入。不论是旅游景点还是游览时间、消费方式等，个体都会视自己的身体状况、兴趣爱好、经济能力等量力而行。在诸多方面都达到最优选择的活动中，人们期望获得的自娱自教效果就有可能最大限度地实现。

3）生命价值实现过程

旅游文化所具有的自娱自教性还体现在旅游主体实现自娱自教的方式上。旅游活动是个体全身心投入的一种人生体验，是一种潜移默化的生命价值的实现过程。旅游活动中的自教往往并非有意为之，而是寓教于乐、乐在其中的。旅游活动带给旅游主体的精神感受往往是其始料未及的，旅游活动对人生体验的丰富、知识的积累和视野的开阔，几乎是每一个旅游主体都暗暗期许的，而这一切皆在轻松愉快的氛围中实现了。

4）旅游本身的新异性质

旅游文化的自娱自教性也与旅游本身的新异性质有关。旅游具有超血缘、超地缘性，旅游者来自四面八方，彼此素昧平生，大家聚集在一个新的地域，这可以充分激发个体生命的活力，有利于他们摆脱旧有束缚，适应新的物质环境和人文环境。史学家曾注意到，从部族迁徙、文化传播的角度看，人们停留在老地方获得的刺激不如在新地方获得的刺激多。大量事实表明，“凡是在新旧两地之间隔了一段海洋的，刺激力就更大”，跨海迁徙的成果主要体现在政治方面，这种新的政治制度是“以契约为基础的”，因此人们需要选择一个有能力的、可靠的领袖，从而使传统习惯被打破。旅游文化也具有这种打破旧有束缚、挣脱定式、更新个体观念和行为方式的健康机制。通过旅游活动中的感知体验，人们不会再执拗地只将自己的家乡看得水软山温，也较少受到封闭落后的精神枷锁的束缚；不仅人们的现代意识会在跨地区、跨文化旅游中增强，而且能够使人们对自己的过去和现状进行反思，对自己所在的地区有一个较为客观、清醒的评价，既不妄自菲薄，也不妄自尊大。在此前提和基础上，旅游主体就以身体力行的自娱自教，担负起了历史赋予的某种文化使命。

1.2.8 季节性

旅游文化的季节性以旅游资源的地理分布和旅游主体的爱好为基础，这在现代旅游活动中表现得尤为突出。对旅游文化客体来说，自然景观的季节性通常强于人文景观；对旅游文化主体来说，度假旅游的季节性通常强于商务旅游。作为旅游文化媒体的机构和从业人员，了解与探讨旅游文化的季节性是很有必要的。

1）客体资源的季节变化

从旅游文化的客体资源上看，无论自然景观还是人文景观，都会因季节的变化而变得有利于旅游或不利于旅游。以我国为例，我国疆域辽阔，气候类型多样，地域的季节性十分明显。郦道元在《水经注》中对三峡四季的景色进行了描绘，不同季节的自然景物特征是明显不同的。有的自然景观如雾凇、海市蜃楼等，只有在特定季节才会出现。某些具有地域特点的旅游活动，如爬山、垂钓、滑雪、骑马、游泳等，以及一些同区域民俗、节日庆典（如泼水节、火把节等）相结合的活动，也与季节密切相关。同样，人文景观也会因季节的不同而给旅游者带来有差别的感受。因此，结合地理学知识，了解不同地区客体资源的季节性，对旅游文化资源的发掘、利用是大有益处的。

2）有季节特色的旅游活动

旅游文化的季节性也表现在具有季节特色的旅游活动上，旅游者对旅游文化的评价会受季节因素的影响。在许多地区，由于季节的不同，特定的旅游资源在该地区呈现的价值也会有所变化。在炎热季节，旅游者对海滨资源的评价较高；在寒冷季节，旅游者对滑雪运动的评价较高。

3）旅游文化媒体的应对

旅游文化的季节性还表现在旅游文化媒体如何应对季节性因素带来的旺季与淡季的挑战。旅游旺季与淡季是相对而言的，旅游文化媒体在旺季与淡季关注的重点也不一样。一般来说，在旺季，旅游媒体应调动各方面的人力、物力，努力提高旅游服务的接待能力和效率；在淡季，旅游媒体则应突出自身的文化积累，如在接待旅游项目较少的学术会议团体时，可适当降低旅游和住宿费用。

1.3 旅游文化的构成

作为一门学科，旅游文化学应具有系统性，即把各种旅游文化事项全部纳入微观和宏观两极系统。微观系统以旅游者文化为核心，辅之以旅游地文化和旅游媒介文化；宏观系统以旅游环境文化为核心。旅游文化系统以旅游文化过程、旅游文化结构为切入点，对旅游文化进行功能解析，不仅要研究旅游者与旅游地之间的文化交流，还要对旅游文化的发展趋势做出描述和总结，更要拟定旅游文化发展战略以指导旅游文化建设，解决旅游文化变迁发展中存在的问题。所以，旅游文化学的基本框架可以从以下四个方面进行搭建：旅游者文化、旅游地文化、旅游业文化和旅游环境文化。

1.3.1 旅游者文化

旅游者文化是旅游文化的子文化，也是旅游文化的核心文化。旅游者是旅游活动的主体，其在旅游过程中会形成一套相对独特的观念和行为，或者称为一种文化形态，即旅游者文化。旅游者文化涵盖甚广，主要包括旅游动机文化、旅游行为文化和旅游消费文化。人们的社会性需要以及好奇心是产生旅游行为的内在驱动力，也可以说是客观条件，如果不具备一定的客观条件，人们的旅游行为最终也不会发生。这种内在驱动力就是旅游动机，也是研究旅游者文化的切入点。从社会学的角度来讲，旅游者是一个社会角色。一旦某个人成为旅游者，那么他的行为在一定程度上就会有别于其在日常生活中的行为，也就是说他必须遵从一定的行为规范。此外，旅游主体可以划分为不同的亚文化群体，每个亚文化群体都有自己的观念和行为模式。旅游者如何受到来自所属地区群体内部规范的制约，是旅游行为文化研究的内容。旅游还是一种文化消费活动，旅游者在旅游过程中的消费行为是旅游文化的重要表现，是反映旅游文化盛衰的“晴雨表”。

拓展阅读1-3

旅游动机理论

1）旅游动机文化

旅游动机就是促使人们离开居住地外出旅游的内在驱动力。旅游动机是推动人们进行旅游活动的内部动力，具有激活、指向、维持和调整的功能。从研究结果来看，个体的年龄、职业和家庭人均收入，会直接影响个体的旅游动机文化。首先，不同年龄的人，其所处的生活环境不同，所扮演的生活角色不同，社会化的程度不同，因此他们的心理和行为存在很大差异。其次，从事不同职业的人，其工作性质和经济收入不同，因此他们具有不同类型的旅游动机文化。例如，个体工商业者、采购人员、销售人员、企业管理者等，他们经常要到各地进行商务活动或参加各种会议，旅游的机会和经历较多，因此他们比从事其他职业的人有更高水平的旅游动机，工作和广义的旅游密切结合在一起。最后，家庭人均收入不同的旅游者，旅游动机文化也有显著的不同，收入水平越高，旅游动机越强烈。中国人历来重视家庭，在家庭内部经济共享，一个人的绝对收入并不能代表他的消费水平，只有从家庭人均收入的角度来衡量，才能真正反映一个人消费水平的高低。所以，这里我们使用家庭人均收入指标来探讨经济因素和旅游动机的关系。旅游动机来源于旅游需要，而旅游需要的产生和发展要求具备安定的社会条件和良好的经济条件；同时，已经产生的旅游需要若想转化为旅游动机，必须在经济繁荣的条件下充分开发旅游资源，完善旅游设施，提高服务质量。

小资料1-3　　**西递旅游者的动机**

2002—2003年，研究者对西递旅游者的动机进行了研究。研究者根据主导动机的不同，将西递旅游者分为四种类型：专业型修学旅游者、探求型文化旅游者、发展型文化旅游者和消遣型文化旅游者。专业型修学旅游者主要对西递的古建筑、人文景观、乡村自然风光和地方传统文化感兴趣，同时也较为注重旅游接待设施，尤其是康体娱乐设施。探求型文化旅游者的主导动机是了解当地历史文化和风土人情，并以中老年人居多。发展型文化旅游者的主导动机具有多元化的特点，注重通过旅游"发展个人爱好，追求个人理想"和"丰富人生经历，增加成就感"，表现出较强的自我实现倾向。消遣型文化旅游者的主导动机也具有多元化的特点，他们来西递旅游主要是为了消遣、娱乐和享受。这类旅游者重视旅游地的自然景观和文化景观，认为旅游地的旅游设施很重要。

资料来源　苏勤，曹有挥，张宏霞，等. 旅游者动机与行为类型研究：以世界遗产地西递为例［J］. 人文地理，2005（4）.

小思考1-3

旅游动机产生的条件是什么？

小思考1-3

分析提示

2）旅游行为文化

（1）旅游行为文化模式

旅游行为文化模式是对旅游活动空间的描述，它包括三个基本概念：节点、连接节点的路径以及沿路径移动的旅行方式。旅游行为文化模式主要有五种，即点状模式、线形模式、基地模式、环形模式、链式模式。

（2）跨文化旅游行为

旅游是一种特殊的文化交流活动。世界旅游组织1992年提出的旅游主题是"旅游：社会经济稳定和人民之间交流的重要因素"；2001年提出的旅游主题是"旅游业：和平和不同文明之间对话服务的工具"；2011年提出的旅游主题是"旅游：连接不同文化的纽带"。从这些旅游主题我们可以看出，旅游已成为跨文化交流的一种方式。然而，在跨文化交流中文化冲突常常会发生，这主要是因为不同文化之间存在差异。这种差异表现在各个层面，包括世界观、价值取向、文化传统、心理因素、行为规范、社会地位、角色关系、交际场合等。因此，研究跨文化旅游行为意义重大。

3）旅游消费文化

随着人们旅游消费行为的改变，世界旅游业开始迈进新的时代。在这个新的时代，旅游业的各个环节都具有新的特点。旅游消费主体的年龄结构发生了改变，中青年所占的比例逐步增加。当代旅游需求还具有另一个鲜明特征，那就是旅游者的参与意识越来越强烈。追求淳朴、回归自然、享受自然的旅游动机在世界范围内得到强化，生态旅游、乡村旅游、海洋旅游、探险旅游方兴未艾，成为世界旅游发展的潮流。

1.3.2 旅游地文化

小资料 1-4 **扬州“运河十二景”**

扬州是大运河的原点城市、大运河联合申遗牵头城市，也是全国唯一全域划入大运河文化保护传承利用规划核心区的地级市。为串珠成链打造世界级运河文化遗产旅游廊道，助推扬州大运河文化带和国家文化公园建设在新起点上继续走在前列、争做示范，2022年6月27日，扬州市大运河文化带和大运河长江国家文化公园建设工作领导小组办公室牵头，启动扬州“运河十二景”评选和建设工作。根据综合票选结果和专家学者、社会各界的意见，最终确定了扬州“运河十二景”的入选名单，它们分别是：瘦西湖、运河三湾、七河八岛、明清古城、茱萸湾、双宁古韵、盂城驿、北湖湿地、平山堂、邵伯古镇、瓜洲古渡和高旻禅寺。“运河十二景”中既有生态景观，也有人文高地；既有历史经典，也有时代新秀；既蕴涵着古人的浪漫与智慧，也彰显着今人的创造与作为，是扬州运河“最古老、最核心、最精华、最有活力一段”的集中展现。

资料来源 邹平，玉菁. 扬州“运河十二景”昨发布［N］. 扬州日报，2022-08-11（1）.

小思考 1-4

分析提示

小思考 1-4

如何打造世界级运河文化遗产旅游品牌？

旅游地文化是指一个地域（国家、城市、风景区）的文化，包括自然地理条件、社会人文背景以及文化氛围和文化脉承，是自然地理基础、历史文化传统和社会心理积淀的三维时空组合。旅游地文化是一地之“本”、一地之“神”、一地之“韵”和一地之“格”，是一个地区旅游形象的标志。

1）自然旅游文化

第一，对自然的审美活动是旅游文化的源头。

第二，对自然的哲学思索影响和促进了旅游文化的发展。旅游文化是自然观的反映，在两者的关系中，自然是源，旅游文化是流。

第三，自然意识的不同导致了旅游地文化的不同。影响旅游地文化形成的因素有很多，但自然环境（如山水、气候、动植物等）的影响是最基本的。

第四，研究自然观的演变，有助于探索旅游地文化的深刻内涵。不同地域、不同民族对自然的审美不尽相同，并且随着时间的推移而不断修正和完善。因此，要深入了解旅游地文化，就必须积极探索自然观的发展脉络。

2）人文旅游文化

人文旅游文化是建筑、饮食、文学艺术等旅游文化载体表现出来的静态的旅游文化。旅游文化是人文景观的灵魂，如何充分挖掘出人文景观所蕴含的旅游文化，对一个景观的发展具有重要意义。但旅游文化毕竟是一种精神产品，要想把这种精神产品表现出来或者传递给旅游者，必须借助一定的载体对旅游文化进行恰当的物化。可以说，对旅游文化进行物化的过程就是寻找旅游文化载体的过程。

对旅游文化的研究可以从宏观和微观两个方面展开。宏观研究大多“集中于对旅游文化的概念、特征、内容及结构体系等基本理论问题的探讨”；微观研究则“高度重视对诸如建筑、园林、宗教、民俗等人文旅游资源文化内涵的分析”。许多旅游规划师发现，要想深入挖掘和恰当表现某个人文景观的旅游文化是一件非常困难的事情，这在很大程度上是因为我们忽略了旅游文化是通过特定载体表现出来的这一事实。旅游文化问题从本质上看就是旅游文化载体问题，通过对旅游文化载体的考察，我们可以把复杂的旅游文化现象置于一种可以量化的标准之下，这样有利于我们全面认识人文景观的旅游文化，促进人文景观的可持续发展。

3）社会旅游文化

社会旅游文化是宗教、民俗、社会制度等旅游文化载体表现出来的动态的旅游文化。社会旅游文化更多地体现了旅游接待地居民鲜明的文化态度和对旅游者文化的持续影响。

旅游在客观上起到了促进不同地区、不同民族乃至不同国度文化之间相互沟通的作用。与其他文化的交流方式相比，社会旅游文化的交流方式优势十分明显：首先，它是一种人群之间的直接交往，而不是以文字、有形物品或者个别人为代表的间接沟通或信息传递；其次，社会旅游文化体现了各种社会文化现象的交叉和渗透，其中不同文化主体间的沟通内容涉及甚广，几乎无所不包；再次，社会旅游文化交往是人类的和平交往，是人类文化最理想的交流方式；最后，以社会旅游文化为媒介的对外文化交流虽然离不开政府的参与，但主要是一种民间文化交流活动，这种民间文化交流活动常常能够发挥正式外交活动所不能发挥的作用。接待地通过发展社会旅游文化，一方面可以了解其他人，促进人类整体和世界大同观念的形成；另一方面可以宣传自己，树立自己的良好形象。

1.3.3 旅游业文化

旅游业文化是指各类旅游企业和旅游部门在提供旅游产品的过程中所创造出来的各种现象和关系，主要包括旅游组织文化、旅游中介文化、旅游交通文化、旅游住宿文化和旅游网络文化。旅游业的各个组成部分之间互相关联，不仅提供旅游产品，而且相互作用、相互影响。旅游业文化就是在这种复杂的关系中产生的。

1）旅游组织文化

旅游组织文化包括旅游政府组织文化和旅游民间组织文化。旅游组织文化因政府组织和民间组织在旅游文化中的主导地位的不同而有所区别。这也与国家的政治体制、历史背景有一定关系。

2）旅游中介文化

旅游中介文化是指旅行社文化，具体包括旅游代理商文化、旅游批发商文化和旅游零售商文化。旅游中介文化对旅游者的行为决策具有重要影响，主要体现在三个方面：一是旅游者对旅游目的地的感知印象；二是旅游者的旅游偏好；三是旅游者旅游效益的最大化。旅游中介文化对旅游者的时空行为也会产生影响。比如，为了在最短的时间内让旅游者获得尽可能多的游览经历以获取更多的利润，旅行社有可能利用自己熟悉目的地等优势将旅游行程安排得非常紧凑，相对于每个景点而言，旅游者的游览时间比原来缩短了，在途时间将会发生改变。此外，旅游中介文化对旅游者的消费行为和心理活动也会产生影响。

3）旅游交通文化

旅游交通文化是指旅游者前往旅游目的地的过程中（包括旅途中），访问中间站点时所产生的文化现象。一个地区旅游文化的发达程度与交通文化的发达程度是密切相关的。也就是说，一个地区的旅游交通文化越发达，该地区的旅游文化越发达。旅游交通文化在旅游文化发展过程中往往起到先锋作用和促进作用。

4）旅游住宿文化

旅游住宿文化是指因过夜游客在旅游过程中的住宿经历而产生的文化现象。旅游消费属于文化消费，文化意识是旅游住宿文化的重要特点。旅游消费的感性化倾向和住宿业市场竞争的加剧，决定了旅游住宿文化必须突出个性化。同时，住宿客人的异地性决定了旅游住宿文化必然具有跨地域性，因此应特别注意国际文化的沟通和交流。

5）旅游网络文化

网络被称为“第四媒体”，是旅游业文化在当今世界迅速传播的重要载体。旅游网络文化的构建主体是旅游企业。旅游信息通过互联网在旅游者之间扩散，这使得旅游文化从虚拟的空间中释放出来，转变成为现实的文化产品。旅游网络文化的构建需要政府的扶持、行业的推动、企业的参与和游客的传播。

1.3.4 旅游环境文化

旅游文化本身是一种综合性的活动，对环境的依赖性很强。人文、社会、经济、技术、自然、政治、法律等都构成了旅游文化的环境。可持续旅游文化、生态旅游文化和遗产旅游文化是构成旅游环境文化的三大要素。

1）可持续旅游文化

可持续发展理论在20世纪80年代被正式提出，20世纪90年代得到发展。可持续旅游文化以旅游文化活动不破坏资源环境为核心目标，关心的是旅游文化活动的长期生存与发展，其实质是要求旅游与自然、文化和人类生存环境成为一个整体。可持续旅游文化是基于旅游业发展中产生的日益突出的环境、经济和社会问题而提出的，它要求旅游发展带动区域发展，从而实现区域经济效益、社会效益、环境效益综合最大化。

2）生态旅游文化

“生态旅游”这一术语是由世界自然保护联盟（IUCN）特别顾问谢贝洛斯·拉斯喀瑞于1983年首次提出的。那么究竟什么是生态旅游，人们对此莫衷一是，迄今没有形成一个明确的、被广泛接受的定义。归纳研究者的观点，大致有以下三种：第一，从旅游需求者的角度出发，认为生态旅游是一种回归自然、对生态和社会负有特殊责任的旅游活动。第二，从旅游开发经营者的角度出发，认为生态旅游是一种可持续发展模式。第三，从旅游需求者和开发经营者双重角度来理解，认为生态旅游既是一种以自然资源为基础的旅游活动或旅游产品，又是一种具有强烈环境保护意识的旅游开发方式。

生态旅游文化是随着生态旅游活动的展开而产生的文化现象，它强调构建人与自然和谐共生的生态系统。生态旅游文化的基础理论是生态学理论和思想。生态学理论要求从生态系统的整体性出发，保护生态系统中的有机与无机环境，从而使生态系统维持正常的物质流、能量流与信息流。以生态学思想为指导，使旅游活动对环境的影响最小化。

3）遗产旅游文化

世界遗产是人类的宝贵财富，是一个民族的“身份证”。1972年11月16日，联合国教科文组织第17届会议在巴黎通过了《保护世界文化和自然遗产公约》。截至2023年9月，全球共有1 199处遗产地被列入《世界遗产名录》。我国自1985年12月12日正式加入《保护世界文化和自然遗产公约》，申报世界遗产的活动得到了全社会的普遍关注和积极响应。截至2023年9月，我国已有57项遗产项目列入《世界遗产名录》，其中世界文化遗产39项（含5项世界文化景观）、世界文化与自然双重遗产4项、世界自然遗产14项。

启智润心1-3 从茶中来 向世界走 普洱景迈山古茶林文化景观的保护与传承之路

2023年9月17日，在沙特阿拉伯利雅得举办的联合国教科文组织第45届世界遗产大会上，我国申报的“普洱景迈山古茶林文化景观”项目成功列入《世界遗产名录》，成为全球首个茶主题世界文化遗产，中国世界遗产数量增至57项。

普洱景迈山古茶林文化景观位于云南省普洱市澜沧拉祜族自治县，平均海拔1 400米，气候和土壤条件十分适合普洱茶生长。公元10世纪以来，布朗族先民发现和认识野生茶树，利用森林生态系统，与傣族等世居民族一起探索出“林下茶”种植技术，历经千年的保护与发展，形成林茶共生、人地和谐的独特文化景观，是保存完整、内涵丰富的人工栽培古茶林代表，是我国农耕文明的智慧结晶，也是人与自然良性互动和可持续发展的典范。

普洱景迈山古茶林是中华文明突出特性的生动缩影。它连绵千年、延续不断，具有突出的连续性；它高超的土地利用方式、不断改进的种茶技艺，具有突出的创造性；古茶林中芒洪八角塔等景观，兼容中原与西南建筑风格，展现了中华文化对云南边疆的辐射和影响，具有突出的统一性；景迈山上，布朗、傣、拉祜、汉等各族人民友好相处，人与自然和谐共生，具有突出的包容性；这里所产的茶叶通过茶马古道走出国门，推动不同文明交流互鉴、合作共赢，具有突出的和平性。

资料来源 李瑞. 从茶中来 向世界走 普洱景迈山古茶林文化景观的保护与传承之路［EB/OL］.［2023-09-17］. http://www.ncha.gov.cn/art/2023/9/17/art_722_184083.html.

遗产旅游是人类求取与外部世界高度和谐的有效形式之一，是高质量回归自然、回归历史的社会生活的组成部分。遗产旅游文化的研究内容涉及遗产旅游文化的定义、遗产旅游文化的特征、遗产旅游文化的管理、遗产旅游文化的可持续发展、遗产旅游文化的研究方法、遗产旅游文化的开发等。其中，遗产旅游文化的开发是遗产旅游文化研究的重点。遗产旅游文化的开发应遵循原真性、完整性原则；鼓励社区参与，让当地居民受益；严格规划，逐步开发；旅游审美与遗产保护教育相结合；依法开发。遗产旅游文化的开发模式有轮休型开发、融合型开发、分区开发、景区与社区联动开发、动态循环开发五种。需要说明的是，这些开发模式之间并不是不相容的，它们可以交叉、融合使用。一种开发模式可以被运用到多项世界遗产中，一项世界遗产也可以使用多种开发模式。

1.4 旅游文化的支撑学科

1.4.1 旅游哲学

1）人生哲学

（1）追求自由

人们在居住地、工作地生活过久，或因工作与身份所限不得畅所欲言，或因生计压迫身心疲惫，或对家庭琐事厌倦疲乏，就可能产生外出旅游的动机。从旅游原理上看，这种动机是出于自身生理、心理的需要。心理的轻松、舒适，便是人们常说的获得自由、解脱。

（2）实现人生价值

一生不懈地为生计、为家庭而劳作，为团体、为社会而奔走，为科学、为艺术而创造，为国家、为人类而操劳，是人生价值的实现；劳作之后的休闲，也是人生价值的实现。休闲的一个重要方式是旅游。旅游是一种积极的、主动的、高品位的休闲方式。在旅游活动中，旅游者充实了自我，发展了自我，完善了自我。

(3) 体验生死苦乐观

旅游主体投身于旅游活动，会因旅游客体而产生种种感悟。当面对的景观是亿年的化石、千年的枯冢、万年的遗址时，旅游者会不由得发出人生苦短的感悟。消极者可能会由此走向及时行乐的歧途，有志者则会由此自警自励、珍惜时间、珍惜人生、奋发有为。旅游哲学的使命就是将旅游者带入这种积极的人生境界。

(4) 阐释天人观、人际观

拓展阅读1-4

天人合一哲学思想来源

所谓天人关系，即人与大自然的关系。旅游者攀登名山、漫游秀水、寻幽森林、徜徉田园，无不是投身大自然的怀抱。游人置身大自然，最佳的境界是与大自然融为一体，这与中国传统的天人观（“天人合一”）的本质一致。旅游哲学就是要使旅游者成为这种人。

在旅游过程中，人们不仅要与大自然交心，也要“与人共舞”，与古今中外的人“对话”，这在民俗风情游、乡村田园游、旅游节中体现得尤为明显。渴望人与人之间的真诚交往，是促成旅游的主观原因之一。在社会文化方面，旅游还能增进各国人民之间的相互了解，有助于消除芥蒂，进而有利于世界和平。

2) 政治哲学

旅游主体在游览帝王、伟人的故居、陵墓，以及纪念馆、纪念地等场所时，都会获得有益的政治观。例如，旅游者到美国弗农山庄游览，在参观了山庄主人华盛顿素朴的住房之后，看到的是素朴的墓室，旅游者在这座普通的墓室前似乎可以听到主人普通而又不普通的临终遗言：“我的遗体将以普通人的方式埋葬，无须什么隆重仪式，也不要什么墓前演说。”清风不语，绿荫无言，弗农山庄的一抔黄土胜过万言，征服了自己的华盛顿也征服了前来瞻仰的世世代代的地球村人。

3) 教育哲学

(1) 旅游与修身

《大学》中云：“物格而后知至，知至而后意诚，意诚而后心正，心正而后身修，身修而后家齐，家齐而后国治，国治而后天下平。”旅游的过程是一个求知的过程，是一个接受活的教育的过程。显然，旅游客体——自然景观与人文景观能使旅游主体格物致知。俗话说“行万里路，读万卷书”，旅游正是去读一部部活的书。

(2) 旅游与静思

森林旅游、乡村田园游以及一些专项旅游都有一个显著特点：人们因旅游而静思，因静思而得哲理启示。释迦牟尼正是在森林漫游、苦行中悟道，最终成为佛陀的。所以，从广义上看，旅游静思观亦是教育哲学，因为它升华了平凡的人，铸造了不凡的人。

(3) 旅游与审美

作为一种社会文化行为，旅游是一种审美活动。旅游主体所面对的旅游客体，往往使人向美、向真、向善。旅游赋予人以向善的义利观，这种义利观实质上是一种教育价值观，它起着教育人、提高民族乃至全世界人民素质的良好作用。

1.4.2 旅游文学

旅游文学，顾名思义，是指旅游这一特定行为过程中产生的文学作品。旅游文学具有四个基本特征：记录行踪、描摹景物、探求真相、审美体验。

1）记录行踪

记录行踪是记叙这种表达方式在旅游文学这一特定范畴内的特殊表现。记叙时应完整地记录时间、地点、事件、结果，在旅游文学中被具体化为叙述旅游行踪。

2）描摹景物

旅游作为一种行为，其旨趣不仅仅在于行，更重要的是在行的过程中看。阿尔卑斯山谷中有一条公路，公路两旁景物极美，游人在驾车进入山谷之前，可以看见谷口的标语牌："慢慢走，欣赏啊！"游是欣赏，游是"玩物适情"，以表现旅游行为为目的的旅游文学当然应当重视描摹景物。

3）探求真相

在旅游活动中考察事物的真相，谓之探究求真。《石钟山记》就是一篇考察旅游客体真相的旅游文学作品。探究求真还有另一层意思，即通过旅游活动认识或揭示生活中某种本质性的规律或生活哲理。王安石的《游褒禅山记》便揭示了一种生活哲理。此外，旅游文学作品的求真还可以理解为力求真实，可感可信。

4）审美体验

旅游文学要纪行、状物，但旅游文学毕竟是文学而不是考察实录或学术论文。旅游文学必须具有文学性，必须具有美的感染力。自然中瑰玮秀美的景观本身便具有强烈的美感，旅游文学则要以艺术的手段使这种美感更强烈、更明显、更集中、更具体、更可把握，这便是旅游文学的第四个特征：强化景观的美感，引导人们正确审美。

1.4.3 旅游美学

旅游美学的本质在于和谐：人与自然的和谐；人与人的和谐；人自身的和谐。旅游的目的在于求取某种和谐，当然，三种和谐皆具则是最好的。

1）人与自然的和谐

游客走向自然，目的是领略自然美，接受自然美的洗礼，去寻求人与自然的和谐。意大利文艺复兴时期的大师达·芬奇从小就喜欢探寻深山幽壑，沐浴天光云影，欣赏奇花异木，与他相亲相爱的大自然给予他巨大的恩赐，甚至影响到他的世界观的形成，其哲学、自然科学、艺术、美学上的辉煌成就均由此获益。

2）人与人的和谐

追求人与人的和谐，同样是旅游的美学本质。这里的人，既指个体的人，也指人所组成的社会。旅游主体往往通过寻幽访古的旅游活动寻求与古人的默契，所谓“发思古之幽情”，即使今人与古人达到某种和谐，或受古人所创造之和谐的熏陶。例如，中国古代建筑的杰出代表万里长城、北京故宫、布达拉宫等，无不令旅游者与之做出心灵上的共振，这种共振就是人与人（后人与古人）和谐的表征。

3）人自身的和谐

与前述两种和谐相比，人自身的和谐常常被人们忽略。其实，人自身的和谐才是最根本的和谐。因为人们在旅游活动中，不论是欣赏自然美、艺术美还是社会美，其终极目的都是使自己获得愉悦，达到某种满足。这种愉悦和满足的美学本质，便是人自身的和谐。美国心理学家亚伯拉罕·马斯洛在1943年提出了人类需求的五级模型，他认为，人类的需求从低级到高级排列呈金字塔状，而塔顶端就是自我实现的需求。旅游也是一种自我证明、自我实现的过程，其美学底蕴就是自我和谐。

1.4.4 旅游人类学

1）文化人类学视野下的旅游文化定义

在人类学意义上，旅游文化是多元文化主体在相互接触的过程中所形成的自我协调的意义系统，这一系统是各介入主体围绕旅游活动进行创造而产生的。首先，文化人类学关注文化问题与文化接触，该定义正是从文化接触的层面来思索旅游文化的形成的，因此这是一个立足于文化人类学的定义。其次，多元文化主体是广义的旅游主体，包括旅游者在内的一切旅游介入者，通过参与丰富多彩的旅游活动，使旅游文化得以产生。再次，将旅游文化定格在发生或形成阶段，有利于限定其内涵与外延。最后，界定旅游文化是一个自我协调的意义系统，原因在于存在多元主体，任一主体都可能在文化接触过程中收获其欲寻求的意义。事实上，“文化”本身就意味着社会生活是“被建构的”，并且易变、多样和短暂。该说法同样适用于旅游文化，旅游是一种被建构的生活方式，旅游文化是一个被建构的文化系统，这一系统一直处于调适的平衡之中。

将旅游文化的外延控制在发生或创造的层面，表明它是相对独立的文化，自有其独特的内涵，不能将其他文化内容随意纳入进来。首先，我们强调旅游文化的内在发生或形成不包括旅游业所借助或依赖的外部文化形式，如建筑、遗迹、器物等有形文化或信仰、节庆、音乐等无形文化，这些文化自有其文化归属和原生文化特征，因此不属于旅游文化。其次，确认一些已经存在的旅游文化或许可以起到窥斑见豹的效果。例如，舞台真实性或旅游行为的模式化等都是在发生或创造的范畴内，这些现象都是旅游多元主体在意义系统中合力作用的结果。可见，旅游文化一直处于被生产和再生产的过程中，不断有新文化元素涌现以标识旅游活动的特殊性。

2）文化人类学的研究对象与旅游文化

（1）旅游文化的内容

第一，旅游文化是一种外显与内隐的行为模式。第二，在某种意义上，旅游文化体现了人类群体的成就，如有形的旅游建筑、主题公园或无形的旅游创意等。第三，旅游文化是活动的产物，亦是进一步活动的决定因素，活动是关键词，各文化主体的旅游活动的张力使旅游文化得以产生。无论是行为模式、人类成就、意义系统，还是所谓的活动，旅游文化所包含的内容都比其他类型的具体文化狭窄得多。

（2）旅游文化的特性

第一，旅游文化并非严格意义上的共享，旅游文化的持有者包括旅游者、当地人、旅游从业者、旅游经营者、旅游开发者等，不像多数文化只有单一的主体。因此，无论从地域还是主体上看，旅游文化的共享范围都很难划定。第二，旅游文化是否是习得的，需要一分为二地看。一方面，旅游文化是一种传统且必须应时而变，从原始的游踪到有迹可循的游学、巡游、山水田园游或风景名胜游，都表明旅游行为由来已久，但这并不足以说明中国很早就有大行于民间的大众旅游。中国在19世纪中期以前，广大劳动人民对于旅游的需求并不强烈，这一漫长历史时期的旅游活动没有普遍的社会意义，但一些类似传统的旅游精神流传了下来，并在现代旅游者的行为模式上有所反映。另一方面，从文化接触和传播的角度看，旅游文化存在被采借、整合甚至复制的可能，这是旅游文化中的“多样性的一致化”（unity in diversity）现象，但与继承或习得无甚关系。第三，旅游文化是象征性的，从旅游行为的意义、旅游吸引物的生产与再生产、旅游行为的模式化等方面，都可见人类的符号性。简而言之，不同类型的介入者都在旅游过程中制造并收获相应的意义。

3）文化人类学的研究方法与旅游文化

文化人类学以民族志研究为标志。民族志作为研究手段是指一种基于田野调查的学术范式。田野调查的具体要求如下：选择特定的社区，进行至少一年的实地调查；能够使用当地语言；先以“文化主体的内部眼界”（主位观点）去看待文化，最终达成对调查对象的客观认识（客位观点）。民族志作为研究成果是指一种特殊的文本形式，即在田野调查基础上的文字表述。旅游文化的创造与形成是一个较长的过程，并且在不同的旅游目的地有不同的表现，因此对旅游文化的识别、认知与阐释最好不要依赖二手资料，而应该进行实地调查，收集一手资料。从这一点来看，旅游文化的研究可以建立在田野调查的基础上，但亦不必过分拘泥于规范，譬如至少一年的调查期限就无须恪守，这是对农业社会的调查要求，一年正好是一个生产周期；至于掌握当地语言则要视情况而定，假如调查民族旅游地区的文化变迁，而当地不通行汉语或找不到合适的翻译时，就需要调查者本人懂得当地语言。旅游民族志调查更关注文化元素在旅游过程中的动态呈现，如设计、再现、创造、表述或表演等，因此参与观察的方法比较行之有效。

1.4.5 旅游伦理学

1）旅游伦理学的定义

旅游伦理学是指人们在旅游活动与旅游业中应遵循的道德规范，通过旅游活动调节人与人、人与社会、人与自然之间关系的意识和行为，指导、约束人们的旅游活动及与旅游相关的实践。从本质上看，旅游是一种生活艺术，而旅游伦理学所研究的正是这种生活艺术。

2）旅游伦理学的内容

（1）旅游伦理主体

旅游伦理主体包括旅游者和旅游利益相关者。关于旅游者的定义，虽然在统计学和旅游理论研究领域有不同的提法，但无论如何定义，都不影响旅游者作为旅游伦理主体的资格。在旅游业中，关于旅游利益相关者的界定，人们大多以旅游经营者为核心，如果以旅游活动或现象为中心，则可能产生更复杂的体系，不仅涉及旅游企业和旅游吸引物，而且包括餐馆、娱乐场所、商业区等。

（2）旅游伦理的基本问题

旅游伦理的基本问题即旅游利益和旅游道德的关系。在旅游利益结构中，共同利益和个别利益、局部利益和整体利益、眼前利益和长远利益更多地表现为矛盾运动，尤其是大众旅游时代所表现出来的经济利益冲突、环境利益冲突和社会文化利益冲突，都充分反映出了旅游利益矛盾运动的客观性。旅游道德是法律之外重要的利益调控方式，旅游道德的缺失会使旅游利益调控更为艰难。

小资料1-5 **“游客就是上帝”**

从旅游伦理上分析，“游客就是上帝”这句话值得反思。旅游人类学家认为，这句话宣告了一种人际交往不平等的原则。因此，我们有必要提醒游客，在旅游活动中，必须具有公共道德，必须尊重人权，必须恪守“客人的规范”，不能自我放纵，做出一些对旅游地的环境、文化特别是居民（包括旅游工作者）等不适宜甚至有害的行为。目前，已经有学者提出通过“道德旅游”的概念对游客在旅游过程中的“过分自由”行为进行警告，甚至予以约束。

资料来源 曹诗图，林红珍. 试论旅游伦理道德的建设［J］. 三峡大学学报（人文社会科学版），2008（1）.

小思考1-5

小思考1-5

分析提示

旅游者的伦理道德建设应注重哪些方面？

（3）旅游伦理理论体系

旅游伦理理论体系包括旅游伦理意识、旅游伦理关系和旅游伦理活动。旅游伦理意识是指各种旅游伦理思想、观念、情感、意志、信念和理论体系。旅游伦理关系是指人们在一定旅游伦理意识的指导下，通过旅游伦理实践所形成的一种特殊的伦理关系。广义的旅游伦理活动是指一切可以进行善恶评价的旅游行为和旅游活动。狭义的旅游伦理活动是指为培养人们的旅游道德品质和发挥旅游道德教育及利益调节作用而进行的各种活动，其中旅游道德教育尤为重要。

1.4.6 旅游传播学

1）旅游传播学的定义

旅游传播学既是旅游学和传播学的向下延伸，又是营销学、地理学、人类学、心理学等内容的向上升华。旅游传播学就是从理论的角度认识旅游传播的规律，以期在实践上给旅游业以指导，在旅游主体、旅游客体和旅游媒体之间形成信息通畅的传播链，实现三方信息的对称，进而谋求各自利益的最理想化。

2）旅游传播学的内容

（1）旅游传播信息

在旅游传播活动中，旅游信息是核心，其中既有旅游组织的信息，也有旅游者和潜在旅游者的信息。旅游信息具有一般信息的基本特征，如客观性、可表达性、普遍存在性、流动性、可塑性等，但由于旅游活动本身的特殊性，因此旅游信息也具有自身的特殊性，如文化性、统一性、心理性等。

（2）旅游符号

旅游信息必须先转换成旅游符号，然后才能进行传播。旅游的本质是审美和愉悦，旅游产品具有不可转移性和不可储存性，据此我们可以推断：旅游信息可以是有形的物质存在，如旅游地图；也可以是无形的精神抽象，如旅游主题词；还可以是动态的旅游服务行为。旅游符号具有自身特有的属性，如指代性、社会共有性和可发展性等。

（3）旅游传播受众

旅游传播中的受众既包括旅游者和旅游组织，也包括旅游地社区居民。旅游组织运用各种手段了解旅游者或潜在旅游者的相关信息，综合运用传播策略影响和引导旅游者的旅游决策和旅游消费行为。旅游者在旅游地的消费行为和旅游产品的生产是同时进行的，旅游地社区的参与性、旅游者在旅游地的随机性、旅游地社区居民的文化弱势，使旅游地社区难免会受到外来旅游者的文化“侵略”。因此，我们有必要对旅游地社区和旅游者之间的旅游文化信息交流进行研究，以保护旅游地社区文化的原生性。

（4）旅游传播媒介

旅游传播媒介即旅游信息传播的通道和载体。认识旅游传播媒介的特点和作用，把握旅游传播媒介的运行机制，可以提高我们使用旅游传播媒介的能力，从而收到较好的传播效果。此外，我们还应该研究旅游传播媒介的选择、评价、组合，以及影响旅游传播媒介选择的因素，如旅游产品的特点、旅游市场范围、旅游受众的文化价值观、媒体性质和效果等。选择旅游传播媒介的方法有线性规划法、顺序探索法和实验解决法等，这也是旅游传播学的重要研究内容。

(5) 旅游传播效果评估

旅游传播效果评估在整个旅游传播活动中占有重要地位。只有进行效果评估，才能改进信息传播效果和引导信息传播，从而实现旅游活动的优化，使旅游活动达到预期目的。我们要坚持经常性、经济性、可靠性、综合性、目标性原则，运用盈亏分界点法、态度测量法、费用比率法和认知测试法等科学的评估方法，进行事前、事中和事后评估。

3）旅游文化网络传播

(1) 充分发挥网络传播旅游文化的作用

有效的传播是发展旅游文化产业的重要前提。随着互联网的发展，信息的网络传播日益崛起。网络在信息传播方面拥有其他媒体无可比拟的优势，不仅传播数量大、范围广、速度快、更新方便，而且检索便捷、图文并茂、交互性强，突破了旅游文化传播的时空限制，使旅游文化的共享得以实现。因此，我们应当把握住网络这一传播平台，提高网络传播旅游文化的效率，实现网络和传统媒体的优势互补。

(2) 丰富网络传播旅游文化的内容

旅游的魅力在于其深厚的文化内涵。网络不仅可以存储海量的旅游文化信息，而且是一个高效的文化交流平台，具有广泛的受众。因此，我们应当丰富网络传播旅游文化的内容，注重传播内容的系统化和完整性。此外，各类旅游网站应形成自己的特色，避免内容出现同质化倾向，增加个性化信息，进一步挖掘旅游文化资源，特别是能够体现出地域特色的旅游文化内容。

(3) 建立传播旅游文化的专业旅游网站

政府应加大资金投入和支持力度，整合网络旅游文化资源，建立专业的旅游文化传播网站，并努力创出品牌，提升影响力，打造一个覆盖面广、内容全面且系统的旅游文化网络传播平台。

(4) 增加旅游文化传播网站的吸引力

网站的风格和设计对旅游文化的传播具有重要作用，一个有吸引力的网站往往能吸引大批受众的参与。因此，我们必须重视网站建设，充分利用网络的多媒体特性，提高旅游文化内容的生动性和趣味性，进一步增强网络的互动性和公众的参与性，并运用论坛、留言板等工具，引导公众参与学习、讨论和交流旅游文化知识，从而为提高公众的文化素质发挥更大的作用。

本章小结

- 旅游文化是旅游者在旅游活动过程中形成的文化现象和文化关系的总和。旅游活动是旅游文化产生的前提，其本身也是一种文化现象。旅游文化是一种融合文化，是一种冲突文化，资源文化是旅游文化的重要内容。
- 旅游文化的主要特征有综合性、民族性、大众性、地域性、直观性、传承性、自娱自教性和季节性。

●旅游文化主要由旅游者文化、旅游地文化、旅游业文化和旅游环境文化四大部分构成。其中，旅游者文化处于核心地位。

●旅游文化由多元学科交叉而成。学习旅游文化需要了解多方面的知识，如旅游哲学、旅游文学、旅游美学、旅游人类学、旅游伦理学等。

主要概念

旅游文化　旅游动机　旅游文学　旅游伦理学

基础训练

1.1 选择题

1）旅游文化的传承性主要体现在（　　）上。

A.物质层面　B.制度层面　C.观念层面　D.心理层面

2）旅游文化的民族性包括（　　）。

A.世界性　B.独特性　C.多样性　D.涵化性

3）旅游者文化包括（　　）。

A.旅游动机文化　B.旅游地文化　C.旅游行为文化　D.旅游消费文化

4）旅游地文化包括（　　）。

A.旅游业文化　B.自然旅游文化

C.社会旅游文化　D.人文旅游文化

1.2 判断题

1）旅游组织文化包括旅游政府组织文化和旅游民间组织文化。（　　）

2）旅游动机就是促使人们离开居住地外出旅游的外在驱动力。（　　）

1.3 简答题

1）旅游文化的综合性表现在哪些方面？

2）旅游业文化主要包括哪些内容？

随堂测验 1-1 选择题

随堂测验 1-2 判断题

随堂测验 1-3 简答题

案例分析

昆明市五华区旅游文化景观的符号营销

昆明市作为国家级历史文化名城，老城区五华区内的旅游文化景观资源丰富多样，如圆通寺、国立西南联合大学旧址等，都是符号传播的媒介，记载着老昆明民族、历史、社会、文化的方方面面。

昆明作为首批国家历史文化名城，一直发挥着名城的效应。昆明市五华区有必要加强景观符号构建，彰显景观符号的象征意义。首先，通过专家评价确立景观“标志”，并通过各种途径加以宣传，从而使旅游文化景观有别于其他景观，建立“标志”与特定“意义”之间的关联性。例如，可以通过专家对五华区旅游文化景观资源的评审，找到最能代表历史文化名城昆明的文化景观作为其符号象征，进而更好地展现昆明的历史沧桑、多彩文化，让人们更多地了解、认知昆明的自然、人文、民族、历史、生态面貌。其次，通过场景再现、舞台设计等方式创设情境，营造旅游氛围，扩大旅游文化景观的市场感召力，满足旅游者对符号价值的追求。例如，让旅游者参观国立西南联合大学旧址，通过场景再现和舞台展现，把旅游者带入那段峥嵘岁月，使旅游者仿佛身临其境，体验爱国、民主、科学和刚毅坚卓的西南联大精神，然后将这种精神上升到符号表征，将其作为鼓舞人们奋斗的精神支柱。最后，文化是生产符号价值的原材料，旅游文化景观的文化内核具有鲜明的符号价值，因此应该深度挖掘旅游景观表征的符号价值，找出旅游者所追求的符号价值，对旅游者关注的文化象征意义、身份地位、价值观念等方面进行微观细化，深入开展旅游文化景观的符号建设。例如，通过市场调查分析昆明五华区旅游者的需求，展现五华区旅游文化景观构建的符号象征意义——人与自然和谐共生、多彩文化精神底蕴等，从而加深旅游者对昆明的印象。

旅游者来到昆明市五华区观看到的并不是五华区，而是文化景观所构成的景观群。把分散的历史文化遗产整合成一个规模较大的整体所产生的景观符号价值意义，远远超过分散个体所产生的符号效应的总和。昆明市五华区资源要素的整合，能够使旅游文化景观按照特色形成符号表征，提升符号品牌效应，从而充分展现景观符号的价值，满足旅游者对旅游符号象征意义的追求。

随堂测验 1-4

资料来源　葛绪锋，张晓萍．基于符号学理论的旅游文化景观的符号营销：以昆明市五华区为例［J］．旅游研究，2013，5（3）．

案例分析

问题：如何针对昆明五华区旅游文化景观进行符号营销？

实践训练

实地考察所在城市的旅游文化特点，并在班级进行交流讨论。

本章参考文献

❶马波．现代旅游文化学［M］．青岛：青岛大学出版社，1998.

❷关维．旅游文化新解［J］．重庆科技学院学报（社会科学版），2009（1）：170-171.

❸胡幸福．再论旅游文化的特征［J］．广州大学学报（社会科学版），2010（10）：59-62.

❹王德刚．试论旅游文化的概念和内涵［J］．桂林旅游高等专科学校学报，1999（4）：39-42.

❺肖洪根．国内外旅游文化研究述评［J］．华侨大学学报（哲学社会科学版），1994（1）：69-75.

❻喻学才．旅游文化研究二十年［J］．东南大学学报（哲学社会科学版），2004（1）：63-70.

❼谢春山，李芷逸，唐伟．旅游文化的本质与特征研究［J］．旅游研究，2014（6）：6-11.

❽赵红梅．论旅游文化：文化人类学视野［J］．旅游学刊，2014（1）：16-26.

本章推荐阅读文献

❶晋艺波. 中国旅游文化源流探析［J］. 旅游研究，2010（3）：11-14.
❷贾玉云. 旅游文化与旅游资源文化［J］. 旅游论坛，2009（1）：145-148.
❸喻学才. 中国旅游文化传统［M］. 南京：东南大学出版社，1995.
❹许行言. 中西文化比较［M］. 北京：北京大学出版社，2004.

本章推荐网站

❶https://www.mct.gov.cn，中华人民共和国文化和旅游部网站
❷https://www.ccdy.cn，中国文化传媒网

第2章

旅游者文化

【学习目标】

1.了解旅游者文化的定义和特征。
2.熟悉旅游者文化的特点和类型。
3.熟悉旅游行为文化的模式。
4.了解影响旅游者消费行为的文化因素。
5.培养技能宝贵、知行合一的职业素养。

【知识导图】

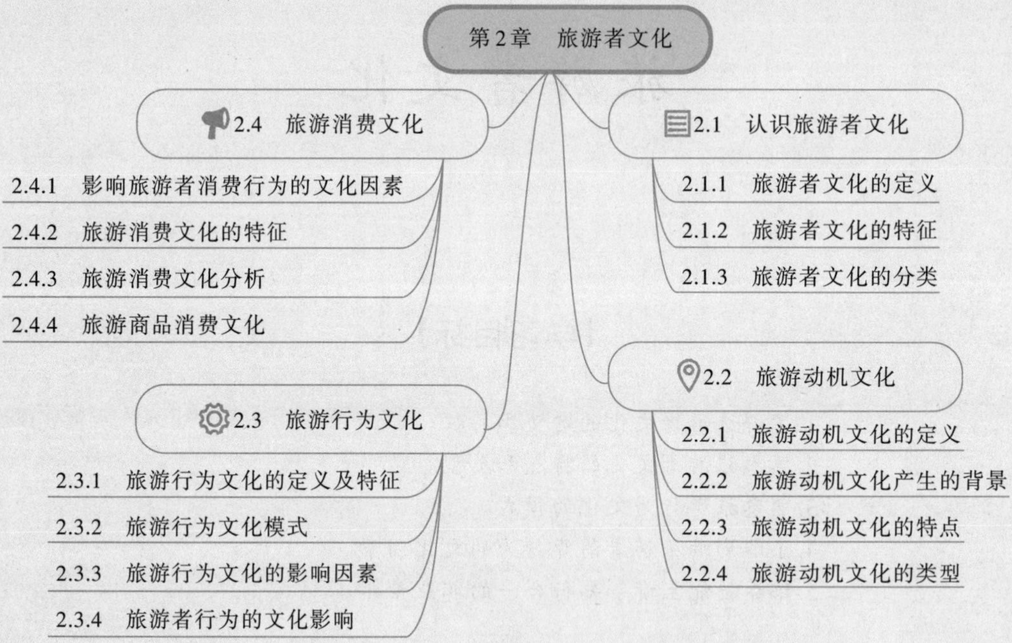
第2章　旅游者文化
2.1　认识旅游者文化
2.1.1　旅游者文化的定义
2.1.2　旅游者文化的特征
2.1.3　旅游者文化的分类
2.2　旅游动机文化
2.2.1　旅游动机文化的定义
2.2.2　旅游动机文化产生的背景
2.2.3　旅游动机文化的特点
2.2.4　旅游动机文化的类型
2.3　旅游行为文化
2.3.1　旅游行为文化的定义及特征
2.3.2　旅游行为文化模式
2.3.3　旅游行为文化的影响因素
2.3.4　旅游者行为的文化影响
2.4　旅游消费文化
2.4.1　影响旅游者消费行为的文化因素
2.4.2　旅游消费文化的特征
2.4.3　旅游消费文化分析
2.4.4　旅游商品消费文化

引例

2023年国内旅游者偏好更趋多元化

从五一、十一等假日市场的表现可以看出，2023年国内旅游市场正在呈现出强劲恢复增长势头。借助创新、创意赋能，创造新玩法、新形态、新场景、新旅游，成为旅游业高质量发展的重要主题。

透过统计数据和种种迹象可以发现，2023年国内旅游者偏好更趋多元化。关注文化、时尚、特色，推崇体验感、个性化，追求高性价比等特点突出，并成为文旅消费的鲜明“标签”。例如，参加一场音乐节、邂逅一场运动会、奔赴一座城市、“打卡”网红景点和美食成为新玩法；到博物馆、美术馆看展，到图书馆、文化馆打卡，成为新风尚。单纯的购物游、观光游则逐渐淡化，尤其是占据主流的年轻消费群体，更加倾向实用、经济、个性化的选择，旅游消费也更为理性，注重“把钱花在刀刃上”。

资料来源　马振涛. 玩法“上新”服务“上心”　才能更好激发旅游消费潜力［N］. 中国旅游报，2023-10-10（3）.

2.1　认识旅游者文化

2.1.1　旅游者文化的定义

在线课堂2-1

旅游者文化

众所周知，任何人都可以成为旅游者，但任何人不可能在任何时间、任何地点、任何条件下都能成为旅游者。旅游者文化是指旅游者在离开住地以寻求改变精神状态、获取最大的身体和心理满足、达到精神愉快的过程中所创造出来的文化。

对旅游者文化定义的几点解释：

（1）离开住地

“离开住地”包括离开常住地和暂住地。如果将旅游者的行为视为其主动行为，则没有必要区分常住地和暂住地。离开住地是旅游者文化产生的必备条件之一。

（2）寻求改变精神状态

“寻求改变精神状态”有两个要点：一是“寻求”，表示旅游者文化是在旅游者主动的、有意识的情况下产生的；二是改变精神状态，即改变作为非旅游者时的精神状况和文化氛围。在一段时期的紧张工作之后，通过旅游，精神会得以放松；当工作或生活比较枯燥单调时，通过旅游，心情会得到调节等。

（3）获取最大的身体和心理满足

这里所说的“最大”，表示相对最大。一方面，对具有不同文化背景的旅游者来讲，满足是相对的，也就是说，具有不同文化背景的旅游者会选取不同的旅游产品；另一方面，对旅游者个体来讲，在某个时间段内，满足是最大的。游历过黄山的人都会对黄山的奇松、怪石、云海、温泉赞叹不已，但人们绝不会因为游历过黄山，就不再游历类似的自然景观。“满足”具有暂时性，只要每一次旅游能达到个人所追求的满意目标即可。同时，“最大”是旅游者的主观尺度，客观上，我们只能以旅游者对旅游产品的满意程度来分析。

拓展阅读2-1

旅游者文化和文化旅游者对比

(4) 达到精神愉快的过程

旅游与过程相伴，精神愉快是旅游者在过程中的自我感受，并且是定义旅游者文化的一个重要标志。在过程中，一旦愉快的情绪趋于常态，旅游过程也就消失了。我们也可以用此解释宗教文化旅游。宗教文化旅游者离开住地，并不是为了游山玩水，有时路途还会非常艰辛，但是他们获得的精神享受是巨大的。

2.1.2 旅游者文化的特征

1) 科学性

随着科学技术日新月异的发展和现代社会对人的素质和能力的新要求，旅游爱好者希望通过旅游活动扩大视野、开阔眼界，从而获得更多的科学知识，为更好地适应社会储备知识和能力。因此，一种将休闲娱乐与掌握科学知识融为一体的新型旅游方式——科技旅游得到迅速发展，并逐渐成为新的社会时尚。科技旅游是以科学技术为支撑，以各种科技资源为吸引物，使旅游者在旅游过程中领略现代科技的神奇魅力，不断丰富科学知识，提高文化素养，感受旅游活动乐趣的一种新型旅游活动。

2) 生态性

生态性的主要表现就是旅游者由以单纯追求个人享受和眼前利益为目的转向关注生态效益、社会效益。生态性包括以下基本原则：一是生态旅游者的旅游活动应以生态学原理和可持续发展原则为指导；二是要做到生态体验和消费体验有机结合，以实现综合效果最大化；三是要把保护环境、维护生态平衡、接受教育和旅游享受结合起来，使旅游者与自然、文化和人类生存环境和谐统一。很显然，这是未来旅游者文化的主流。

3) 乡村性

拓展阅读2-2

中国乡村旅游越来越红火

随着城市化进程的加速，工作节奏的加快，生存竞争压力的增大，人们对乡村美丽的风景、幽雅宁静的环境、清新的空气、淳朴的民风、人与自然和谐相伴的生活方式、保存久远的文化传统等越来越向往。乡村旅游作为一种回归田园、体验民俗风情的旅游活动，正越来越受到旅游者的青睐，乡村文化也因乡村旅游者的增多而逐渐被人们认识并利用。推动乡村文化和旅游深度融合，让游客领略农耕文明的独特魅力和时代风采，让青少年亲近乡土，感受耕作不易、体会农家艰辛，让中华优秀传统农耕文化中蕴含的思想观念、人文精神、道德规范滋养人心、润泽社会。

4）健康性

旅游者文化的健康性表现为体育健身游。体育健身游的具体内容包括登山、游泳、攀岩、滑雪、骑自行车和徒步等。它的特点是集体育健身和旅游活动于一体，突出了参与性和趣味性。为深入贯彻党的二十大精神，全面落实“健康中国”国家战略，释放体育消费和旅游消费潜力，满足人民群众不断增长的户外运动和旅游休闲需求，体育总局、文化和旅游部联合发布了“2023年国庆假期体育旅游精品线路”。当今世界，健康是时尚，旅游也是时尚，把两者结合起来更是时尚。

小资料2-1 **张家界体育旅游开发**

张家界拥有世界罕见的石英砂岩峰林峡谷地貌，张家界国家森林公园是中国第一个国家森林公园，也是世界自然遗产、世界地质公园和国家5A级旅游景区。

张家界是一个多民族聚居区，少数民族传统体育项目众多。这些传统体育项目对游客来说，具有很强的民族性和特异性。比如土家族的茅古斯舞、摆手舞、抢贡鸡、跳马，白族的仗鼓舞、九子鞭，苗族的爬竿、摔跤、上刀梯、八人秋千、鼓舞，侗族的抢花炮、哆毽、草球，瑶族的人龙、打陀螺等，都是可深度开发的体育旅游项目。

资料来源 罗婉红. 张家界发展体育旅游的优势与对策 [J]. 商场现代化，2010（7）.

小思考2-1

如何制定张家界体育旅游发展策略？

小思考2-1 分析提示

5）休闲性

休闲度假游，修身又养性，休闲文化已经成为当今世界旅游者文化的主流。社会发展每跨入一个新时代，人类的“闲暇”时间就延长一次。目前，我国全年法定休假日已达到115天（含周六、周日），这对许多处在就业状态的中国成年人来说，意味着全年有1/3左右的时间是休息日。休闲文化的丰富为人们在职业活动以外个人兴趣的充分发展、身体素质的全面提高、心理构架的合理完善、人格精神的现代化乃至社会群体意识的现代化提供了现实的条件和实施的载体。

此外，休闲旅游资源消耗少，就业容量大，综合产出高。随着人们对自身和整个自然社会生态系统可持续发展的日益关注，休闲在旅游业乃至整个国民经济中的地位和综合功能将更加突出。

6）新奇性

异国风情游一直是旅游者乐于选择的方式。新奇性是旅游者文化中一个显著的特点。随着我国经济的持续平稳发展和居民收入水平的稳步提高，出境游已经成为中国人重要的休闲选项之一，中国出境旅游人数逐年增长。

探险旅游也凸显了旅游者文化中的新奇性。探险旅游主要包括攀登高山、潜游海底、遨游太空、极地探险、大漠旅游和漂流探险等。它的特点是环境艰苦、风险较高、费用很高。随着安全保障措施的不断加强，居民收入水平和消费能力的大幅度提高，探险旅游作为一种具有强烈挑战性和高度刺激性的新型旅游项目逐渐显示出其独特的魅力，并在旅游业庞大的消费体系中占有一席之地。

2.1.3 旅游者文化的分类

1）知识型旅游者文化

知识型旅游者文化主体的行为表现为考察、学习、进行艺术创作。这类文化主体以青年学生为主，年龄为15～24岁，文化程度较高，经济收入中等偏下，汽车和火车是其主要交通工具；对古建筑人文景观、乡村自然风光和地方传统文化比较感兴趣，同时较为注重旅游接待设施，尤其是康体娱乐设施；对旅游产品的价格非常敏感。

2）风俗型旅游者文化

风俗型旅游者文化主体的行为表现为关注当地历史文化和风土人情。这类文化主体以中老年人居多，文化程度较高，收入水平中等偏上；从职业构成来看，以专业技术人员、公务员为主；旅游方式多样，汽车和火车是其主要交通工具；在旅游对象上主要选择地方风俗民情；十分看重当地居民对待游客的态度，对旅游接待设施不太看重；关心旅游产品的价格。

3）多元型旅游者文化

多元型旅游者文化主体具有多元化的特点，注重通过旅游“发展个人爱好，追求个人理想”和“丰富人生经历，增加成就感”，表现出了较强的自我实现倾向。这类文化主体以中青年为主，年龄主要在25～45岁，文化程度较高，生活水平和社会地位均较高，高收入者占很大比重；从职业构成来看，企事业管理人员、公务员和专业人员较多；主要出游方式是家庭、亲朋好友团队游，逗留时间较短，汽车和飞机是其主要交通工具；旅游对象主要是旅游地的自然景观、文化景观；比较重视旅游设施、旅游服务和主客关系，对旅游产品的价格不太在意。

4）观光休闲型旅游者文化

观光休闲型旅游者文化主体的行为表现为消遣、娱乐和享受。这类文化主体以中青年居多，收入水平中等，职业构成比较分散；出游方式主要选择旅行社或自行组织出游，逗留时间较短，交通工具以汽车和火车为主；他们的利益追求具有多样化的特点，重视旅游地的自然景观和文化景观，认为旅游地的旅游设施（包括康体娱乐设施和购物设施）很重要；重视旅游服务，强调舒适和追求享受，但也很关注旅游产品的价格。

2.2 旅游动机文化

2.2.1　旅游动机文化的定义

人类的需要激发动机的产生。动机决定了人们对现实的态度和行为的方向，促使人们寻求某种事物或参与某项活动，以满足某种需要。

旅游动机文化就是在旅游需要的刺激下，促使人们离开居住地外出旅游的内在驱动力的文化现象。

2.2.2　旅游动机文化产生的背景

1）客源地文化

（1）个人心理文化

①好奇心、求知欲

好奇心、求知欲是旅游行为产生的原动力，旅游者只有对旅游目的地产生好奇心，有了解的愿望，才能产生旅游行为。因此，旅游目的地本身要有吸引力，要不断推陈出新，从而使旅游产品保持在发展期或进入新的生命周期。

②成就感、优越感

成就感、优越感是旅游行为产生的巨大动力。众所周知，旅游是一种极富象征意义的产品，它能赋予旅游者以地位、声望和与众不同的感受；旅游又是去一个特殊的环境，在这个特殊的环境里，人们可以不受任何限制和约束，完全按照自己的意愿去行事，去体验人生，去超越自我，最终实现自己个性的充分发挥。

③个人偏好

个人偏好也对旅游行为的产生具有一定影响，不同性格特征的人，对旅游的需求不同。因此，同一种旅游动机产生的旅游行为可能有很大的差异，而同一种旅游行为也可能出自不同的旅游动机。不同的个性心理特征使人们的兴趣、爱好以及处世态度有所不同，兴趣广泛、喜欢新异事物、乐于结交朋友的人，热衷于外出旅游；喜欢安静、稳定生活的人，乐于利用闲暇时间在家读书、看电视、做家务，而不愿意去参加在他们看来费时、费力、费钱的旅游活动。前者对旅游总是抱有强烈的愿望，后者则需要一定的诱因才有可能产生旅游欲望。

④心理平衡

单一性需要是指人们几乎总是寻求平衡、和谐、相同、没有冲突和可预见性；复杂性需要是指人们对新奇、出乎意料、变化和不可预见性事物的向往和追求。在现实生活中，如果环境的单一性或复杂性并不过分，则大多数人对这些环境还是欢迎的。因此，人们一般会设法使单一性需要和复杂性需要保持最佳的平衡状态。否则，单一性需要过多，人会产生厌倦情绪；复杂性需要太多，人会产生恐惧情绪。在不平衡状态下，人们就会选择一些方式来达到平衡，旅游行为正是使人们达到最理想平衡状态的方式之一。

(2) 社会群体文化

能够对人们的旅游行为产生影响的群体大多是以参照群体出现的。一般情况下，参照群体的标准、目标和规范会成为人们行动的指南。对个体而言，在一定的时间内，他可能属于某一个正式群体，也可能隶属于一个非正式群体，但不管属于何种群体，他都要扮演某一特定的角色，遵循某一特定角色的行为规范。因此，多数人会在群体的影响与压力下，在知觉、判断、信仰及行动上表现出与群体中多数人一致的从众行为。

(3) 经济制度文化

旅游是一种高级的消费行为。也就是说，一个人或家庭的收入只有超过日常开支的临界点后，这个人或家庭才会产生外出旅游的动机。经验数据表明，当一个国家或地区的人均国内生产总值达到800～1 000美元时，其居民将普遍产生国内旅游动机；达到4 000～10 000美元时，其居民将普遍产生国际旅游动机。收入水平不仅决定了旅游动机能否产生，而且影响着旅游者的消费水平、消费结构及旅游消费方式。

(4) 闲暇时间

闲暇时间包括工作之后的闲暇时间、休息日、法定年节假日等。在我国，人们有充裕的闲暇时间，如双休日，以及春节、清明节、劳动节、端午节、中秋节、国庆节等。此外，企事业单位带薪年休假制度的执行，也使人们的闲暇时间越来越多。这些闲暇时间都为旅游提供了时间上的保证。

2）目的地文化

旅游目的地是激发旅游动机的物质基础。旅游目的地是旅游者参观游览的对象，人们通过游览旅游景点、景区的资源来得到满足，从而实现旅游的最初目的。因此，旅游资源和其中的设施是否具有吸引旅游者的特点是相当重要的。例如，历史悠久的名胜古迹，独特的自然景观，新奇和有特色的旅游项目、旅游设施等，都是旅游者选择某一具体旅游目的地的重要影响因素。

3）交通文化

地理学家将距离对旅游的阻碍作用称为“距离的摩擦”。由于“距离的摩擦”的存在，因此旅游者出游必然要付出一定的代价，包括经济上的代价、时间上的代价、机会上的代价、体力上的代价以及人们从一地到另一地而引起的情绪上的代价。随着距离的增大，旅游的代价也会增大，旅游的可能性似乎也随之减小了。因此，现代旅游业的产生、发展有赖于旅游交通条件，包括合理的交通路线、先进的交通设备、配套的交通服务设施（机场、车站、码头）及优质的服务等。

小资料 2-2　　城市地铁站文化墙

素有“城市之窗”美称的城市轨道交通是展示、弘扬和传播中华优秀传统文化的重要载体，呼和浩特地铁2号线内蒙古体育馆站就是一个很好的例证。内蒙古体育馆站的文化墙以“活力青城”为主题，以运动风采彰显城市活力。文化墙主体部分的设计为骑马、摔跤、射箭等草原传统体育项目，利用特殊材质，以像素化的构成方式和抽象化的设计手法，展现了草原儿女拼搏竞技的状态，具有强烈的视觉冲击感；文化墙背景部分是两幅充满现代感和竞赛感的赛马图；文化墙顶部的装饰则采用了生动活泼的流线型，既展现了内蒙古人民拼搏进取的体育精神，也展示了呼和浩特青春动感的城市气息。内蒙古体育馆站的公共艺术设计抓住了运动的核心元素，既传承和弘扬了传统民族体育文化，也传递了与世界体育交流融合的理念。

资料来源　李晶. 传统民族体育文化在城市轨道交通中的传播路径分析［J］. 城市轨道交通研究，2023（8）.

小思考 2-2

如何在城市轨道交通空间弘扬和传播中华优秀传统文化?

小思考 2-2 分析提示

2.2.3 旅游动机文化的特点

1）差异性

不同旅游者的需要是不同的，因此不同的旅游者具有不同的旅游动机文化。在同一时期、同一社会环境下，有的旅游者出游是为了探亲访友，有的旅游者出游是为了探险，有的旅游者出游是为了拜谒先祖，有的旅游者出游是为了休息疗养等。

2）多样性

每个旅游者的需要都是多方面的，因此旅游动机文化不可能是单一的。一个旅游者在不同时期、不同阶段、不同社会环境中的旅游动机是不同的。例如，某人去年外出旅游是为了探亲访友，今年是为了考察某地的历史文物，明年准备进行探险旅游等。

3）交叉性

在一次旅游中，每个旅游者的旅游动机文化也不是单一的，而是多种旅游动机文化并存，并且往往以某种旅游动机文化为主，兼有其他旅游动机文化。例如，在一次观光旅游中，旅游者既探望了老友，又结交了新朋友，还增长了见识；在一次度假旅游中，旅游者既“逃避”了现实，又锻炼了身体，还寻到了爱情。

2.2.4 旅游动机文化的类型

1）根据旅游客观对象分类

（1）自然旅游动机文化

自然旅游动机文化是指人们通过对自然物的游览观光而获得身体的休养、身心的宁静，消除紧张、疲劳的状态，从而产生的旅游动机文化。健康是历史最悠久的旅游动机之一。在现代社会，度假被认为是对健康的投资。各种度假胜地满足了人们休息、运动、娱乐、疗养等需要。

（2）精神旅游动机文化

精神旅游动机文化是指以旅游目的地的精神文化产品为消费对象而获得精神享受和满足，从而产生的旅游动机文化。好奇心是人们的基本精神需要，是推动人们探索未知领域最有力的动力。它引导人们离开温暖、安全的家外出旅游，在世界各地寻求不同的经历和体验。因此，访问其他地方，体验异域文化是旅游者的主要动机。

对一般的观光旅游者而言，旅游是获取知识、开阔眼界、了解异地风土人情的一种精神享受。对一些具有特殊目的的旅游者来说，旅游是对深层精神需要的满足，所以他们向往和追求新奇、出乎意料、变化和不可预见的事物，具有用自己的所有感官来体验世界的强烈欲望。他们把自己置于一种极端危险的境地，充分激发自己的生存本能，向极限挑战，以考验自己的勇气、毅力和智慧。探索、冒险旅游就是为了满足这类旅游者的需要而设计出的特殊旅游项目。

（3）社会旅游动机文化

社会旅游动机文化是以旅游目的地的社会文化为主要旅游对象而产生的旅游动机文化。旅游活动是满足人们社交、尊重和自我完善需要的一种手段。社会交往是人之本性，也是人们外出旅游的重要动机。具有这种动机的旅游者对熟悉的东西常常会表现出厌倦和反感，有逃避现实和免除压力的欲望。事实表明，旅游是实现社会交往的最理想的方式之一。

2）根据旅游目的分类

（1）拓展和更新生活的旅游动机文化

拓展和更新生活是旅游者最普遍的一种旅游动机。追求新鲜感，不断寻求变化和刺激，是由人的本性决定的。外出旅游意味着改变平常的生活方式，探索和尝试新的生活。异国他乡的文化会使旅游者有一种全新的感觉，大自然的奇妙可以让旅游者领略到无穷的乐趣。人们外出旅游就是为了寻求这种不断拓展、不断更新，能够带来惊奇、喜悦的感受和富有新鲜感的生活。

（2）寻求广义的人类之爱的旅游动机文化

通过旅游寻求广义的人类之爱是一种潜藏在旅游者内心深处的旅游动机。在人们多种多样的需要中，十分重要的一种就是以人与人之间的互相关心、互相理解和互相尊重为要素的爱的需要。在科技高度发达的现代社会，人们大多数时间都在与冰冷的、刚性的机器打交道，而与活生生的、柔性的人相处的机会相对减少。激烈的市场竞争，复杂的人际关系，使人们之间的交往越来越少，人与人之间的关系也越来越淡漠，人们克制和压抑了对真诚相爱的渴求。但是，这种埋藏在人们内心深处的对广义的人类之爱的需要是不可磨灭的，一旦有机会，人们就会设法寻求补偿。旅游的深层原因就是寻求广义的人类之爱的补偿性满足，因为旅游者之间没有工作利益上的冲突，且彼此间的相处又是短暂的，所以大多数旅游者之间的关系是融洽的、和谐的、互助的。

(3) 逃避现实的旅游动机文化

高度紧张和快节奏的生活使现代人的精神负担更重，用脑过度使人们的脑力和体力失去平衡。繁忙的日常事务和复杂的人际关系困扰着都市中的人们，使人们的身心时常处于高度紧张的状态。精神紧张是人最沉重的负担，也是人受到的最大的伤害。于是当人们不愿忍受时，就会产生一种逃避现实的愿望。外出旅游使人们回归大自然，暂时摆脱了工作困扰和生活烦恼，找回了人与自然之间、人与人之间失去的和谐，消除了由于种种原因造成的精神紧张，恢复了脑力和体力的平衡。所以，对于精神不堪重负的人们来说，旅游是治疗心灵伤痛的良药。

(4) 好奇探险的旅游动机文化

好奇心和求知欲是人的典型心理特征，也是人们获得知识和完善自我、提高自我的重要途径。一方面，好奇探险动机强烈的人，出于追求奇特的心理感受和迫切认识新异事物的需要，即使旅游活动具有一定的冒险性，也不会被视为障碍，反而可能会使他们的这种动机更加强烈；另一方面，好奇探险动机表现为一种求知的欲望，一种追求猎奇的心理需求，名胜古迹、神话传说、奇山怪石和青山绿水等都是激发这种旅游动机的源泉。因此，好奇探险的旅游动机要求旅游目的地和旅游活动具有新异性、知识性。

(5) 健康娱乐的旅游动机文化

有的旅游者来到充满阳光、温暖的地方度假，是为了恢复和增进健康；有的旅游者到著名的游乐场所参加游戏、娱乐活动，是为了暂时忘却烦恼，消除身心的疲劳；有的旅游者到有温泉、矿泉的地方旅游，是为了防病、健身。因此，具有健康娱乐动机的旅游者侧重选择能够调节身心健康，使人全身心投入的旅游活动，如轻松愉快的参观游览、令人开怀的文化娱乐活动、各种休养治疗活动等。

(6) 社会交往的旅游动机文化

人们生活在一定的社会关系中，必然要进行社会交往。重归故里的探亲访友、为摆脱社交活动中的不愉快而去异地寻觅新友等都是社会交往动机的体现；个人、团体乃至政府间的访问、公事往来、文化技术交流活动，都包含社会交往动机的成分。具有社会交往动机的旅游者希望在旅游活动中人与人之间能够友好相处，并且能够得到关心。

2.3 旅游行为文化

2.3.1 旅游行为文化的定义及特征

1）旅游行为文化的定义

旅游行为文化是指由旅游者的动机文化、消费文化所产生的旅游活动所带来的文化影响。

2）旅游行为文化的特征

（1）主体性

旅游者是旅游行为的主体，旅游活动的主要过程都与旅游者的行为密切相关。

（2）复杂性

旅游地的开发与规划、旅游市场的营销与培育、旅游产品的经营与管理、旅游者的行为模式、旅游对环境的负面影响等都属于旅游行为文化研究的范畴。旅游行为文化的复杂性还体现在，不同类型旅游者的行为差异很大，同一类型旅游者的行为也不尽相同。

2.3.2 旅游行为文化模式

一般来讲，不同的旅游者在旅游行为文化模式的选择上具有很大的差异。常见的旅游行为文化模式有以下几种：

（1）点状模式

旅游者的大部分旅游文化活动集中在一个目的地。

（2）线形模式

旅游者选择游览一条线路上的多个目的地，但存在主次之分，其中一个目的地的旅游文化活动相对集中。

（3）基地模式

旅游者在访问主要目的地的同时，也选择访问附近其他几个目的地，但往往以主体目的地作为旅游文化活动的大本营。

（4）环形模式

旅游者在既定的目标区域内环游多个目的地，旅游文化活动遍及游览线路空间。

（5）链式模式

旅游者以客源地为中心进行链式游览。

旅游行为文化模式是旅游开发者、旅游线路经营者（旅行社）和旅游管理者都应该关注的问题。在现实情况中，旅游行为文化模式会受到区域内旅游资源文化的特征和旅游者文化偏好双重影响。

2.3.3　旅游行为文化的影响因素

启智润心 2-1

中国公民国内旅游文明行为公约

营造文明、和谐的旅游环境，关系到每位游客的切身利益。做文明游客是我们大家的义务，请遵守以下公约：

（1）维护环境卫生。不随地吐痰和口香糖，不乱扔废弃物，不在禁烟场所吸烟。

（2）遵守公共秩序。不喧哗吵闹，排队遵守秩序，不并行挡道，不在公众场所高声交谈。

（3）保护生态环境。不踩踏绿地，不摘折花木和果实，不追捉、投打、乱喂动物。

（4）保护文物古迹。不在文物古迹上涂刻，不攀爬触摸文物，拍照摄像遵守规定。

（5）爱惜公共设施。不污损客房用品，不损坏公用设施，不贪占小便宜，节约用水用电，用餐不浪费。

（6）尊重别人权利。不强行和外宾合影，不对着别人打喷嚏，不长期占用公共设施，尊重服务人员的劳动，尊重各民族宗教习俗。

（7）讲究以礼待人。衣着整洁得体，不在公共场所袒胸赤膊；礼让老幼病残，礼让女士；不讲粗话。

（8）提倡健康娱乐。抵制封建迷信活动，拒绝黄、赌、毒。

资料来源　佚名.《中国公民国内旅游文明行为公约》(全文)[EB/OL].[2006-10-02]. https://www.chinanews.com/cj/xftd/news/2006/10-02/799333.shtml.

在线课堂 2-2

旅游行为文化的影响因素

拓展阅读 2-3

文明你我，共成最美旅游风景

1）心理感知

（1）距离感知

从文化角度看，旅游者感知的距离即文化距离。文化距离是针对不同地域或不同民族的文化在距离尺度方面的描述。“文化距离”一词在国际贸易和管理学领域的跨文化研究中应用较多，在旅游学领域大多应用于旅游行为研究。文化距离对旅游者旅游目的地的选择具有复杂而微妙的影响：文化距离既是吸引旅游者、满足旅游者求新求异心理需求的重要因素，又可以通过语言障碍、文化冲突、不确定性等因素对旅游者形成阻碍。文化距离会带来语言障碍和文化冲突，从而影响旅游者与服务提供者以及当地居民的交流，进而影响旅游者的旅游体验；文化距离带来的不确定性也会给旅游者带来不安全感。

来自不确定性较少的国家的旅游者更愿意选择文化距离较近的国家进行度假旅游，而来自不确定性较多的国家的旅游者更愿意选择文化距离较远的国家旅游。在成熟的客源市场中，基于丰富的出境游经验和成熟的出境游产品，旅游者对文化差异导致的可能风险关注较少，热衷于游览文化距离较远国家所带来的不同旅游体验；在新兴的客源市场中，受收入和出境游经验的限制，旅游者偏好到文化距离较近的国家旅游。

(2) 服务感知

旅游景区的设施和服务也是影响旅游者感知的重要因素，它包括住宿环境、旅游交通、旅游安全、通信、旅游购物、综合管理、旅游资源与环境保护以及服务人员等。对旅游目的地而言，及时发现并改进旅游者提出的服务质量问题是十分重要的。

旅游者对餐饮和住宿的认知要求：首先，食品要新鲜、卫生，希望品尝到正宗的具有地方特色的食品；其次，住宿环境应安静、整洁、舒适，是自己喜欢的风格；最后，单个服务项目应体现个性化及人性化关怀，能够强化产品感知和旅游记忆。旅游产品在多数情况下是通过服务来体现的，旅游产品的差异化取决于旅游者心理上的感知差异，因此旅游企业应实施差异化策略，以增强旅游者对旅游地服务的信赖感。

(3) 价格感知

价格感知是旅游者购买心理的重要组成部分，它直接影响旅游者的购买行为。由于旅游者对价格的认知过程和知觉程度不同，因此其对价格的心理反应也是不同的。旅游者把价格看作衡量商品价值和商品质量的标准，并且把商品价格同个人的期望、情感和个性心理特征结合起来，进行有意无意的比拟，以满足心理上的某种需求与欲望，这具有社会心理价值的意义。

一般来说，干净整洁、优美宜人的旅游环境，安全方便的旅游设施及员工热情、细致、周到的服务，都有利于旅游者对旅游目的地形成良好的认知评价，使旅游者感到物有所值。旅游者来自不同的国家和地区，受不同外部因素的影响，因此他们对同一商品、同一价格会有不同的心理感觉。现代商品价格也是旅游者文化心理和文化偏好在购物行为方面的体现，尤其是文化偏好，它对旅游者购买决策的影响日益重要。

2) 选择偏好

(1) 旅游动机

旅游地选择偏好存在的前提是旅游动机。这里的旅游动机可以归纳为四种：第一种为社会因子，包括与朋友一起度过快乐时光、结交新朋友、获得感情上的归属等；第二种为放松因子，包括精神放松、体力放松、远离城市生活的喧嚣等；第三种为知识因子，包括增长知识、发现新地方和新事物、发挥自我想象力等；第四种为技能因子，包括运动中发挥体能和技巧、向自我能力挑战等。

(2) 选择偏好对旅游行为文化的影响

①个体价值观

这一因素往往是旅游行为文化产生的决定力量，它主要受个体社会经济特征的影响，如个人收入、年龄、性别、受教育程度、职业等。

②目标效用

目标效用即旅游者在个体价值观的基础上对目标旅游地进行的初选。如果说个体价值观形成的是旅游者的价值尺度，那么目标效用就形成了旅游者对不同旅游地的心理价格。例如，青年旅游者和中老年旅游者对于以“险”著称的华山和以“雄”著称的泰山的目标效用评价就不同。需要说明的是，目标效用评价的标准并不是固定不变的，它可能受个体价值观变化的影响，但主要还是受个体的心理预期与实地旅游后的评价和反馈的影响，因为个体价值观的变化是微小的。

③决策环境

准确地讲，此时的决策环境不是指客观的信息环境，也不是备选旅游地信息的简单叠加，而是指在个体价值观和目标效用约束下的决策信息环境，即经过旅游者个体的过滤加工后形成的决策环境。据调查，中国人更认同从亲朋好友处获得的旅游地信息。产生这一结果的主要原因是在信息传递过程中信用度的严重缺乏，为了减少选择成本，旅游者只好借助“口碑”等非正式信息传播渠道来获得信息。所以，旅游地一方面应该将自身的信息客观传递给旅游者，不夸大、不美化，增加可信度；另一方面应该重视每一位前来旅游的客人，为其提供良好的流动和体验空间，杜绝发生坑蒙拐骗等急功近利的现象。

④最终决策

最终决策虽然是旅游者决策行为的最后阶段，但它仍会受到一些任意变量的影响，如目的地的政治环境、经济环境或天气情况的突变等。这种任意变量是对预期行为结果进行的局部修正。

3）审美活动

（1）审美活动的类型

旅游行为是作为旅游文化主体的人的审美活动，这种审美活动主要有两种：一种是观赏性行为，包括观光、游览、参观等；另一种是参与性行为，包括登山、漂流、露营、滑雪、冲浪等。

（2）观赏性行为文化

在观赏性行为中，审美主体与审美对象之间的关系在我国传统的美学理论中表现为两个层面：一是道家的美学观，讲究物我浑然、神与物游，“庄周梦蝶”与“濠梁之辩”是最典型的例子，这是一种消融距离、达到“心入”的审美境界。在旅游行为中，老庄哲学还主张“道法自然”“返璞归真”“与天和者，谓之天乐”，认为要最终达到“至乐”（审美快感），还必须与天道自然相和。即便是隐逸超脱，也要寄情山水，在回归自然之中获得审美快感。二是儒家的美学观，追求一种若即若离、不即不离的境界，这是一种有距离感的审美效应。“相看两不厌，只有敬亭山”“万物静观皆自得，四时佳兴与人同”“知（智）者乐水，仁者乐山”“登山则情满于山，观海则意溢于海”“望秋云，神飞扬；临春风，思浩荡”都是对这种美学思想的形象描述。由于观赏性行为更强调审美主体的主观能动作用，因此审美效应因人而异，其中也包括个体的因时而异。由此可见，观赏性行为注重的是审美主体的价值取向。

由于观赏性行为重视主体性，强调主体对审美对象的把握、观照、感悟，因此审美活动的质量取决于旅游行为实施者的修养和素质。换句话说，审美效应体现在旅游行为主体的文化水平和精神价值方面。景观作为审美对象，其美学价值的大小对审美效应不起决定性作用，对旅游者的审美活动也没有多少制约和决定意义。景观是以旅游者的主观意志为转移的，人们对于以形象命名的景物常常说“想象想象，一想就像，不想不像，越想越像”，便是最好的证明。可见，能否发现审美对象的美，能发现多少美，主要取决于主体在审美过程的情感温度、情绪导向和“心入”的程度。虽然从根本上说，存在决定意识，但是在具体的旅游行为中，往往是意志决定“存在”，这个“存在”不是物质实体，而是作为物质实体的景观的美学价值。

（3）参与性行为文化

拓展阅读2-4

旅游体验

在参与性行为中，审美主体的行为与审美对象之间的关系是后者决定前者，即客观物象、旅游景观制约、限制、规定和影响着审美主体的旅游行为。审美主体的审美活动必须适应景观的现实环境和物质条件，这样审美主体才能够身临其境地参与，才能在参与中获得审美享受。也就是说，审美主体是在顺应与驾驭、适应与征服的对立统一中，在对参与“度”的偏颇与适中、安全与危险的把握中，寻求冒险的刺激和身心满足的快感的。

参与性行为要求旅游者的身体条件和心理素质过硬。在参与性行为中，审美对象激发审美主体产生冲动，审美主体通过与审美对象的接触和碰撞，在“身入”的角逐、较量和历险中完成旅游活动，获得审美效应。

不言而喻，这种参与性行为是粗放式的，带有某种原始性和本能性。它依靠的不是参与者的精神素质，或者文化修养，而是参与者的生理本能和身体条件。因此，这种以感官刺激的娱乐性为指向的旅游行为又带有快餐性和工具性，其审美效应自然也是短暂的、快速的和具象的，缺少绵长的韵味和神游不尽的享受。参与性行为的文化含量较低，无须审美主体有多少知识的积累和文化的准备，对审美对象文化品位的要求也不高，只要具有相应的自然条件即可。例如，好的滑雪场需要有足够长的滑雪道和一定厚度的积雪等。因此，参与性行为具有普遍性、大众性，具有市民化和泛社会化的审美性质。对于在快节奏、高强度条件下生活的普通人，尤其是文化层次较低的人来说，在参与中进行一番尝试和较量，在强烈的刺激中获得参与的快感，是最惬意的事情了，他们对于观赏性行为则往往提不起兴致，打不起精神。

4）文化差异

（1）文化差异的认识

文化差异是旅游业的特征，旅游业必须正确处理不同文化体系中形成的复杂的同异关系，以应对经济全球化背景下文化的交流、碰撞与融合。因此，在不同区域、不同民族、不同种族和不同国家之间进行跨文化旅游问题研究，有助于促进旅游目的地本土文化的保护和发展，能够使外来文化以一种平和的方式渗入，从而保证主客体文化之间的交流；有助于发现各国旅游消费者和决策者差异和相似的多元模式，从而进行更加合理的市场细分，制定具有针对性的市场策略；有助于旅游业加速培养熟悉国际惯例、国际规则的复合型人才，从而不断提高旅游企业的综合业务水平和旅游产品的市场竞争力。因此，跨文化观念的提出对旅游业的发展具有较强的现实意义。

（2）旅游者的文化取向

不同文化背景的人，具有不同的文化取向。旅游文化取向可以分为两种类型：群体取向与个体取向。东方人受以儒家思想为代表的传统文化的影响，在思想意识、思维模式上追求群体取向，表现在行动上就是倾向于集体行动，团体中的每个人都为了不被排除在“圈外”而努力，他们强调相互依赖、相互合作。西方人受西方宗教文化的影响，非常重视独立性、逻辑性、差异性，崇尚个人主义，追求自由和自我实现的个体取向，善于“求变”，勇于创新和打破传统观念。

在旅游文化观念上，东方人注重自己内心的感受，常常给人以谨慎、保守和内敛的印象，较少和旅游目的地的居民交往；西方人提倡冒险精神，具有征服的欲望，给人以积极、开放和外向的印象，与旅游目的地居民交往的意愿极强。

在旅游行为方面，东方人提倡适度旅游，反对过于张扬和冒险，对故土有一种执着的认同感，不易融入异乡社会，在穿着、举止甚至思想上都要符合“集体”的准则；西方人喜欢探险旅游，在穿着、举止方面喜欢表现自我。东方人出境旅游具有“定型化”特征。一般情况下，旅行社会事先制订详细的计划，在出发前召开旅游说明会，很多人都愿意参加这种团体旅行，认为“游有所得”，详细而周密的旅游计划是他们得到高质量旅游服务的保证。西方人则完全相反，他们喜欢随意，不需要固定的形式，游览内容要少，旅游速度要慢，时间安排要晚出，观光活动要突出休闲性。

此外，在旅游过程中，美国人更喜欢追求新异，日本人、韩国人则兴趣较小；法国人、意大利人的购物频率最低，中国人、日本人、韩国人的购物频率最高；韩国人最愿意吃母国的风味，美国人则更愿意尝试具有当地特色的食物；日本人比较信赖导游，法国人、意大利人对旅游从业人员的信赖度则较低。

5）文化认同

旅游领域中的文化认同按照主体和客体的不同，大致包括旅游者对目的地社会/对自身社会的文化认同，以及目的地居民对本地区（本民族）/对客源地社会的文化认同四大研究主题。某个旅游目的地之所以能够受到游客的青睐，是因为该地的历史文化符号得到了旅游者的认同，这种认同不仅可以吸引旅游者，而且能够提升旅游目的地的形象。因此，旅游文化对旅游目的地形象的塑造具有重要作用，它是旅游者选择旅游目的地的动机，也是旅游目的地自身的支柱。

6）旅游中介

（1）旅游中介对旅游者决策行为文化的影响

①影响旅游者对旅游目的地的感知印象

旅游中介的宣传促销活动会影响旅游者对旅游目的地的感知印象，进而影响旅游者的决策行为。作为一个专业性服务机构，旅游中介拥有充足的旅游目的地信息，它可以在广告宣传促销中提供完善的旅游目的地信息，美化旅游目的地，同时强调随团旅游的便捷与服务质量的优良，一些潜在的旅游者因此会对旅游中介的宣传产生一定的认同感，从而对旅游目的地产生良好的感知印象，进而做出旅游决策。但是，如果旅游中介过分美化旅游目的地，过多掩饰旅游目的地的某些不足，也可能会引起旅游者的怀疑，使旅游者在决策过程中更加犹豫不决。

②影响旅游者的旅游偏好

旅游中介的广告宣传等活动会影响旅游者的旅游偏好，进而影响旅游者的决策行为。从心理学的角度来看，持续不断的旅游广告宣传可以提高潜在旅游者对旅游产品的注意力，引起他们的旅游兴趣，激发他们的旅游购买欲望。同时，旅游中介的旅游广告信息能够引导和转变旅游者的旅游观念，指导他们的目的地选择行为。特别是那些有特殊价值的旅游新产品，一开始并不为人们所注意和接受，而广告、媒体宣传能够帮助人们建立新的旅游行为和观念，最终促进旅游新产品的销售。例如，生态旅游在我国的兴起，在很大程度上是因为受到了媒体和舆论的影响。

旅游中介对旅游者旅游偏好的影响可能产生两方面的后果：一方面，旅游中介适时地宣传新产品，可能会改变旅游者最初的旅游目的地选择决策，从而促进某些旅游产品的发展。另一方面，如果旅游中介宣传促销不慎重，也会误导旅游者，给某些旅游产品的销售带来影响。

③帮助旅游者实现旅游效益最大化

旅游中介的经营活动可以在一定程度上帮助旅游者实现旅游效益最大化，进而影响旅游者的决策行为。在经营过程中，为了赢得旅游者的支持，旅游中介必须在保证自身利益的前提下尽可能地帮助旅游者实现旅游效益最大化。一般来讲，旅游中介拥有大量关于旅游目的地的信息，擅长旅游线路的设计与整合，能够用最低的成本设计出最优的旅游线路，这些旅游线路既体现了省时的原则，又体现了游览精华景点的原则，能够满足旅游者的需求。从这个角度来讲，旅游中介有助于旅游者最大效益原则的实现，从而促使旅游者做出旅游决策。

（2）旅游中介对旅游者时空行为文化的影响

①对旅游者时间行为规律的影响

对出游时间的选择体现了旅游者的时间行为规律。一般来讲，旅游者出游时只会考虑自己（或者自己的家庭）的闲暇时间。在团体旅游中，有两种情况可能发生：一种情况是散客组成的旅游团，出游时间由旅游中介安排，而这个时间安排往往取决于该旅游团大多数人的合适出游时间。旅游者一旦决定参团旅游，就得调整自己的休假时间，以适应旅游中介的行程安排。这时旅游者对出游时间的选择由个体决定转变为群体决定，由个人闲暇时间决定转向群体闲暇时间决定。另一种情况是单位组织的团体旅游，这种旅游团的出游时间一般由单位负责人决定，员工通常没有选择权，单位负责人根据本单位的实际情况安排时间，不会考虑假期问题（相对于法定节假日而言），因为单位负责人可以统一调整休息日，而实际上，单位负责人对出游时间的选择在一定程度上会受到旅游中介促销人员建议的影响。

游程时间的具体安排也是旅游者时间行为规律的一个重要方面。为了使旅游者在最短的时间内获得尽可能多的游览经历，并且使自己获取更多的利润，旅游中介有可能利用自己熟悉目的地等优势将旅游行程安排得非常紧凑，相对于每个景点而言，旅游时间缩短了。

因此，在旅游中介的影响下，散客组成的旅游团的出游时间从由个人闲暇时间决定转向由群体闲暇时间决定；在单位组织的团体旅游中，旅游者的出游时间也会受到旅游中介的影响。从微观上看，团体旅游者在单个景点的停留时间较个体旅游者有缩短的趋势。

②对旅游者空间行为规律的影响

旅游中介是一个专业性服务机构，其感知环境与旅游者的感知环境存在着差异。在设计游程时，个体旅游者往往优先选择级别高的旅游景点，然后选择级别低的旅游景点，甚至可能只选择级别高的旅游景点。旅游中介利用其信息量大以及交通衔接便利等优势，使景点选择多元化，将一些知名度不高但有一定旅游价值的旅游景点进行捆绑销售，以增加销售利润，从而使景点在组合上表现出旅游地级别多样化、数量增加化的特点。

旅游中介对旅游者行为规律的改变可能带来两种后果：若旅游中介设计的线路景点搭配合理，则可能给旅游者带来意外的惊喜，提高旅游者的满意度；若旅游中介设计的线路景点搭配不合理，则可能降低旅游者的满意度。

此外，个体旅游者与旅游中介在暂住地的选择上也不同。个体旅游者一般选择在暂住地进行节点状环线旅游；旅游中介则会根据住宿成本、交通成本与时间成本之和的最小值来选择住宿地，从而形成了区别于个体旅游者的多点不规则的住宿模式。但是从宏观上看，旅游中介在选择旅游目的地时仍然遵循优先选择级别高的景点的原则，这一点与旅游者个体的目的地选择行为没有根本区别。因此，旅游中介对旅游者的宏观空间行为没有大的影响，对旅游者的微观空间行为会有一定的影响。

(3) 旅游中介对旅游者消费行为文化的影响

在旅游消费研究中，人们关注的旅游消费实际上是指旅游者消费。旅游者消费行为是指旅游者在旅游过程中的消费行为。

旅游中介的经营活动主要从两个方面影响旅游者的消费行为：一方面，导游对旅游商品的宣传介绍可能会强化旅游者对消费对象的知觉，影响旅游者的态度，从而影响旅游者的消费行为。在旅游团内，导游与旅游者在对当地商品的了解上体现为信息不对称，即便导游没有经济利益（如回扣）的驱使，他们也会乐意向旅游者介绍当地的各种特色商品。当旅游者信任导游时，导游的解说会激发旅游者购买旅游商品的欲望，增加旅游者购物的可能性；当旅游者对导游失去信任时，导游的劝说与诱导只能导致旅游者的反感，降低旅游者购物的可能性。另一方面，旅游者可能受到参照体的影响而做出购买行为。在旅游团中，旅游者属于一个社会群体，在这个群体内，个体有可能对群体的消费行为产生影响。例如，当旅游团中某个旅游者买了某件令他比较满意的旅游纪念品或其他商品时，团体内的其他旅游者一般都会仿效，即使在生活中非常节俭的人，在旅游时也会尽量向旅游团中的其他人看齐，保持跟大家大致相同的消费水平。

(4) 旅游中介对旅游者心理行为文化的影响

根据心理学的定义，社会群体是指为了一定的共同目的，以一定的方式结合在一起，彼此之间存在相互作用、心理上存在共同感、具有情感联系的人群。同一个社会群体在相同的情况下会有某些共同的心理行为。

旅游团是一个特殊的社会群体。旅游者加入这个群体，是因为它能够为自己提供一些方便，满足自己的某些需要。在这个群体内，旅游者的各种心理行为都将受到不同程度的影响，表现最明显的就是旅游者的安全心理发生了变化，这主要是因为导游全程陪同服务增加了旅游者尤其是那些缺乏经验的旅游者的安全感，同时旅行社的行程安排计划性强，旅游者提前知道食宿安排，这更增加了旅游者的心理安全感。

小资料 2-3 规范旅行社经营行为是旅游市场治理关键

2023 年 4 月，文化和旅游部办公厅印发了《关于进一步规范旅游市场秩序的通知》，要求“扎实开展旅游市场秩序整治，集中打击高频违法经营行为，坚决遏制‘不合理低价游’苗头和市场乱象扩散势头，着力提升旅游服务质量，为游客营造好放心、安心、舒心的出行环境”。在旅游市场中，旅游经营主体处于信息主导地位，游客处于信息相对劣势地位，非信息对称下的市场行为容易导致市场主体行为失范，游客利益被侵犯，产生旅游投诉。多年来，旅游投诉中有关旅行社的投诉占投诉总数比例较高，投诉主要集中于降低服务标准、擅自增减旅游项目、延误变更行程、导游未尽职责等方面。因此，规范旅行社经营行为是旅游市场治理的关键环节。

资料来源　陈志辉．规范旅行社经营行为是旅游市场治理关键 [N]．中国旅游报，2023-05-23（3）．

小思考 2-3

分析提示

小思考 2-3

如何规范旅行社经营行为？

2.3.4 旅游者行为的文化影响

拓展阅读 2-5

旅游文化冲突

旅游对社会文化的影响实际上是“对人的影响”，即旅游者对东道主的影响。只要旅游开始，旅游者与旅游地居民相遇，就会因各种价值观的不同，甚至相互对立，造成社会文化的冲突与碰撞。因此，旅游者行为对旅游地社会文化的影响是明显的、直接的。本书主要探讨旅游者行为对发展中国家的文化影响。

1）旅游者行为对旅游地心理文化的影响

首先，旅游者在食、住、行、游、购、娱方面表现出的较高的消费水平，及其在客观上具有的社会、经济优势，使得旅游者在整个旅游过程中表现出明显的优越感，加之旅游者在旅游地受到的约束比在居住地要少，因此容易使旅游地居民表现出一定的羡慕和盲从心态。旅游者的这种“示范效应”促使旅游地居民对旅游者的言谈举止、穿着打扮、生活方式等进行曲意的迎合、追求和模仿。其次，旅游地居民了解到旅游者在获得体验、购买纪念品等方面非常舍得花钱，为了减少或消除模仿过程中的自卑情结，旅游地居民欺骗旅游者的现象就会发生。最后，旅游地的年轻人受到旅游者的影响更大，封闭地区的年轻人观察到旅游者（特别是年轻人）在物质上的优越性，可能会模仿旅游者的消费行为，并且为了达到旅游者的消费水平，越来越多的当地人可能会在服务行业就业。一旦当地居民不能通过合法手段满足自身的愿望，犯罪率就可能上升，居民与旅游者之间的矛盾就可能升级。当然，这种影响也可能进一步激发当地人奋发向上的精神和追求财富的创新意识，从而促进落后思想观念的转变，增强旅游地的开放观念和现代化意识。

2）旅游者行为对旅游地生活文化的影响

旅游者的到来在提高旅游地收入、改善社会基础设施条件、提高社会文化生活质量以及丰富社会文化活动内容等方面所表现出的积极作用是不言而喻的。然而，大众旅游时代的到来、旅游者的大量涌入以及为旅游者服务的人员（可能从外地引进）的增加，都加剧了当地交通、卫生、供水供电等公共设施供应的紧张程度，从而使当地居民产生了仇视心理。旅游业能提供大量就业机会，这是许多发展中国家发展旅游业的主要理由，然而事实并非完全如此。正如诺洛纳和福尔斯所概括的："旅游的周期运动可能在把大量的人力吸引到城市之后又使他们陷入失业的困境。失业者将置身于'热带'的贫民窟里，他们感到失望，又没有能力重新适应悲苦的生活方式。这些人和他们的家庭很快就会'营养不良'，出现心理和精神的紊乱，产生报复心理，采取报复行动。"这种现象在小国，如太平洋或加勒比海地区的岛屿国家尤其严重。实际上，在广大发展中国家，在旅游就业中获益的主要是青年和妇女。由于旅游服务的需要，年轻人变得更具流动性，家庭联系渐渐减少，代沟随之出现。至于妇女，特别是在某些具有传统禁忌的国家和地区，旅游业给她们提供的职业为她们自身的解放起到了促进作用。

3）旅游者行为对旅游地传统文化的影响

涵化理论认为，两种文化无论何时发生联系，通常都是强文化影响弱文化，弱文化在借鉴过程中，与强文化变得有些相似。因此，在发展中国家的旅游区，发达国家的旅游者借鉴旅游区文化的可能性较小。同时，由于要满足旅游者的需要，旅游地会服从旅游者的态度和价值观念，这也导致当地传统文化逐渐衰落。旅游者行为对旅游地传统文化的影响主要表现如下：

（1）文化成为一种商品

发展旅游使旅游地艺术品的风格和形式发生了变化。以前为宗教和仪式而生产的手工艺品，现在却成为为销售而生产的旅游商品。手工艺品的数量因为旅游者需求的增加而增加：一方面，这些用当地人传统的技术制造的、具有象征意义的手工艺品，因为得到了旅游者的认可而使当地人感到自豪，同时这些目前幸存的早期手工艺品也随着旅游者的光临而得到复兴；另一方面，旅游者的偏好也可能使传统的艺术构思及艺术形式消失，尤其是使那些具有浓厚的宗教和神话色彩的艺术构思及艺术形式消失，但是为了满足旅游者的大量需求，大众化生产技术取代了日益显得迟缓的传统工艺，促使伪传统艺术产生，并导致粗制滥造的旅游商品充斥市场。

（2）泛文化的出现

为了增加文化含量，许多旅游地推出文化旅游产品，以使旅游者能够看到或体验到当地文化的一些方面。例如，在斐济，旅游者能看到渡火仪式（裸足行于热石或火坑之上）；在我国一些旅游区，有模拟当地民俗的结婚典礼。这些具有文化魅力的表演既有积极的影响，也有消极的后果。当表演活动把旅游者从对当地人及其文化的压力中转移或解脱出来，成为保护真正传统艺术的方式时，它是积极的。然而，篡改传统习俗来满足旅游者体验的“文化上的冒充”，常常只展示了地方文化的小部分，并且是表面的内容，其潜在的影响是导致泛文化的出现，使真正的传统艺术消失。

(3) 其他影响

在发展中国家，旅游开发者试图从地方文脉中概括出地方文化的性质与特色，以增加旅游吸引力。例如，在设计旅游酒店时，酒店内部会饰以雕塑及其他有当地传统风格的象征符号，酒店服务人员会穿着当地的传统服饰，以此来烘托当地的特色文化氛围。这本来是无可非议的，但是有的开发者甚至模仿圣殿来装饰宾馆，以此吸引旅游者，这是对宗教文化的破坏。

4) 旅游地对旅游行为文化的影响

旅游者将目的地视为具有丰富文化事象的空间进行游赏，对旅游者而言，旅游体验带来了文化视野的开拓，既增加了旅游者对异族文化的认知（具有异域风情的东道主文化为旅游者带来了新奇的体验，有助于旅游者对文化多样性的理解），也激发了旅游者对异族文化、独特生活方式的向往。对大多数旅游者来说，异族文化对他们的影响将会延伸到他们回到客源地社会的生活中，并由此改变他们的知识结构和对世界的认知。经历过多次旅行的有经验的旅游者希望探寻越来越多的异族文化，也愈加经常性地以异族文化为参照来反观自己的日常生活和价值观。这群旅游者慢慢地对旅游形成了依赖，习惯于间隔性“离开”。许多旅游者喜欢在有特色的目的地多停留一些时间，因为旅游者重视旅游体验，希望与旅游地居民有个别的互动机会。当然，并不是所有主客交往都能使旅游者获得正向的知识和美好的体验。个别旅游者也可能产生文化偏见，加深相互间的文化误读，尤其是那些仅做短暂停留的观光旅游者。

2.4 旅游消费文化

2.4.1 影响旅游者消费行为的文化因素

1) 传统文化价值观念

以中国为例，传统文化价值观念对旅游者消费行为的影响如下：

(1) 节制当前消费，重视储蓄

消费观念影响消费的价值取向，决定消费的内容，很多人的生活目标往往是与家庭的生活目标即家庭需要努力达到的消费方向和水平联系在一起的。我国居民的生活目标主要表现为追求家庭生活的幸福与和睦，对子女抚养、教育、就业和婚姻等问题进行多方位考虑，最终希望享受天伦之乐。居民在消费上比较节制，重视储蓄，而储蓄的主要目的是保障子女的教育、养老和以备不时之需。在基本生活消费能够满足的情况下，人们往往异化储蓄动机，即为储蓄而储蓄，将那些看起来比较奢侈的消费行为如旅游视为次要考虑的事项。有些人认为“在家千日好，出门一日难”，说旅游就是“花钱买罪受”，这对旅游消费本身就是一种抵制，对旅游动机的激发无疑也具有阻碍作用。

(2) 饮食消费仍占相当比重

我国居民的生活水平从总体上看仍有待提高，即使在经济条件许可的前提下，饮食消费仍然是消费领域内的“重头戏”。人们对饮食消费的重视程度越高，越会促进饮食文化的繁荣，而饮食往往是一种文化娱乐手段的替代品，这在相当程度上成为阻碍旅游动机产生的因素。

(3) 以大众型产品为主，高端产品较少

著名心理学家马斯洛提出了需求层次理论，他认为人的需求由生理需求、安全需求、归属和爱的需求、尊重需求、自我实现的需求五个等级构成。在五种需求中，前三种需求被视为低层次的需求，表现在对消费产品的选择上，即消费者具有重物质、轻文化的倾向，消费者购买的主要是有形的物质产品，对非物质形态的文化产品的消费则持谨慎态度，而旅游消费从本质上讲是一种文化消费。具体到对旅游产品的消费上，在我国，观光旅游所占比重最大，因此可知我国居民对旅游产品的消费以大众型产品为主，高端旅游产品对我国居民的吸引程度不高。

2）现代价值观念

现代价值观念对旅游者消费行为的影响如下：

(1) 旅游消费主体年轻化

旅游消费主体日益年轻化，中青年所占比例越来越大。这种变化在未来学家托夫勒所指出的第三次浪潮出现以来，表现得尤为明显。过去，西方人普遍主张少壮努力工作，暮年以丰厚的积蓄畅游世界，因此老年人在旅游市场中所占份额较高。近年来，越来越多的中青年步入旅游市场，在紧张的工作和学习之余外出度假，寻求身心的放松，丰富人生的经历。大量资料表明：在美国，第二次世界大战以后成长起来的中青年人大多受过良好的教育，有积极进取的精神，他们普遍认为消遣性旅游度假是一个人成功的重要表现，因此逐渐成为旅游市场的主体。在欧洲旅游市场上，一个相对年轻而富有的、主要由商界和高技术专业人员组成的消费群体正在崛起，晚婚、晚育、小型家庭使他们具有更高的消费水平和与众不同的消费模式。就是在日本这样一个国民素有“工作狂”之称的国度里，近年来，出境旅游人次也不断增长，而持既要奋斗也要享乐价值观的所谓“新人类”是旅游市场上增长最快、最引人注目的客源层，许多国家或地区都把日本的女青年作为重点促销目标。我国的国内旅游市场也有类似的情况，20世纪90年代中期以来，不少青年人主张工作、享受两不误，虽然受到收入水平低的限制，出游时不得不乘坐火车、住宿青年旅舍，甚至在异地投宿朋友、亲戚之家（有人戏称这种旅游方式为“乞丐式”旅游），但是他们旅游的热情十分高涨，已经成为旅游市场上最主要的客源层。

(2) 旅游消费需求多样化

在旅游新时代，旅游需求进一步细分，供给与分配日益灵活化。旅游市场细分不再只是一个理论上的词语，类型众多的较小规模的专门市场如商务客人、老年人、女青年、蜜月旅行者、双薪无子女家庭、特殊兴趣爱好者等正在分割、取代原来的大众市场。每一个细分市场都有自己的特点和与众不同的需求，从而使整体旅游市场的需求具有多样性。比如，老年旅游者一般喜欢在交通不拥挤的非旺季参加有全陪的包价团外出旅游，偏好静态的旅游产品；中青年旅游者则喜欢快速出游，选择小包价或完全自助的形式，偏好动态的旅游产品。

(3) 旅游消费的互动意识增强

在旅游消费过程中，旅游者的互动意识日益增强。旅游者更希望自己是表演者、运动员（即使是场外的），而非一般的旁观者。在高度工业化的今天，几乎没有谁能够单独生产出一件完整的产品，任何产品的生产都不能归功于个人。然而，能够欣赏自己的作品并发现它是一件完整的作品，对大多数人来说似乎都是非常重要的，所以人们利用自己的闲暇时间来寻求这种满足——由自己单独完成某一件事，并自豪地宣称“这是我做的”，抑或带着个人表演的希望来参加活动，分享成功的喜悦。

(4) 旅游消费的文化特征强化

尽管现代旅游者的需求趋于多样化，但文化旅游动机得到明显强化，出于求知的欲望，希望学习和探索异国他乡的文化、历史、艺术、风俗、语言、宗教的旅游者日趋增多，文化旅游成为一种颇受青睐、生机盎然的旅游形式。第一，构成旅游市场主体的中青年旅游者大都受过良好的教育，求知欲望强，乐于了解异国文化和接受新思想，希望把旅游和学习合二为一，从而开阔思路、拓宽视野，获得高层次的精神享受；第二，新技术革命推动了工业社会向后工业社会的转化，第三次浪潮的曙光已照射了半个天空，人们的社会行为观念发生了显著变化，开始自觉关注文化，推崇民族文化的多样性，意识到了文化与政治、经济乃至人类未来发展的重要关系；第三，冷战结束之后，世界经济出现一体化倾向，国家之间、地区之间、人民之间的交流和联系越来越密切，这进一步强化了文化旅游动机，而新技术成果在交通、通信等行业的应用又为跨地区文化旅游动机的实现创造了条件。

(5) 旅游消费的技术能力增强

旅游者的消费行为还与旅游者的消费技术密切相关。旅游消费技术是指旅游者以旅游供应商提供的产品要素为原材料，对其进行遴选、组合、加工、体验，进而获得最终效用的知识水平和实际能力。这一概念包含旅游消费知识和旅游消费技能两个维度，分别对应旅游的智育功能和美育功能。从获得途径来看，旅游消费技术主要由旅游者的科学文化素养和审美能力决定，但旅游者的旅游经历也是重要的影响因素。前者即“读万卷书”，可以用旅游者的受教育程度来表示；后者即“行万里路”，相当于生产技术中的专业化和熟练程度，可以用旅游者的年出游次数来表示。旅游者在出游之前提高自身对旅游目的地的涉入程度和认知程度，是提升旅游体验的重要途径。

2.4.2　旅游消费文化的特征

1）从文化层次上看，旅游者的需求层次向高端转移

随着科学技术的进步和经济的发展，人们在满足了基本需求之后，就会产生更高层次的需求。旅游者的需求已经从“走马观花式”发展到“下马赏花式”，旅游者不仅需要享受旅游产品或服务本身带来的种种满足感，而且需要体验参与的成就感，即满足自身受尊重的需求和自我实现的需求。

2）从文化结构上看，旅游者情感需求的比重增加

旅游者在注重产品质量的同时，更关注旅游产品与自己关系的密切程度，偏好那些能与自己的情感产生共鸣或者能实现自我价值的旅游产品。例如，第七届中国金钥匙年会把晚宴安排在了高尔夫球场，绿茵草地、熊熊篝火、热带风情的舞蹈、空旷山谷中的强劲音乐，让每一位来宾都情不自禁地加入跳舞的人群，在偌大的草地上连成了一条“长龙”，这就是情感的需要、体验的震撼。

3）从文化产品上看，个性化旅游产品和服务越来越受到旅游者的欢迎

随着消费经验的日趋丰富，旅游者对旅游产品更加挑剔，旅游者开始追求一种能够彰显自己个性的旅游产品和服务，非从众心理日益增强。旅游者要买的已不仅是旅游产品本身，而是附加在旅游产品标签上的象征意义，旅游产品已成为旅游者用来诉说自己的“语言”。如今，我国居民在选择旅游产品时已由“半军事化、拉练式、追求看最多景点的观光旅游”逐渐转向以“追求舒适静谧”为主要目的的休闲度假旅游和体现个性、审美的民俗文化、生态环保、体育健身等特色旅游，出游方式也从随团出游逐渐转向自由行，这些都说明个性化、参与性强的旅游产品和服务日益受到旅游者的喜爱。

4）从文化价值上看，旅游者从注重产品本身转向注重接受产品时的感受

现代旅游者不仅关注得到什么样的产品，而且看重在哪里、如何得到这一产品，或者说，旅游者不再重视结果，而是重视过程。例如，星巴克咖啡在咖啡市场的成功说明人们宁愿花更多的钱去享受在“第三空间”喝咖啡的感觉，而不是待在家里或者办公室为了解渴而饮用速溶咖啡。因此，体验性的旅游项目日益受到旅游者的欢迎，如生存训练、蹦极、潜水、漂流、冲浪等。

5）从文化消费上看，旅游者对文化旅游产品的需求增加

近年来的旅游实践表明，旅游者对文化旅游产品的需求日益增加。随着旅游者文化修养的提高，旅游者会自觉接受与文化相关的旅游产品和服务。例如，梅州雁南飞茶田度假村成功打造了“茶”文化旅游精品。度假村在茶叶包装、旅游纪念品的设计等方面都体现了“茶”文化的特色，通过与茶结缘、以茶传情、以茶赋诗等形式，将浓郁的“茶”文化与客家文化结合起来，充分展示了度假村的创意及对“茶”文化内涵的追求，由此受到了广大旅游者的喜爱。

拓展阅读2-6

绿色旅游

6）从文化保护上看，旅游者的环保意识增强，绿色旅游越来越受推崇

随着人们物质生活水平的提高，人与自然的和谐关系得到重视，旅游者的环保意识不断增强，甚至比以往任何时候都珍惜生存环境，重视生活质量，追求永续消费。旅游者希望通过消费绿色旅游产品来体现自己的环保意识，希望成为绿色旅游消费者。例如，哈尔滨绿洲生态酒店以“绿色装修”和经营无污染绿色健康食品著称，餐厅的南国风光使人宛如走进风景如画的热带丛林中，因而受到了消费者的青睐。又如，广州长隆酒店是一家生态主题酒店，它坐拥数千亩的森林和绿地，完全融入生态的自然环境之中，其设计处处体现了回归自然的思想。

2.4.3 旅游消费文化分析

1）旅游消费文化的成本分析

旅游作为一种文化消费形式，会引起旅游者的各种支出，这些支出的总和即旅游消费文化的成本。旅游消费文化成本的构成主要包括以下几个方面：

（1）货币成本

货币成本是实现旅游消费文化行为的一个重要客观条件，表现为一定数量的可自由支配收入，即个人或家庭收入中扣除社会花费（如个人所得税等）和日常生活必需消费（如衣、食、住等）以及预防意外开支的储蓄之后剩余的部分。随着社会的发展和生产力的进步，人们的收入特别是可自由支配收入增加，旅游活动成为大众有能力支付的、具有普遍意义的消费行为，并且成为人们日常生活中的重要组成部分。同时，生活方式的变化和城市化水平的提高，激发了人们对包括旅游在内的享受型和发展型消费文化活动的消费欲望，人们乐于、敢于选择旅游消费，旅游消费文化甚至表现出弹性需求的特征以及超前消费的特征。

（2）时间成本

旅游是闲暇时间里的一种游憩活动，闲暇时间是实现旅游消费文化行为的另一个重要客观条件。一次完整的旅游活动过程分为决策行为和空间行为，所以旅游消费的时间投入也可以分为两个部分。第一部分是旅游活动前的准备时间，即做出旅游决策所投入的时间。旅游决策是旅游活动实现的前导和准备过程，人们通过各种渠道如查阅图书资料、网上搜寻、访问旅行社及咨询亲友等获取有关旅游信息，形成对旅游目的地的充分感知，在此基础上结合自己的偏好，确定旅游目的地及旅游方式。这一过程虽然不属于旅游消费行为的实际过程，但需要投入一定的时间和精力，因此它仍然属于整个旅游消费文化时间成本的一部分，并且不可缺少，甚至在很大程度上决定了产出效用水平的高低。第二部分是旅游活动过程中所需的旅行和娱乐时间。这一时间对旅游消费文化的影响主要表现在两个方面：一是有无闲暇时间是决定人们能否旅游的前提条件。我国双休日制度的实行，特别是法定年节假日的增加，为我国旅游者的旅游消费提供了时间保证，也带动了我国旅游业的发展。二是时间的价值决定了旅游的方式。时间是个人拥有的资源，更是一种独特且不可逆的稀缺资源。美国经济学家贝克尔将时间看作人类各种行为的一种重要投入，并且是一种有货币价格的资源，其

价值就是个人把这段时间用于工作所带来的额外货币收入。由于货币收入产生于时间，因此时间是一种机会成本。在生命的不同阶段，个人的时间价值在不断发生变化，当一个人处于高收入年龄段时，由于单位时间里的货币产出多，因此旅游消费的成本投入也相应提高，这种由时间造成的机会成本的提高促使人们在外出旅游时倾向选择更便捷、快速的交通工具和路线，以减少旅游的时间成本。

（3）心理成本

旅游消费不同于日常生活的必需品消费，不同的旅游者由于个体特征的差异，因此旅游偏好不同，这种偏好会直接影响到旅游消费时人们心理成本的高低和效用的大小。虽然旅游者的个体特征差异很大，但他们在进行旅游消费决策时都需要投入心理成本。旅游者的心理成本反映了旅游者的心理对出游行为影响程度的大小。第一，不同的群体由于文化底蕴不同，消费观念和消费偏好不同，因此心理成本的差异较大，外向型旅游者的心理成本投入小，内向型旅游者要做出同样的旅游决策，则需要投入很高的心理成本；第二，虽然个体拥有的货币量和闲暇资源的丰富程度影响着其心理成本的支付能力，但事实上，当一个人拥有的货币和时间资源优势显著时，并不意味着其就有更多的机会做出旅游消费行为，原因在于其所需的心理成本太高，从而影响了旅游动机的形成。

2）旅游消费文化的效用分析

旅游活动是一种文化消费行为，旅游文化活动本身并不是旅游者的终极目标，旅游者的终极目标是在现有资源条件的约束下通过旅游获取最大的效用和满足，这种满足实际上是一种产品。因此，旅游消费过程是一种既投入又产出的过程，表现出同步性，并且这种“文化产品”（更确切地说应为文化效用）不能以某种数值来准确表示，只能凭着旅游者自己的直觉去感受、判断。对旅游者而言，这种效用可以通过“旅游消费效用=旅游消费成果÷旅游消费支出”来表达，而无法进行精确的数理计算。虽然一次旅游消费活动是旅游者整个生命过程中极其短暂的行为，伴随着旅游活动的结束，各种旅游消费成本的投入过程宣告完成，但这并不意味着这种产出过程已经结束，其将在一定时段内甚至在旅游者的整个生命过程中发挥着持续效用，并且这种效用又构成了下一轮旅游消费文化行为以及其他活动行为的成本积累，这也是旅游消费效用不同于其他消费效用的重要特征。旅游消费效用可以分为无形文化效用和有形文化效用两种类型。

（1）无形文化效用

无形文化效用主要是指精神文化效用，是指人们通过旅游活动满足自己的精神文化需要。精神生命对人类来说有着不可替代的积极意义，人类的精神世界无限广阔，并且具有极大的收缩性，需要不断进行填补和拓展。旅游正是一条能使人的精神生活更加丰富和充实，并且能够提高生命价值和意义的理想途径，尤其是在现代社会，物质消费愿望得到充分满足以后，人们对精神生活的追求就显得更为重要和迫切。在旅游活动中，对美景的欣赏，对游憩活动的参与，可以使旅游者产生陶醉、放松、安逸和顿悟的感受，从而获得极大的精神快感，进而在精神世界里获取生命的新体验和充分满足。同时，现代社会的飞速发展使得生理性和非生理性“疾病”患者日趋增多，而在旅游过程中，旅游者可以全身心地融入轻松、优美的环境之中，产生一种自发的、家庭融洽的、社会认同的感受，让身心处于一种更加和谐、有序的健康状态，从而提高了生活质量。这种精神上的极大满足构成了旅游消费最主要的文化效用，也就是说，旅游消费文化通过投入一部分货币成本和时间成本，换取了更大的无形文化效用产出。因此，旅游消费活动从本质上说是精神文化需要，是实现人类最高级和最深层愿望的途径。

（2）有形文化效用

旅游是指人们在一段指定的时间内，旅行到自己惯常生活环境以外的地方，主要目的不是在所访问的国家或地区获得经济效益的活动。但是在旅游活动过程中，也会有一些有形的文化产出，从而使旅游者能够获得有形的物质上的满足感。例如，在旅游过程中，旅游者能够买到称心如意的旅游商品，可以品尝到具有地方特色和民族特色的美味佳肴等，这些都是可以度量的有形产出，但就旅游消费活动的整体而言，这种有形的文化产出并不占主流，对于具有普遍意义的消遣型旅游来说更是如此。此外，有形文化产出的同时也可能含有大量无形文化成分，即通过有形的文化产出获得无形的文化效用。

启智润心 2-2　　创造美好生活　旅游业应有更大作为

“江山就是人民，人民就是江山。”党的二十大报告体现了“人民至上”思想，提出“必须坚持在发展中保障和改善民生，鼓励共同奋斗创造美好生活，不断实现人民对美好生活的向往”。

党的二十大报告提出，“以中国式现代化全面推进中华民族伟大复兴”，并从本质要求、总体目标、重大原则等方面对中国式现代化进行了深入阐释。中国式现代化是人口规模巨大的现代化，是全体人民共同富裕的现代化，是物质文明和精神文明相协调的现代化，是人与自然和谐共生的现代化，是走和平发展道路的现代化。这些理念、认识和理论，闪耀着马克思主义的真理光辉，为旅游业的发展指明了方向。

旅游业是五大幸福产业之首，旅游已经成为“小康生活标配、美好生活必备”。坚持以人民为中心，围绕游客需求，旅游业不断优化产品供给、提升服务品质，加快文旅融合，朝着满足人民对美好生活向往的目标进发。

一方面，旅游业与中国式现代化有着极高的契合度。人人参与旅游、共享旅游，有望成为实现共同富裕的重要指标；文旅事业、产业大发展、大繁荣，时刻彰显着物质文明与精神文明双重成果；旅游业也将跳出单一行业、业态的认识局限，成为人与自然和谐共生的重要手段以及中国与世界沟通、融合的重要媒介。另一方面，在中国式现代化新征程中，旅游业应体现更大的担当和作为。坚持人民至上理念，坚持美好生活导向，坚持“幸福产业”和“大健康产业”定位，服务大局、提高站位，加快推进文旅融合，努力实现高质量发展，将旅游打造成人们美好生活的重要组成部分。

一是坚持人民至上，深刻认识旅游业发展的重要意义。旅游活动是建立在满足人的需求基础之上的，是基于生活导向、人性需求的产物，旅游不是个别人的“特权”，而是所有人的“权利”和“福利”。倡导大众旅游，就是要坚持旅游为民、旅游富民。要把满足大众旅游消费需求作为出发点，基于人们对美好生活的向往，深刻认识旅游业在拉动内需、增加就业、提高生活品质、传播中国文化、促进民间外交等方面的重要作用，旗帜鲜明地搭“旅游台”、唱“旅游戏”，不断繁荣国内旅游、入出境旅游市场，推进旅游为民，发挥旅游的带动作用，推动旅游复苏和全面发展。

二是坚持“幸福产业”和“大健康产业”定位，持续推进业态创新、体制机制创新。旅游是人民群众美好生活和精神文化需求的重要组成部分；旅游业是五大幸福产业之首，是有益身心的健康产业。围绕“幸福产业”和“大健康产业”定位，旅游业要坚持高质量发展要求，完善产品、服务供给体系，及时捕捉消费者喜好，重点在休闲度假旅游、乡村旅游、体育旅游、医疗旅游、康养旅游、研学旅行等领域打造新产品，培育和布局文旅新业态。做好旅游工作，还要在体制机制创新中寻求新空间，努力形成制度合力。通过解放思想、科学管理、鼓励行业守正创新，强化部门统筹联动，以旅游管理的系统化、标准化，全面提升旅游管理服务水平。

三是提高站位，坚持服务大局，加快文旅融合和高质量发展。过去10年，旅游业全面融入生态文明建设、脱贫攻坚、乡村振兴等国家战略，与宏观经济发展和大众需求同频共振，获得了持续而强劲的市场支撑。展望中国式现代化新阶段，旅游业有望在服务共同富裕、加快绿色发展和更高层次开放上有更大作为，在彰显文化自信、民族自强方面体现更大价值。

贯彻落实党的二十大精神，要坚持以文塑旅、以旅彰文，更加聚焦文旅融合，打开格局和视野，持续推进旅游与传统文化、现代文化、红色文化、体育文化等的融合创新，以文化和旅游深度融合，助力行业高质量发展，以中国式现代化全面推进中华民族伟大复兴。

资料来源 马振涛. 旅游业是五大幸福产业之首 创造美好生活 旅游业应有更大作为［EB/OL］.［2022-10-19］. https://baijiahao.baidu.com/s?id=1747091337697226529&wfr=spider&for=pc.

2.4.4 旅游商品消费文化

旅游商品是指旅游者在旅游活动过程中购买的以物质形态存在的实物，主要指旅游纪念品。要弄清隐藏在旅游商品消费背后的文化象征意义，我们需要从旅游者的角度对旅游商品消费进行文化学方面的分析。

1）旅游商品是一种文化符号

在大众旅游时代，旅游典型地表现出一种消费活动特性，其原因主要是现代旅游与传统旅游之间存在重大差异。

（1）旅游的态度、看法和价值方面

在传统社会，旅游还不是被社会和文化普遍认同的生活方式；在现代社会，旅游则是一种被广泛接受的生活方式，并且成为许多人的习惯。

（2）旅游的生产、组织和供给方面

在传统社会，没有系统的旅游产业；在现代社会，旅游已成为一种产业，存在一个大规模的旅游开发和组织系统，旅游已被商品化，无形的旅游经历也成为一种商品。

（3）旅游的制度化方面

在传统社会，旅游活动尚未制度化，是零星的、偶发的事件，主要是皇室和贵族的特权，并不为大众所接受；在现代社会，旅游具有普遍性、客观性、强制性和大众性，已被制度化，旅游产品已成为一种大众化的消费品。

（4）旅游交通、旅行经历、旅游吸引物、旅游形式方面

如果说在传统社会，旅行是一种充满主动探索与发现精神的艰苦探险活动，更多地体现为一种精神、文化活动的性质，那么在现代社会，旅行则非常舒适、安逸，更多地体现为一种消费活动的性质，被消费的对象既包括以线路、服务为表征的一段无形的、快乐的时间和经历，也包括有形的旅游商品。既然旅游是一种消费活动，那么在消费社会中物或商品是符号的命题必然导致旅游的符号性，即无论是旅游经历还是旅游商品都是符号，其背后隐藏着含而不露的社会文化的象征意义。

小资料2-4　　旅游文创产品的设计思路

在旅游文创产品的设计过程中，设计师应该明确旅游文创产品作为旅游地景区特有的文化符号，从外形到内在，再到功能，绝不能舍本逐末。一旦失去了文化的吸引力，那么其必将失去应有的竞争力，难以走入人心。因此，在具体的设计方向和思路上，设计师要明确以下两点：

第一，以市场为导向。再优秀的设计，如果没有受众的喜爱和认可，那也是无效的设计，是没有价值的设计。当前，消费者的消费越来越趋于理性，这就要求旅游文创产品设计应以市场为导向，从实用性和审美性、文化性等多视角出发，打造适应市场的设计作品。

第二，扩大影响力。旅游文创产品可以从地域化、系列化、网络化等层面展开设计。例如，强化地域文化特色，深化旅游文创产品的内涵，以更加个性化的存在占领市场；将旅游文创产品进行系列化设计处理，以同中有异、异中有同的形式更好地展示主题，从而迅速抓住消费者的审美心理；以时代发展为指引，借助各种平台和技术，更好地放大旅游文创产品的价值，形成更大的艺术影响力，从而带来更多的现实价值。

资料来源　孙凤玲. 旅游文创产品的设计思路与实践［J］. 包装工程，2023（8）.

小思考2-4

从设计师的角度谈谈如何设计旅游文创产品。

小思考2-4
分析提示

2）旅游商品的文化符号价值

（1）旅游商品（或旅游纪念品）是旅游者重返世俗社会的象征

西方旅游人类学研究中有一种流行的观点，即旅游可被视为一种“通过仪式”，旅游者的旅行过程可以看成从一种经验状态向另一种经验状态的转变。因此，旅游是一种世俗仪式，是一种神圣的过程。根据美国旅游人类学家纳尔逊·格雷本的观点，旅游这种世俗仪式可以分为世俗—神圣—世俗三个阶段，经过这一过程的考验，“我们不再是我们自己，我们已经是一些全新的人，因为我们已经经历了一种生命的再创造”。旅游者回家后之所以常常给亲朋好友或同事赠送旅游纪念品，就在于赠送旅游纪念品在旅游者结束旅游活动重返家园时，起着极为重要的作用。旅游纪念品作为一种礼仪，是旅游者重返世俗社会的象征。

（2）旅游商品（或旅游纪念品）是人们社会地位的象征

由于旅游经历是无形的，是无法被见证的，因此需要借助有形的、能够被见证的东西向他人证明。因此，旅游纪念品自然而然就成为象征人们社会地位的外在化符号。人们在与外部社会听众交流时，可以展示自己通过旅游获取的社会地位。“旅游纪念品象征旅游经历，当它们被购买并被带回家给自己或亲朋好友时，旅游纪念品是旅游的有形证明，是旅游经历或旅游凝视的表征”。这种独特的交流功能和象征功能，使得旅游者很难拒绝购买旅游纪念品。此外，还有些旅游者最专注的一件事就是地位，他们到国外旅游的娱乐之一就是能够在一些名牌商品的原产地购买那些名牌商品。这类物品不仅是表明自己曾经到国外旅游过的提示物，而且是社会地位的象征，该社会地位正是通过到国外旅游的经历获取的。在大众旅游时代，旅游纪念品的象征意义根据不同的标准，如旅游纪念品的生产和购买地点、旅游纪念品是否真实等，而有所区别。一般说来，旅游纪念品的生产和购买地点越远，越具有异域风情，该旅游纪念品所象征的旅游者的社会地位越高；旅游纪念品越真实，该旅游纪念品所象征的旅游者的社会地位也越高。只有充分考虑这些因素，才能理解旅游纪念品为何能够成为象征人们社会地位的符号。

（3）旅游商品（或旅游纪念品）是人生中重要事件的象征

根据人类学的观点，人生由一系列重要的、有意义的事件组成。对个体而言，能够确定个体身份和自我认同的并不是日常生活，而是对日常生活的一种打破。旅游纪念品之所以是人生中重要事件的象征，其原因在于旅游纪念品充当了特别信使。人们购买旅游纪念品的目的是将旅游经历作为一系列特殊时刻而加以回味和体验。因此，作为旅游经历的有形证据，旅游纪念品既是对神圣时间和空间的一种纪念，也是对旅游经历的一种扩展。例如，一个有关八达岭长城的纪念品可以将人们在北京的旅游生活扩展到旅游活动结束之后。

(4) 旅游商品（或旅游纪念品）是自我的象征

在社会互动过程中，旅游纪念品就是旅游者自我的一种象征符号，这具体表现在两个方面：一是旅游纪念品是旅游者自我外在化的象征。旅游纪念品是旅游者社会身份交流的一部分。当旅游者在其他人面前进行自我呈现的表演时，如回家后将旅游纪念品赠送给亲朋好友时，就可以将旅游纪念品作为道具，并且想象接受礼物者的态度。所以，尽管旅游纪念品看起来都是一些微不足道的小东西，但它在构建人们所属阶层的等级和品位时，能够起到重要的象征作用。旅游纪念品既可以对旅游者起到提醒作用，又可以将旅游者与他人区别开来，或将旅游者整合进另一个群体中。二是旅游纪念品是旅游者自我内在化的象征。很多时候，旅游者购买旅游纪念品只是为了给自己留个纪念。在这种情况下，旅游纪念品仍然是旅游者自我表现的道具，因为自我的对外交流与对内交流是同时进行的。只不过自我对内交流时，其对象是一个内在化的社会听众，即自己。

本章小结

- 旅游者文化是指旅游者在离开住地以寻求改变精神状态、获取最大的身体和心理满足、达到精神愉快的过程中所创造出来的文化。
- 旅游动机文化有差异性、多样性和交叉性三大特征。
- 旅游行为文化模式主要有点状模式、线形模式、基地模式、环形模式和链式模式。
- 旅游消费文化的特征包括：从文化层次上看，旅游者的需求层次向高端转移；从文化结构上看，旅游者情感需求的比重增加；从文化产品上看，个性化旅游产品和服务越来越受到旅游者的欢迎；从文化价值上看，旅游者从注重产品本身转向注重接受产品时的感受；从文化消费上看，旅游者对文化旅游产品的需求增加；从文化保护上看，旅游者的环保意识增强，绿色旅游越来越受推崇。

主要概念

旅游者文化　旅游动机文化　旅游行为文化

基础训练

2.1 选择题

随堂测验 2-1

选择题

1）旅游动机文化的特点包括（　　）。

A.差异性　B.单一性　C.多样性　D.交叉性

2）旅游消费文化的成本构成主要包括（　　）。

A.机会成本　B.货币成本　C.时间成本　D.心理成本

3）旅游动机按旅游同行者的类别一般可分为（　　）。

A.个人　B.家庭　C.朋友　D.团体

2.2 判断题

随堂测验 2-2

判断题

1）离开住地是旅游行为文化产生的必备条件之一。（ ）

2）旅游动机根据形成的原因，可分为内在需求和外在刺激。前者在旅游动机的研究中被称为“拉力”，后者被称为“推力”。（ ）

2.3 简答题

随堂测验 2-3

简答题

1）以中国为例，简述传统文化价值观念对旅游者消费行为的影响。

2）客源地文化包括哪些内容？

案例分析

苏州平江历史文化街区遗产旅游体验模式探析

平江历史文化街区位于苏州古城东北隅，距今已有2 500多年的历史，是苏州现存最典型、最完整的古城历史文化保护区。它至今保持着“路河并行”的双棋盘城市格局，保留着小桥、流水、人家以及幽深古巷的江南水城特色，聚集了极为丰富的历史遗迹和人文景观，拥有极为深厚的文化底蕴。街区内现有世界文化遗产1处，国家级文物保护单位1处，以及众多古建筑、古桥、古井、古树、古牌坊、古城墙遗址。历史上，许多文人雅士、达官贵人曾生活于此，区域内的居民至今仍保持着传统的生活方式。作为苏州古城历史街区保护的代表，平江历史文化街区曾获得联合国教科文组织颁发的2005年度亚太地区文化遗产保护奖，2009年被评为中国十大历史文化名街之一。

通过网络搜索引擎对平江历史文化街区相关原创博客文章加以采集，然后对旅游博客原创文本进行内容分析、词频统计和语义网络分析可以发现，旅游者对平江历史文化街区的遗产价值认知包括中国、苏州和平江三个层面，而随着描述语境的不断缩小，旅游者对遗产旅游地的价值认知变得更加具体、多元。具体来看，在平江历史文化街区的遗产价值认知中，旅游者在“中国”层面的认知偏向概念化、大众化，而在“平江”这一地方层面的认知则呈现出具体化、小众化趋势。由此可见，遗产旅游者的价值认知包括对遗产的大众价值认知和对遗产的小众（个体）价值认知两个基本方面。由于遗产的大众价值与小众（个体）价值同样无法分割，因此可以认为，旅游者的遗产价值认知处于“大众”与“个体”的连续关系之中。

随堂测验 2-4

案例分析

资料来源 周永博，沈敏，魏向东，等．态度与价值：遗产旅游体验模式探析——以苏州平江历史文化街区为例［J］．旅游科学，2012（6）．

问题：如何根据旅游者的体验对平江历史文化街区进行深度开发？

实践训练

将学生分为两个小组，互相了解对方旅游动机产生的文化背景。

本章参考文献

❶胡春丽，王敏，李永文．河南旅游交通发展现状与对策［J］．华北水利水电大学学报（社会科学版），2011（1）：78-80.

❷罗爱红，朱珠．镇江旅游纪念品开发现状与策略探析［J］．江苏科技大学学报（社会科学版），2010（12）：59-63.

❸罗婉红．张家界发展体育旅游的优势与对策［J］．商场现代化，2010（7）：116.

❹李星明，赵良艺．旅游者对发展中国家的旅游地社会文化影响研究［J］．华中师范大学学报（自然科学版），2002（2）：254-256.

❺马波．现代旅游文化学［M］．青岛：青岛大学出版社，1998.

❻王敬武．关于对旅游者概念定义的几点看法［J］．旅游学刊，1991（1）：68-69.

❼杨雁．旅游动机和行为研究［J］．渝州大学学报（社会科学版），2002（8）：91-93.

❽朱国兴．旅游消费的构成及其特征分析［J］．江西社会科学，2001（12）：95-97.

❾赵益民．国内中小旅行社危机分析与管理研究［J］．湖北经济学院学报（人文社会科学版），2010（12）：73-76.

本章推荐阅读文献

❶陈才，卢昌崇．认同：旅游体验研究的新视角［J］．旅游学刊，2011（3）：37-42.

❷樊香芝．旅游者旅游心理探析［J］．河南农业，2010（16）：61-62.

❸粟路军，黄福才．服务公平性、消费情感与旅游者忠诚关系：以乡村旅游者为例［J］．地理研究，2011（3）：463-476.

本章推荐网站

❶https://www.mct.gov.cn，中华人民共和国文化和旅游部网站

❷https://www.ccdy.cn，中国文化传媒网

第3章

旅游自然文化

【学习目标】

1. 明确旅游自然文化的价值。
2. 认识山、水、生物等自然物与人类的密切关系。
3. 强化环境保护意识，树立旅游开发和环境保护并重的观念。
4. 感悟山水之美，热爱祖国大好河山。

【知识导图】

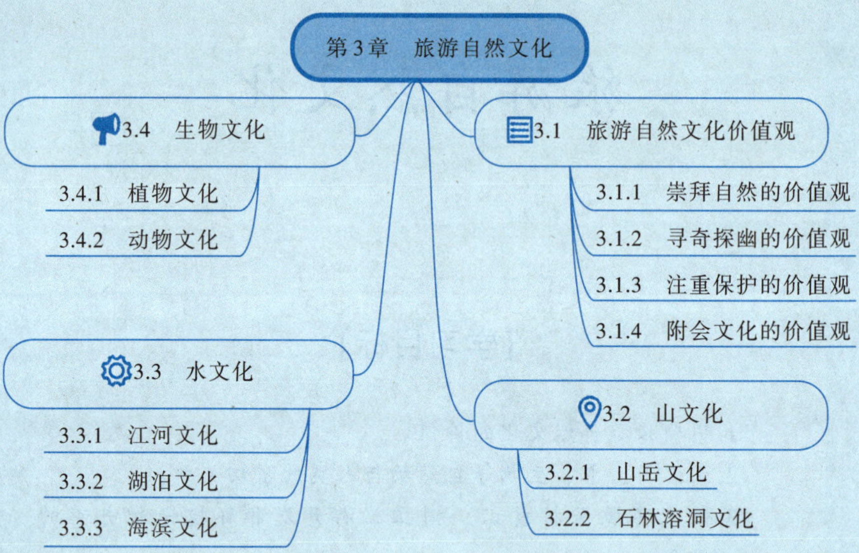
第3章　旅游自然文化
3.1　旅游自然文化价值观
3.1.1　崇拜自然的价值观
3.1.2　寻奇探幽的价值观
3.1.3　注重保护的价值观
3.1.4　附会文化的价值观
3.2　山文化
3.2.1　山岳文化
3.2.2　石林溶洞文化
3.3　水文化
3.3.1　江河文化
3.3.2　湖泊文化
3.3.3　海滨文化
3.4　生物文化
3.4.1　植物文化
3.4.2　动物文化

引例

国家公园

中共中央办公厅、国务院办公厅印发的《建立国家公园体制总体方案》中指出，国家公园是指由国家批准设立并主导管理，边界清晰，以保护具有国家代表性的大面积自然生态系统为主要目的，实现自然资源科学保护和合理利用的特定陆地或海洋区域。由于国家公园使公众能够在较小的面积内欣赏自然环境和历史文化，同时使大面积的区域得到保护，因此它作为一种严格保护并合理利用自然文化资源的可持续发展理念和举措在全球得到普遍认可和蓬勃发展。

我国的国家公园建设是在习近平生态文明思想指导下，在60多年自然保护成效以及实践经验积累的基础上进行的，具有起点高和后发优势，具有鲜明的中国特色。2021年10月12日，我国正式设立三江源、大熊猫、东北虎豹、海南热带雨林、武夷山等第一批国家公园，保护面积达23万平方千米，涵盖近30%的陆域国家重点保护野生动植物种类。

资料来源　张玫. 国家公园：让公众享受最美最优质的生态产品［N］. 中国旅游报，2021-11-16（5）.

3.1　旅游自然文化价值观

在线课堂3-1

旅游自然文化价值

草是最质朴、最具生命力的植物，白居易“野火烧不尽，春风吹又生”的诗句便是赞颂野草顽强精神的。草和人类的生存密切相关。在牧区，牧民逐水草而居。在耕作区，草地不仅可以用来饲养牲畜，而且可以保持水土。在今天的城镇，当人们被种种压力压得透不过气来的时候，绿草地可以使人心态放松，忘记烦恼。绿色是生命的标志，绿色不仅孕育了生命，而且美化了人类的生存环境。人类由早期的崇拜自然到现在的亲近自然，赋予了自然新的文化内涵。

3.1.1　崇拜自然的价值观

1）崇拜自然价值观产生的原因

自然即天然，非人为的，这里主要指日、月、山、川、动物、植物等。早期的人类崇拜大自然，主要出于以下两个原因：

（1）人类对自然界的依赖性

渔猎、采集是早期人类主要的生产方式，动植物是衣食之源，人类住山洞、饮河水，离开了大自然就不能生存，由此产生了对大自然的崇拜。早期人类崇拜大自然主要表现为将某种动物、植物或非生物作为自己的祖先和保护神，这种崇拜对象被称为图腾。

一般认为，图腾产生于母系氏族。人们感觉自己和某种自然物的关系非常密切，就会将其看作自己的同族，或者对某种凶悍的动物感到特别恐惧，也会将其奉若神明，并将其作为本氏族的徽号、标志和象征。

不同的民族生活在不同的自然环境中，产生了不同的图腾崇拜。以我国为例，高山族以蛇为图腾，壮族以鸟、蛙等为图腾，彝族以虎为图腾，苗族以鸟、牛、枫树等为图腾，瑶族以龙、狗、铜鼓等为图腾。图腾崇拜是一种自发的宗教崇拜，不可能统一。又如，我国远古时期部落联盟首领黄帝的后裔有少昊、颛顼、帝喾、契、后稷、尧等。其中，契是商部落始祖，商朝的图腾是玄鸟；后稷是周族始祖，周朝的图腾有龙、凤、虎、熊等；尧统治的部落以龙为图腾。

（2）人类对大自然奥秘的积极探索

上古时期，由于生产力低下，人类对各种自然现象不理解，从而产生了对各种自然物的崇拜，除了对动植物的崇拜，还有对日、月、山、川等非生物的崇拜。“夸父逐日”“后羿射日”的故事尽人皆知，说明上古时期曾发生过大旱灾，人类痛苦不堪，渴望有神灵庇佑，也说明当时人类有挑战自然的决心，但力不能及。早期人类对非生物的崇拜，首先表现为对太阳的崇拜。太阳给人类带来了光明、温暖，也会造成干旱和酷热，所以人们对它既尊崇又畏惧。人们对太阳的崇拜表现为对太阳神的信仰。唐代高僧玄奘西行回程途中，曾在新疆塔什库尔干塔吉克自治县（当时称朅盘陀国）停留二十余日，并实地考察了这个城邦的历史和地理。《大唐西域记》中记载，朅盘陀国的国王虽然笃信佛教，但自称是“汉日天种”，即父自日中而来，母为汉土之人（居公主堡）。

月为夜明之神，与太阳同辉，被称为“夜间的太阳”，月圆月缺还是人们计时的重要依据。日、月这两大天体在古人的观念中代表着世界的两极，分别是阳、阴的代表，在时间上分属日、夜，在方位上分属东、西，在五行上分属火、水，正所谓“日出于东，月生于西，阴阳长短，终始相巡，以致天下之和。”（《礼记·祭义》）日、月的正常运行是宇宙和谐的保证，所以古人很重视对日、月的祭祀。殷人对日、月分称东母、西母；周代实行朝日夕月的祭礼，即春分日的早上在东门外祭日，秋分日的晚上在西门外祭月。

2）自然崇拜的价值

图腾崇拜使动植物成为人们的审美对象，人们用它的形象美化生活。半坡遗址发现的葫芦形陶器、马家窑遗址发现的南瓜形彩陶壶都是模拟植物形态的生活用具，而这些用具上的图案往往模拟动物形态，有鱼纹、兽纹等。青铜器上的典型纹饰是饕餮纹，具有虫、鱼、鸟、兽等多种动物的特点，还有夔纹、蟠螭纹、蟠虺纹、龙纹、凤纹、虎纹、蚕纹、兔纹、龟纹等。历史上遗留下来的岩画、壁画等，也可以看到动植物图腾崇拜的痕迹，如云南沧源岩画。战国时期，楚地的庙宇及祠堂都绘有大规模的壁画，屈原在流放期间见到这些壁画，感慨地写下了不朽的《天问》。位于河南洛阳的西汉卜千秋壁画墓发现于1976年，此墓的门内上额、顶脊、后壁山墙正中等处皆绘有壁画，画有一系列人神鸟兽的形象。

中国的很多神话传说都表现了人和动物之间互相转化的关系，流传比较广泛的如《白蛇传》。故事中的白素贞在得道前是一条白蛇，得道后变为美丽、善良、坚贞、刚强的女子，是千百年来深受人们喜爱的形象，她的身上同样有着上古时期图腾崇拜的印记。在中国古代神话中，中华民族的人文始祖女娲、伏羲都是人首蛇身。

《嫦娥奔月》的神话故事来自古人对月亮的崇拜。嫦娥是古人创造出来的月亮女神，《山海经·大荒西经》中有“帝俊妻常羲，生月十有二”的记载，因此有嫦娥的原型是常羲之说。进入封建社会以后，嫦娥成了生活在人间的天神，因为偷吃了不死之药才得以升天。《灵宪》中说她“托身于月，是为蟾蜍”，有责备的意思。到了元明清时期，文人又变换故事情节，为嫦娥洗刷“罪名”。古人因对月亮的解释而产生的神话，随着历史的变化和不同意识的左右而历经沧桑，但人们最终所能接受的，仍然是和月亮一样美丽的嫦娥形象，这个形象也将作为人类优美的精神创造而留存在人们的心目中。

3.1.2 寻奇探幽的价值观

小资料3-1 **沙漠旅游让黄沙变“黄金”**

我国新疆地区有大面积的沙漠，其中塔克拉玛干沙漠被称为“死亡之海”，可以解释为“进去出不来”。古人把沙漠之行视为危途，如今却吸引着国内外众多探险者。目前，新疆各地都在开发沙漠旅游景区，开展沙漠旅游活动，丰富“旅游+”“赛事+”“文化+”“沙漠+”等多元化旅游业态，推动沙漠旅游产业向纵深发展，致力将沙漠旅游、探险旅游打造成为新疆特色产品，让黄沙变“黄金”。

资料来源 王思超. 新疆：沙漠旅游让黄沙变“黄金”[N]. 中国旅游报，2023-04-04（4）.

小思考3-1

小思考3-1 分析提示

新疆沙漠探险火爆的原因是什么？

大自然的鬼斧神工对旅游者有着极强的吸引力，因为它具有以下两种价值：

1）科学考察的价值

自然万物都具有文化属性，它的产生、形成和发展都具有一定的规律，不仅能给人以美的享受，而且能启发人的思维，激励人们去探索其奥秘。例如，我国古代学者通过对星空的观测，提出了“浑天说”和“盖天说”，但是由于古代人的活动范围狭小，因此这两种说法都存在很大的地方局限性。在西方，古希腊学者毕达哥拉斯、托勒密等提出了“地圆说”，波兰天文学家哥白尼提出了“日心说”，但最终还是麦哲伦的环球航行证明了地球是圆的。

拓展阅读3-1 徐霞客

中国人的科学探险有着悠久的历史。大禹治水的传说，是上古时期我们的先人征服洪水猛兽的真实写照。帝舜之时，洪水泛滥，江河倒流。禹受命治水，先勘察地形，继而疏浚河道，历尽千辛万苦，最终治服了洪水。洪水退后，禹又平整土地，划分九州。九州的界限均为自然山水，没有科学考察探险，禹就不可能成功。北魏郦道元、明代徐霞客在地理学上的巨大成就，也来自探险活动。因此，在今天乃至将来，探险活动都是我们认识世界、探求真理的重要途径。

2）探险猎奇的价值

寻求美的事物、美的感受，是人们外出旅游的主要目的，而险峰绝壁的无限风光具有独特的美学价值。例如，华山（如图3-1所示）之险，使不少游人望而却步，而参加过《智取华山》电影拍摄的演员郭允泰在谈到登华山的体验时说："在华山待了两个月，爬遍了群峰，登临了险处，感觉这种冒险性质的活动带来了无穷的乐趣。当登上一座山的顶峰时，你会觉得自己很伟大，有一种征服者的骄傲之感。""西岳峥嵘何壮哉！黄河如丝天际来"就是对华山气势的赞美。再如，九华山的奇景曾使诗人李白为之倾倒，写出了"天河挂绿水，秀出九芙蓉"的诗句。今天，探险旅游已成为时尚，高山探险、沙漠探险、激流探险、岩洞探险、海底探险等都深受游人的青睐。大自然魅力无穷，开发自然奇景是旅游业发展的需要。

图3-1 华山

3.1.3 注重保护的价值观

1）自然资源是人类生存的基础

自然资源不仅是旅游业发展的物质基础，也是人类赖以生存的物质基础，如果遭到破坏，将会危及人类的生存。历史上，黄河的水量充沛，沿河森林茂密，黄土高原的森林覆盖率甚至高达90%。20世纪末，黄河却经常出现断流。自然资源被破坏，有自然因素，但人为因素是主要的。人口的增加，交通工具的广泛使用，都对人类的生存环境产生了严重的影响。

启智润心3-1 继续把生态文明建设放在突出地位

生态环境是人类生存和发展的根基。党的十八大以来，以习近平同志为核心的党中央把生态文明建设作为关系中华民族永续发展的根本大计，坚持绿水青山就是金山银山的理念，开展了一系列根本性、开创性、长远性的工作，美丽中国建设迈出重要步伐，推动我国生态环境保护发生历史性、转折性、全局性变化。

生态兴则文明兴，生态衰则文明衰。这一系列成就，是在习近平生态文明思想指引下实现的生态文明建设新进步。为了促使生态文明建设在新时代党和国家事业发展中的地位更加凸显，让党对建设生态文明的部署和要求更加系统，中共中央、国务院制定了数十项涉及生态文明建设的改革方案；全国人大常委会、最高人民法院、最高人民检察院对环境污染和生态破坏界定入罪标准，加大惩治力度，实施"史上最严"新环保法；中央生态环境保护督察制度全面推开；全面实施河长制、湖长制、林长制；完善生态文明领域统筹协调机制，健全党委领导、政府主导、企业主体、社会组织和公众参与的现代环境治理体系……用最严格制度、最严密法治保护生态环境。

人不负青山，青山定不负人。党的二十大报告指出，“中国式现代化是人与自然和谐共生的现代化”。新时代新征程，以中国式现代化全面推进中华民族伟大复兴，就要在习近平生态文明思想指引下，继续把生态文明建设放在突出地位，继续把保护生态环境作为关键工作，继续坚定不移贯彻创新、协调、绿色、开放、共享的新发展理念，继续用生态文明理念指导中国经济社会发展。我们要像保护眼睛一样保护自然和生态环境，坚定不移走生产发展、生活富裕、生态良好的文明发展道路，实现中华民族永续发展，共建更加美丽美好的家园。

资料来源　陈定．继续把生态文明建设放在突出地位［N］．光明日报，2023-06-05（10）．

2）旅游自然文化增强了人们的环保意识

随着改革开放的逐步深入，我国的旅游业也蓬勃发展起来，但旅游业的发展并不是一帆风顺的。一些景区急功近利，不惜以牺牲生态环境为代价，甚至进行破坏性开发建设。同时，景区内由动植物、土壤、水、空气等组成的生态环境有一定的承载量，人类的活动会对其造成破坏。总之，不适当的开发和超过承载量的游客都不利于旅游业的持续发展。

沉痛的教训使旅游行业深切感受到保护自然环境的重要性，建立人与自然的和谐共存关系已成为全民的呼声。《风景名胜区条例》自2006年12月1日起正式实施，该条例第二十七条明确规定：“禁止违反风景名胜区规划，在风景名胜区内设立各类开发区和在核心景区内建设宾馆、招待所、培训中心、疗养院以及与风景名胜资源保护无关的其他建筑物；已经建设的，应当按照风景名胜区规划，逐步迁出。”该条例实施后，许多景区纷纷采取保护措施，如新疆喀纳斯景区打响了“拆迁战”，九华山重视污水处理，崂山禁止在水源地开饭店等。

小资料 3-2　　**宁舍金山，愿保青山**

云南丽江玉龙雪山不仅有着脱俗的美丽，还是一座名副其实的金山。地质勘探证实，玉龙雪山下藏有大型金矿，开发这座金矿能给当地带来巨大的财富。但丽江市政府认为保护生态环境事关人与自然的和谐，也关乎子孙万代的福祉，所以决定放弃眼前利益，不开采玉龙雪山金矿。丽江市政府在放弃开矿的同时，还大力开展植树造林活动，积极发展旅游事业，玉龙雪山更是大多数游客的必游之地。

资料来源　侯文学．舍金山，保青山，值得赞扬［N］．中国旅游报，2006-10-30．

小思考 3-2

为什么说丽江市政府的做法是值得赞扬的？这种做法说明了什么？

小思考 3-2
分析提示

3.1.4　附会文化的价值观

旅游自然文化是一种附会文化。附会文化是指人们对自然客体经过“自然的人化”过程，进而成为“人化的自然”的旅游客体，所展现的一种文化形态。自然客体本身没有文化，文化是人类的一种社会人文现象。“自然的人化”是指人们对自然客体进行探索、认知、想象、认同的过程，在这一过程中，人们赋予了旅游客体以人性化、拟人化的文化内涵，从而使旅游客体成为“人化的自然”，即人性化的、拟人化的自然旅游客体。这种“人化的自然”就是人们的主观探索、认知、想象、认同赋予在自然客体身上的一种附会文化。如果没有这种附会文化，就不会形成旅游客体文化，就不会有吸引旅游主体游览观赏的对象和基础。

旅游自然文化的“形”，也就是景区、景点实体的“形”（这个实体本身是没有文化内涵的），是人们经过探索、认知、想象、策划、设计、认同后才形成的“形”，即可供游客游览、观赏旅游自然文化外在形式韵律美的“形”。

旅游自然文化的“意”，是指自然客体结构内隐含的经过人化的无形底蕴美的“意”，是心物感应的人化的“意”，也是人们经过探索、认知、想象、策划、设计、认同后才形成的“意”，即可供游客游览、观赏旅游自然文化内在底蕴美的“意”。

“形”与“意”是紧密相连的，“意”随“形”现，“形”随“意”存，“意”是“形”的灵魂，“形”是“意”的载体。“意”是“形”的内在文化底蕴，“形”是“意”的外在文化韵律。“意”与“形”是统一的，旅游自然文化的“形”凝聚着策划者与欣赏者的“意”。

3.2 山文化

小资料 3-3　古代齐鲁登山活动的历史发展

登山最早是以充满神秘色彩的祭祀活动出现于人类生活之中的，然而随着社会文化的进步，山岳的审美、娱乐、怡情价值逐渐被人们所认识，以文人雅士登山赏水、游山饮宴和入山隐逸为代表的休闲活动开始在齐鲁大地出现。从汉末至魏晋南北朝时期，齐鲁地区一直是各方政权冲突的前线，经济文化遭到严重破坏，但是由于其自身的经济文化积累，一些游览和登临抒怀性质的登山活动仍能见诸历史记载。至唐宋时期，社会经济文化得到了恢复和发展，登山活动获得了良好的外部环境和物质基础，注重个人体验的登山游赏活动获得了长足发展，文人士子的登高抒怀成为齐鲁登山活动的典型形态。明清时期的齐鲁登山活动出现了专门化和娱乐化的趋势，这使得齐鲁登山活动更成熟、更独立，形成了一种具有地域文化特征的民俗活动。在这一时期，登山游览活动的社会影响进一步扩大，登高览胜逐渐成为社会上一种高雅的活动，并出现了专门的文献用来记述齐鲁各地的毓秀山川，专门化的游山工具和登山指南亦开始出现，对现代齐鲁登山业、登山文化的发展影响深远。

资料来源　姚路嘉，曹莉．古代齐鲁登山活动的历史发展与文化价值研究［J］．中国体育科技，2020（4）．

小思考3-3

分析提示

小思考3-3

试分析齐鲁登山历史文化遗产的当代价值。

3.2.1　山岳文化

在线课堂3-2

山岳文化

1）山岳和山岳文化

人们通常把地貌学上绝对高度在500米以上的高地称为山或山岳。生活在山岳地区的人受山岳的影响，在生活方式、生产方式等方面都表现出了山岳的印迹，这就是山岳文化。

山岳文化的含义包括物质和精神两个层面。从物质层面看，山岳文化即人们对山岳的自然环境的认识，如山岳的成因、岩石的形状、山里的气候和物产，以及山岳对当地人生产、生活的直接影响。从精神层面看，山岳文化即意识文化，既包括人们对山岳的心理、心态、信念、观念和思想等，也包括与山岳有关的哲学、宗教、美学、音乐、文学和绘画等。

2）山岳文化的共性

山岳文化有明显的时代和地域的差异性，不同的时代，不同的地域，会产生迥然不同的山岳文化。但是，山岳文化仍然具有很多共性，如山岳崇拜、山岳欣赏和山岳科学。

（1）山岳崇拜

早期人类对山的依赖及山地特殊的气候和气象景观是产生山岳崇拜的客观原因。山地气候垂直分布，海拔越高，降水越多，植被越密，还容易兴云致雨（主要指我国东部山地），人们就认为这一切都是神灵所致。例如，传说海上有三座神山（蓬莱、方丈、瀛洲），是众神居住的地方，山上有长生不老药。山以其高峻挺拔立于天地之间，成为天人沟通的阶梯。《山海经》中记载的许多山被人们当作神山祭祀。历代帝王都宣称自己是天的儿子，能够在天、地、人之间进行沟通，只有天子才有权祭拜天地，而祭拜仪式多选择在五岳（东岳泰山、西岳华山、北岳恒山、中岳嵩山、南岳衡山）举行。

崇拜五岳是中国独特的文化现象，也是古代大一统观念在地缘上的体现。在原始先民看来，地上有一个统一华夏的黄帝，天上有一个统率万方之神的天帝，还有分掌五方之帝，它们在下界各有驻跸之所，这就是雄踞五方的五岳。任何一个以华夏正统自居的帝王，都会定期巡狩五岳。《史记·封禅书》中记载，舜五年一巡狩，每至一岳，均要登上山顶，“柴，望秩于山川”，称为柴望。秦始皇、汉武帝、唐高宗、唐玄宗、宋真宗等均效仿这种做法，先后到泰山（如图3-2所示）祭拜天地，称为封禅。柴望和封禅都是上以通天，下以通地。柴望在五岳皆可举行，封禅只能在东岳举行，唯一在中岳封禅的是一代女皇武则天。武则天67岁称帝，73岁封禅嵩山，礼成之后刻石记功，今河南登封万羊岗尚存“大周封祀坛碑”。南宋以后，泰山封禅在形式上废止了，但实质上还保留着，只是把封禅和郊祀合一了。

拓展阅读3-2

五岳由来

图3-2 泰山

柴望和封禅是形成五岳神圣地位的根本原因，也是五岳文化的主体和核心。如果说五岳文化的最底层是自然崇拜，柴望和封禅则使五岳成为社稷江山统一的标志，使自然崇拜和政治权威合二为一。

（2）山岳欣赏

山岳欣赏是指人在长期与山接触的过程中产生的美感，包括品德美和艺术美。

子曰："知（智）者乐水，仁者乐山。"在孔子看来，人之所以乐于观看山水，是因为山水可以体现仁者、智者的美德。"知（智）者乐运其才智以治世，如水流而不知已也。仁者乐如山之安固，自然不动而万物生焉。"孔子以山水论人品，将自然山水与人的精神生活和道德观念联系起来，强调自然美和社会生活的联系，将山水美与人类社会的价值观念相统一，这种认识对后世产生了重大影响。在西方，也有学者对大自然采取"比德"的态度，如在古希腊文艺理论作品《论崇高》中，作者曾赞美过江河大海，因为它们体现了人格的伟大。

山岳的艺术美是指由山岳外在的因素产生的美感，如视觉美、听觉美和嗅觉美等。

小资料3-4 **崇山理念**

山岳文化是一个国家、民族文化的重要组成部分，有着深厚的历史文化内涵。在传统文化中，山岳被赋予了自然物质意义以外的诸多含义。文学艺术作品中的山岳形象及多种多样的山岳信仰形式都蕴含着民族的崇山理念，是民族心理的体现。中国的五岳有着引人入胜的自然风光，更承载着丰厚的文化内涵。五岳独尊的泰山在经历了漫长的历史变迁后，成为中国人心中山岳崇拜的代表，折射了中华文化的精神内涵。富士山是日本第一高峰，自古以来一直是日本人信仰的对象，也是日本文学家、艺术家讴歌的主题，更是日本人心理和情感上的一种寄托。

资料来源 樊丽丽．中日崇山理念的比较研究：以泰山和富士山为例［J］．泰山学院学报，2014（7）．

小思考3-4

小思考3-4
分析提示

泰山、富士山崇山理念的比较。

山水是大自然的杰作，它与周围环境的和谐是产生美感的基础。山水是有灵性的，所谓“近朱者赤，近墨者黑”，也包括自然山水对人的熏陶。自古燕赵“多慷慨悲歌之士”，战国时期发生在这里的“赵武灵王胡服骑射”“鲁仲连义不帝秦”“平原君赵胜毁家纾难”“蔺相如五步之内以颈血溅大王”“荆轲刺秦王”的故事都脍炙人口。江南多奇才，郭沫若在论述屈原时说：“他的文辞雄浑、奇特而又清丽，恐怕也是受了山水的影响。”

今天，我们旅游的一个重要目的是在自然美景中陶冶情操，即受自然山水的感染。例如，华山千尺幢、黄山鲫鱼背等惊险山势，能使攀登者产生豪情，立志奋进；“无限风光在险峰”的庐山仙人洞，会激励人们勇于攀登；山崖间的小草，石缝里扎根的苍松翠柏等顽强的生命，会激励人们自强不息；造型奇特的桂林山水、昆明石林，变化万千的黄山云海，会使人们浮想联翩，从而提高了人们的审美修养。

(3) 山岳科学

山岳科学是人们对山岳自然形成的认识，包括山的岩性、结构和山地的气候、植被及动物等各方面的知识，这是山岳文化的客观部分。不论有多少神话传说和多少知名诗篇，每一座山都有自己的地质历史，有它的形成演变规律，这些科学知识帮助人们揭开了山岳的神秘面纱，使山岳文化更丰富、更合理、更科学。相对于山岳崇拜，山岳科学对人类的进步能起到更积极的作用。

小资料3-5 阿尔山奇景

阿尔山位于大兴安岭南麓，科学家们发现了阿尔山，就像古人发现了桃花源。这里千百万年前被火山熔岩化为废墟，至今仍土壤稀缺，但挡不住植物的勃勃生机，从地衣、苔藓到松、柏、栎，形成了极其特殊的植物群落，被称为植物伊甸园。这里还有一个奇景，位于大兴安岭西坡的哈拉哈河流经阿尔山市附近，有一段长约20千米的河段，在-30℃以下的低温都不冻结。两岸灌丛茂盛，一年四季都是食草动物的天堂，马鹿、狍子经常可以见到。

资料来源 杨孝. 阿尔山喧嚣后的宁静 [J]. 中国国家地理，2007 (4).

小思考3-5

小思考3-5
分析提示

阿尔山曾多次遭到火山熔岩的毁灭，但是依然植被茂盛，这说明了什么？

今天，火山遗迹已经进入人类的审美领域。富士山是一座活火山，在日本享受“国山”的地位，“没去过富士山，就等于没去过日本”。我国的五大连池、长白山天池、云南腾冲的火山群、广西北海的涠洲岛、广东湛江的湖光岩及中蒙边境的阿尔山都因独特的火山地貌吸引了众多观光者。但无论是开发者还是观光者，都要对火山地貌形成的科学道理有所了解，这样才能获得最佳的旅游体验。

3.2.2 石林溶洞文化

小资料3-6 北京石花洞

一名考察队员著文叙述了他进入北京石花洞后的感受。来到石花洞前，他一直认为北京不可能会有溶洞这种自然美景。当他进入石花洞后，他马上改变了自己的观点，甚至被那美丽的溶洞景观所折服。石花洞的石花独具特色，它们或生在石壁上，或长在钟乳石上，晶莹温润、玲珑剔透，娇弱得像蒲公英的种子。第二次探洞时，他进入了第五层级和第六层级，洞穴的空间越来越大，每爬过一个狭窄的通道进入下一层，眼前便会出现神秘的景观，有进入桃花源的感觉。

资料来源 单之蕾. 北京石花洞：洞里不分南北［J］. 中国国家地理，2007（7）.

小思考3-6

分析提示

小思考3-6

考察队员在进入北京石花洞之前，为什么不相信北京会有大的溶洞？

1）岩溶地貌的形成

石林和溶洞都属于岩溶地貌景观，地表主要由石灰岩构成。地下水与地表水对可溶性岩石如石灰岩进行溶蚀等综合地质作用，使岩石发生了千姿百态的变化。岩溶地貌又称喀斯特地貌，在地面上表现为石林、石笋等，在地下则是溶洞、暗河。我国的岩溶地貌主要分布在云贵、广西、广东和四川地区，因为这里有丰厚的石灰岩岩层，水源充足，气候炎热，所以有利于岩溶地貌的发育。我国北方地区，如河北西北部、北京西南部和陕西东南部也有岩溶地貌的集中分布区。石花洞在北京市西南房山区境内，离周口店北京猿人遗址很近。北京猿人、山顶洞人居住的洞穴都是溶洞。溶洞也是从前僧人、道士最容易找到的住处，房山一带寺庙众多，就与溶洞多有关。此外，北魏时期的云冈石窟、唐代的龙门石窟，也选址于天然溶洞。

2）典型的岩溶地貌景观

（1）桂林山水

桂林是我国著名的风景游览城市，有着举世无双的岩溶地貌。徐霞客曾在这里考察了一个多月，发现这里有大量海水沉淀物。据地理学家考察，距今3亿年前，这里还是一片汪洋，经过海水的几次上升和下降，形成了高山和盆地相间的石灰岩地形。一些天然岩洞是古人类栖息的场所，如甑皮岩遗址就在桂林附近一个封闭的岩洞里。古代，这里是连通中原和岭南的交通要道。出于战争的需要，秦时修灵渠，引湘入漓。平百越后，这里设桂林郡。

桂林山水（如图3-3所示）有“甲天下”之美誉，曾给古往今来的过客以丰富的艺术享受。古代文人的艺术作品也给桂林山水增添了光彩，如柳宗元、李商隐、褚遂良、黄庭坚、刘克庄、张孝祥、范成大等，都把吟咏桂林的诗篇镌刻在山崖上，至今保存完好。

图3-3 桂林山水

桂林坐落在漓江两岸，自北向南有叠彩山、独秀峰、象鼻山，东区有七星岩公园，西区有隐山公园，西北郊光明山有著名的溶洞芦笛岩。桂林山水最美的地方在阳朔。从桂林泛舟南行，经83千米水程到阳朔。这一段的漓江两岸奇峰挺立，碧水萦回，削壁垂河，青山浮水，组成了一幅幅绚丽多彩的画卷，韩愈的“江作青罗带，山如碧玉篸”诗句是对桂林山水最恰当的比喻。桂林不但水碧，而且洞幽，大大小小的岩洞有300多个，可谓“无山不洞，无洞不奇”。高的如穿山的月岩，南北相通；低的如象鼻山的水月洞，江水横贯；多的如隐山岩，山腹洞洞相连；深的如芦笛岩、七星岩，长达数里，能容万人。洞内有深潭流水、峡谷栈道、平畴山峦。此外，这些溶洞几乎都打上了人类活动的印记。芦笛岩在1 000多年前就有人游览，洞内迄今仍保留着唐、宋以来的壁画77则；七星岩的岩壁上留有许多诗文和题刻，其中以南宋范成大的《碧虚铭》石刻最为著名；龙隐岩的题刻最多，堪称“壁无完石”，最有名的是北宋时期的《元祐党籍碑》。

（2）云南石林

石林是热带石芽的一种特殊形态。地表水沿着可溶性岩石的节理裂隙和层面流动，不断进行溶蚀和侵蚀，使岩石表面形成沟槽形态，沟槽间的凸起者为石芽。石林是形体高大的石芽，石芽之间有很深的石沟，沟坡垂直，坡壁上刻有平行垂直的凹槽。石芽的相对高度一般为20米，高者可达50米。

云南石林（如图3-4所示）位于昆明市石林彝族自治县境内，这里溶岩发育独特，地质演化复杂，享有“世界喀斯特的精华”“天下第一奇观”“造型地貌天然博物馆”的美誉。这里是撒尼人聚居的地方，传说阿诗玛的故事就发生在这里。现在这里是云南四大旅游区之一，也是举行民俗活动的重要场所。

（3）小寨天坑和大石围天坑

“天坑”作为一个专门的喀斯特术语于2001年被专家提出，2005年获得国际喀斯特学术界一致认可。天坑是一种特大型喀斯特负地形，它的围壁很陡，坑底有地下河，地下河在可溶性岩层中流淌，穿凿出洞穴通道、洞穴大厅，大厅不断塌陷，最终露出地表。

图 3-4 云南石林

目前，世界上已发现并确认的天坑约2/3分布在我国，并且主要分布在我国南方喀斯特区域，著名的有小寨天坑、大石围天坑等。

小寨天坑位于重庆市奉节县兴隆镇，内壁圆满，体量巨大，深度521～662米，宽度535～625米。小寨天坑的坑壁有两级台地，分别在坑壁的300米和400米深处，其中300米一级台地上有两间房屋遗址，曾有人在此居住。

大石围天坑位于广西乐业的峰丛地貌区域，因峭壁森严，一直人迹罕至。直到1998年，探险摄制组及科考专家才第一次进入大石围天坑及地下河内部，大石围天坑的神秘面纱才逐渐被揭开。大石围天坑被中外专家誉为“天坑博物馆”和“世界岩溶胜地”，是全球天坑分布最密集的地方之一。坑底原始森林面积居世界第一位，植被种类繁多，甚至还有一些新的物种。大石围天坑内壁的洞里有废弃的炼硝池，这是人类活动的遗迹。

3.3 水文化

党的二十大报告指出，要“推动绿色发展，促进人与自然和谐共生”。水文化是以水和水事活动为载体形成的文化形态，其蕴含的治水、管水、护水、节水、亲水理念对促进人与自然和谐共生具有重要的现实意义。水是大自然的活跃因素，动植物的生长、人类的生产生活都离不开水。同时，水的形态千变万化，能给人以各种各样美的享受，因此水在自然风景中是重要的构景因素。人工构景也十分注重对水景的艺术处理，如苏州园林、承德避暑山庄、北京颐和园及现代化的游乐场所等都对水景进行了利用。一方面，水文化倡导提供安全可靠的水资源、水环境和水生态，这正是旅游产业可持续发展的基础；另一方面，旅游产业倡导健康、文明和绿色旅游，这又是传播水文化的有效途径。二者的融合既有助于推动旅游产业的持续发展，又有利于践行绿水青山就是金山银山的理念，促进生态文明建设。

2022年，水利部办公厅印发《“十四五”水文化建设规划》，提出“十四五”时期力争实现“水利遗产保护显著加强，水利工程建设文化品位明显提高，水文化公共产品和服务进一步丰富，水利行业文化软实力和社会影响力大幅度提升，水文化建设管理体制机制逐步完善”的总目标。水利行业要深入贯彻落实“节水优先、空间均衡、系统治理、两手发力”治水思路，紧紧围绕治水实践，以保护、传承、弘扬、利用为主线，以黄河文化、长江文化、大运河文化为重点，积极推进水文化建设，为推动新阶段水利高质量发展凝聚精神力量。

3.3.1 江河文化

江河是重要的水体，它流淌在平原沃野，塑造出了千姿百态的自然景观，于是有了人类文明最耀眼的一章——江河文化。

我国的江河有数百条之多，按归宿可分为内流河和外流河。内流河主要分布在西北干旱地区，河流沿岸是人口集中的地方，也是沟通东西的交通要道。例如，新疆塔里木河沿岸是古代丝绸之路的繁华所在，强大的龟兹古国就建在这里，库车、拜城都留有大量宗教遗址，是绝佳的访古探险之地。外流河（除额尔古纳河以外）主要流经东部和南部的广大地区，沿岸经济发达，人口密集。其中，旅游价值较高的有长江、黄河、珠江和钱塘江等。

1）长江

长江（如图3-5所示）是我国第一大河，沿岸自然景观奇特，文化内涵丰富。有一首歌是这样赞美长江的：“你从雪山走来，春潮是你的风采；你向东海奔去，惊涛是你的气概。你用甘甜的乳汁，哺育各族儿女；你用健美的臂膀，挽起高山大海……”其中，最能展示长江风姿的就是三峡。

图3-5 长江

长江三峡穿行于巫山山地，西起重庆奉节，东至湖北宜昌，全长193千米。长江三峡自西向东依次为瞿塘峡、巫峡、西陵峡。瞿塘峡又称夔峡，两壁夹江，只有一线之天，悬崖上布满石刻，还有古栈道遗址和古代悬棺。巫峡位于巫山县境内，两岸共有12座山峰，以神女峰最高，有“船在峡谷行，九曲十八停”之说。西陵峡是三峡中最长的峡谷，并且峡中有峡，如牛肝马肺峡、灯影峡、兵书宝剑峡（相传诸葛亮入蜀时将兵书和宝剑藏于此，故得名）等。三峡两岸还有很多历史古迹，如奉节白帝城的白帝庙、秭归的屈原祠等。

三峡大坝建成后，一些久藏深山的景观都显露了真容，更增加了三峡的魅力。2006年秋天，三峡大坝蓄水高156米，使河道型水库两岸千米以上的景点靠前、江水变清。每天至少有3艘轮船在归州靠泊，中外游客在这里上岸，或到屈原祠游览，或到神农架参观。初冬，北京香山红叶已逐渐凋零，三峡红叶正红似火，游人不仅可以在船上欣赏红叶，还可以上岸和红叶亲密接触，登上神女峰赏红叶则更有一番情趣。

长江的自然景观集中在三峡，名胜古迹遍布于上、中、下游的沿河两岸。这里有著名的元谋人、长阳人活动遗址，有大溪文化、屈家岭文化、河姆渡文化、三星堆文化遗址，有江南三楼、文武赤壁、古都南京等。这些都雄辩地证明，长江是中华文明的摇篮。

2）黄河

黄河（如图3-6所示）横卧在我国北部辽阔的大地上，虽然它没有长江两岸那样秀丽的景色，但是它有雄浑、惊险的自然景观。黄河在穿越黄土高原以前，河水清澈，龙羊峡以下流经山地丘陵，形成峡谷和川地相间之势，其间除龙羊峡外，还有积石峡、刘家峡、青铜峡等20多个峡谷，水位落差较大，是我国重要的水电基地之一。刘家峡大坝上游有著名的炳灵寺石窟，窟内保存着自西秦至元、明千余年间的优美石雕和壁画。青铜峡以下，黄河沿鄂尔多斯高原西北边界流动，河床平坦，形成了大面积的冲积平原。黄河在内蒙古托克托县向南急转，穿行于晋陕峡谷，将黄土高原分成两半。这段河道岩壁陡峭、水流湍急，尤其是在山西壶口，由于两岸山势紧逼，河床骤然紧缩，水流从高处倾泻而下，水雾漫天，泥浪喧腾，形如壶口倒悬。数里之外，风雾迷离、涛声震耳，这就是著名的壶口瀑布。壶口以下还有龙门峡谷，相传为大禹所开。清代顾炎武写下《龙门》一诗赞大禹：“亘地黄河出，天开此一门。千秋凭大禹，万里下昆崙（仑）。”龙门以下到潼关，黄河纳汾水、泾水、渭水，水量大增，同时携入大量泥沙。潼关以西，进入最后一段峡谷——三门峡。

图3-6 黄河

黄河从龙羊峡到三门峡，穿过了世界上著名的黄土区，每年带走数亿吨的黄土泥沙，在中游和下游形成平原，如渭水平原、晋南盆地和豫西沿河平原，这里是中华文明的重要发源地。这里发现了蓝田猿人遗址、丁村遗址，以及龙山文化遗址、安阳殷墟、偃师二里头遗址。自夏、商、周至唐，黄河中下游都是我国的政治、经济和文化中心。这里有六大古都中的西安、洛阳、开封，三大石窟中的云冈、龙门，五岳中的西岳、中岳、北岳、东岳，名胜古迹、神话传说更是数不胜数。黄河不仅孕育了中华儿女，也孕育了中华文化。

拓展阅读3-3
二里头文化

3）珠江

珠江是华南地区最大的河流，由西江、北江、东江及珠江三角洲诸河汇流而成。西江为干流，发源于云南马雄山，流经云南、贵州、广西、广东等省（区），最后注入南海。西江上游流经石灰岩地区，有著名的岩溶地貌景观，如黄果树瀑布、漓江山水等。

广西是壮族人口最多的地区。壮族人民在开发广西的过程中，留下了许多文物，如铜鼓和左右江两岸峭壁上的崖画等。右江上游有一个百色市，1929年，邓小平等同志在这里领导了百色起义，现有粤东会馆及红七军政治部旧址——清风楼。珠江流域在唐宋时期是流放罪臣的地方，保留有众多名人遗迹，如柳侯祠（柳宗元纪念地）等。近代以来，这里传入西方文化，成为我国较早对外开放的地区。

4）钱塘江

钱塘江古称浙江，因流经古钱塘县（今杭州）而得名，隋唐以后改名为钱塘江。钱塘江的自然景色以涌潮和碧水闻名。

钱塘江北源为新安江，发源于安徽休宁，在流经浙西山地时，石壁千仞，水碧江清。李白曾作诗“借问新安江，见底何如此。人行明镜中，鸟度屏风里”，这是对新安江的绝好写照。新安江从浙江省建德市梅城镇与兰江汇合入钱塘江，其中，建德梅城至萧山闻家堰段称为富春江。富春江畔，风景秀丽，人杰地灵，江北的富阳是孙权故里，也是现代著名作家、革命烈士郁达夫的故乡。

钱塘江在杭州湾入海，江口呈喇叭状，海潮倒灌，形成了著名的钱塘潮。钱塘江观潮的最佳时间是每年农历八月十八，这是因为海水的涨退是有规律的，涨潮主要受月球引力的影响，农历每月望日是大潮期，而力的传递需要时间，所以大潮的来临往往推迟一两天；又因为农历八月十五是中秋时节，给了海潮上升一个推动力，所以此时的潮最高。观潮时，潮头由远及近，飞驰而来，如同千军万马，奔腾呼啸，异常壮观。北宋诗人苏轼这样咏赞钱塘潮：“八月十八潮，壮观天下无。”

3.3.2 湖泊文化

湖泊不仅可以防洪排涝、发展养殖、提供舟楫之利，还可以调节气温、改善居住环境。所以，人类对湖泊也有着深厚的感情，上古时期便在湖边水畔栖息繁衍，留下了许多神话传说和活动遗迹。我国湖泊众多，主要分布在东部地区、青藏高原和云贵高原。东部地区多河迹湖和海迹湖，自然环境优越，人文景观荟萃，如洞庭湖、太湖、杭州西湖等。

1）洞庭湖与潇湘文化

洞庭湖位于湖南省北部，长江中游荆江河段以南，它北通长江，南纳四水，号称“八百里洞庭”。今天的洞庭湖因泥沙淤积湖底，已被分割成许多湖泊，但关于洞庭湖的神话传说和趣闻逸事仍吸引着许多游人。洞庭湖的名胜集中在君山上。君山，古称洞庭山，是洞庭湖上的一座岛屿，山上有舜之二妃娥皇、女英之墓。据载，虞舜南巡，崩于苍梧（今九嶷山），二妃寻夫至此，忽闻噩耗，悲痛欲绝，死于洞庭，葬之君山。君山盛产斑竹，传说是二妃扶竹痛哭所致。唐代诗人高骈有诗云：“帝舜南巡去不还，二妃幽怨水云间。当时珠泪垂多少，直到如今竹尚斑。”山上还有柳毅井，传说是柳毅传书的地方。

洞庭湖的神话传说引起了游人的许多联想。屈原被放逐后，曾长期流浪沅湘间，并写下了《九歌·湘君》《九歌·湘夫人》，借仙侣的爱情表达自己对楚国的留恋。至于对洞庭湖浩渺水势的描写更是不乏其人，南北朝阴铿的《渡青草湖》、南宋张孝祥的《念奴娇·过洞庭》都描写了青草湖的碧波水面。青草湖是古代洞庭湖的一部分，史料记载，1850年的洞庭湖尚有6 000平方千米以上的水面，可见唐宋时水域的辽阔。众多游子在这里抒发苦闷，又从这里得到精神上的慰藉。

岳阳楼（如图3-7所示），即岳阳的城楼，其前身相传为三国时期鲁肃训练水军的阅军楼，历代屡加重修。在岳阳楼上俯瞰洞庭，碧波万顷；遥望君山，气象万千，吸引了无数文人才士。杜甫在唐大历三年（768年）离开夔州（今重庆奉节）沿江东下，登上神往已久的岳阳楼，感怀天下苍生的多难，不禁“凭轩涕泗流”。此外，张九龄、孟浩然、韩愈、刘禹锡、李商隐等也曾登楼观水，写下了传闻天下的名篇。但真正使岳阳楼名闻天下的是北宋范仲淹的《岳阳楼记》。洞庭湖壮观的景象，极易激发儒家士大夫们“兼济天下”的入世情怀。据说范仲淹并未到过洞庭湖和岳阳楼，仅看到了一幅关于洞庭湖的图画，就写出了“先天下之忧而忧，后天下之乐而乐”的名句。

图3-7 岳阳楼

2）太湖与吴越文化

太湖位于江苏南部，是长江和钱塘江下游泥沙堰塞古海湾而形成的。太湖西南纳苕溪、荆溪诸水，东由浏河、吴淞江（苏州河）、黄浦江注入长江，是江南水网中心。沿岸围绕着苏州、无锡等现代化城市，是我国经济发达的区域。古代这里是吴越文化的发祥地。

春秋时期，长江下游兴起了两个诸侯国：一个是吴国，都城在苏州；一个是越国，都城在会稽（今绍兴）。《史记》中记载，吴为周后裔所建，越为夏禹后裔所建，其始祖均来自中原。吴、越本是楚的附属国，由于阖闾和勾践的经营，春秋末年逐渐强盛。

吴王阖闾和越王勾践都是英明的国君，他们成功的原因主要是重视人才、发展经济、增强兵力。吴、越两国的谋臣都是他国人才，吴之伍子胥、孙武分别来自楚、齐，越之范蠡、文种皆楚国人。吴、越为争霸而开凿运河，但在客观上便利了交通运输和农田灌溉。今天，吴越地区是全国较富饶的地区之一，这与太湖流域的水利开发有密切的关系。吴、越两国虽然最终被大国吞并，但吴越文化的精神是长存的，这种精神就是对外来文化强大的融合、吸收、筛选能力。吴越在成为统一的中国的一部分后，每一次中原动乱客观上都给它带来了一个吸收中原文化的机会，所以吴越地区的经济逐渐超过北方。

今天，太湖沿岸的很多名胜都与吴越的历史有关，如马迹山，即吴、越两国激战之夫椒山；无锡西南郊有蠡湖，相传范蠡和西施泛舟于此。太湖还有很多自然美景，如鼋头渚、梅园等。

3）杭州西湖文化

在我国，名为“西湖”者有很多，如福州西湖、惠州西湖等，唯杭州西湖闻名遐迩。杭州西湖和太湖一样，原与杭州湾相通，后来由泥沙堰塞而成。西湖的存在有自然的因素，也有人为的因素，后人的疏浚和治理功不可没。

钱唐置县始于秦，唐代为避国号讳，改钱唐为钱塘。唐大历年间，李泌任杭州刺史，在西湖附近开凿六井（实为六个蓄水池）；长庆二年（822年），白居易出任刺史，又疏浚西湖，修筑湖堤，增加蓄水，使百姓供水有了保证。苏轼深知西湖与杭州百姓的生产、生活密切相关，所以第二次到杭州为官时，再次治理西湖。这是一次空前大规模的疏浚，人们将湖底深处的葑泥挖出来，在湖中堆筑了一道长堤，沟通南北两岸。堤上修六座石桥，遍植芙蓉、杨柳和各种花草，为西湖增添了妩媚，后人称之为“苏堤”；同时修复了六井，新开二井。正是历代人们的不懈努力，才使西湖“淡妆浓抹总相宜”。南宋定都杭州后，西湖成为著名的风景区，游客如云，湖岸和群山中的亭台楼阁、寺庙精舍纷纷建造出来。

西湖之美还要归功于它的自然环境。西湖位于浙东丘陵向海滨平原过渡的地带，南、北、西三面群山环抱，犹如一面明镜镶嵌在由山脉组成的镜框里，青山碧水，奇峰幽洞。孤山位于西湖的里湖与外湖之间，是西湖中最大的岛，山上林木蓊郁，被誉为“人间蓬莱”。其东隅是波光万顷的“平湖秋月”，北麓是北宋诗人林逋隐居的地方，南面是收藏《四库全书》的文澜阁。登临孤山，纵览西湖，可谓处处锦绣，如诗如画。西湖山区还盛产名茶。相传乾隆南巡时，曾亲临龙井村狮峰山下的胡公庙，品尝用虎跑泉冲泡的龙井茶，作诗题字，大力褒奖，并将狮峰山下的十八棵茶树封为“御茶树”。

3.3.3 海滨文化

1）海滨的文化价值

海岸又称海滨，是海洋和陆地的过渡地带，其观赏对象包括海滩、沿岸岛屿、海水、海上生物、邻近海面上空的大气及节律性变化的天气和气候。海岸在多种因素的作用下，形成了各种形态，其中岬湾海岸的旅游价值最高。岬湾海岸三面临海，一面临陆，岸陡水深，波涛汹涌，容易形成奇景，而岬角之间的海湾水体平静，易于泥沙堆积，形成海滨沙滩。湾外惊涛拍岸，湾内却风平浪静。

海滨的文化价值不仅在于可以使人开阔眼界，增长知识，还能消夏避暑，有益于身心健康。一些奇特的气象景观只有在海滨才能看到，如潮汐、海市蜃楼、海上日出等。海滨地带冬暖夏凉，且少尘埃，空气中富含负离子，对人体健康有益。所以，海滨不仅是旅游的良好场所，而且是疗养胜地。

2）避暑胜地渤海湾

我国最早进行旅游开发的海滨是渤海海滨。原因主要有两个：第一，渤海所处纬度较高，每年6—9月的气温比其他海面温度都低；第二，北方黄河流域在唐代以前是政治中心，帝王出巡必至渤海。渤海海滨的旅游城市主要是秦皇岛和大连。

（1）秦皇岛

“大雨落幽燕，白浪滔天，秦皇岛外打鱼船。一片汪洋都不见，知向谁边？往事越千年，魏武挥鞭，东临碣石有遗篇。萧瑟秋风今又是，换了人间。”这是1954年夏天毛泽东来北戴河海滨观海景时写下的《浪淘沙·北戴河》。“魏武挥鞭”指的是当年曹操北定乌桓后曾登临碣石观沧海，见萧瑟秋风中岛屿耸立、波涛汹涌，“日月之行，若出其中”，这雄伟壮丽的景象激发了他统一天下的勃勃雄心。碣石山距北戴河海滨不远，是秦皇岛著名的风景胜地。秦始皇在公元前215年第四次东巡，到碣石山后，在这里刻了《碣石门辞》，然后便派人渡海寻找长生不老药。汉武帝即位后，也东巡至碣石山，在这里建造了汉武台。贞观十九年（645年），唐太宗从辽东班师回朝，“次汉武台，刻石纪功”，还写了《春日望海》一诗，有“之罘思汉帝，碣石想秦皇”之句。

秦皇岛在200多年前还是一个岛屿，后来才和陆地相连。秦皇岛港港阔水深、风平浪静，是我国北部著名的不冻良港。山海关是明初徐达所建关城，是明长城的起点，它依山傍水，地势险要，素有“京都锁钥”“天下第一关”之称。山海关的传说故事、历史人物众多，山、海、关、城四位一体，主要景观有关城、老龙头、角山和长城博物馆，还有孟姜女庙和望夫石。2006年，山海关被正式命名为“中国长城文化之乡”和“中国孟姜女文化之乡”，“中国长城文化研究中心”和“中国孟姜女文化研究中心”也在此成立，这进一步提升了山海关的吸引力。

北戴河地处河北省秦皇岛市北戴河区东部沿海，是著名的观鸟胜地，也是海水浴、沙浴和日光浴理想的天然场所。自先秦以来，这里就是帝王巡幸和船只停泊之处。清光绪二十四年（1898年），这里被辟为避暑地；中华人民共和国成立后，这里被修整为避暑疗养胜地。

小资料3-7　　水文化体育旅游

水文化体育旅游是一种在水体旅游资源的基础上融合体育运动元素的旅游形式，如果说水体旅游体现了以观水为外在表现形式的“静”的一面，水文化体育旅游则体现了以玩水为主要特征的“动”的一面。二者既有区别，也有联系。借鉴相关专家学者的研究成果和文献资料，水文化体育旅游的概念可以理解为：在一定区域内，以自然水资源、人文水资源、人造水景观以及水上体育资源为基础，以参与或观赏水上体育活动（竞赛）为主要目的而离开日常生活范围的旅游活动，围绕水上体育活动（竞赛）的主题，满足参与者身心体验的一种新的旅行方式。

资料来源　王宇，刘楷操．江苏水文化体育旅游资源开发的对策研究［J］．南京体育学院学报，2014（2）．

小思考3-7

探讨水文化体育旅游资源开发对策。

小思考3-7
分析提示

（2）大连

大连位于辽东半岛南端，由于海水的侵蚀，海岸呈现出了各种独特的形状。老虎滩、黑石礁、金石滩等都因此得名，这些景观将大连海滨点缀得婀娜多姿。大连的气候温暖湿润，适宜草木生长。大连海滨的浴场、公园、疗养院星罗棋布，大连市区街道整齐，绿树成荫，公园、动物园、街心花园较多，是一个美丽的花园城市。大连的历史遗迹不多，市区西北的营城子有东汉时期的壁画墓。

3）闽海良港和古代对外交流

福建海岸线曲折，有众多的港湾和岛屿，对外贸易发达，主要港口是泉州和厦门。

（1）泉州

泉州位于晋江入海口，是古老的海港，五代时期就与各国通商贸易，宋元祐二年（1087年）置市舶司。这里是海上丝绸之路的起点，也是佛教、伊斯兰教、基督教首先传入的地方，遗留了许多对外交通史迹和文物，如开元寺、清净寺、洛阳桥等。

开元寺始建于唐垂拱二年（686年），后历经修缮，面积达7万多平方米，是一个包括东西两翼的建筑群。开元寺的建筑包容了埃及、希腊和印度的造型艺术，受外来文化影响明显。清净寺是我国现存最古老的清真寺，创建于北宋，是典型的阿拉伯式建筑。在泉州市东门外还有一处伊斯兰教遗迹，即圣墓。据记载，唐高祖武德年间，穆罕默德派四贤徒来中国传教，其中三贤和四贤在泉州传教，死后葬于泉州灵山。圣墓是伊斯兰教传入中国最早的历史物证之一。

泉州洛阳江上的洛阳桥（如图3-8所示）是北宋时建造的石桥。洛阳桥地处江海交汇处，水流湍急，建造者采用筏形基础建造桥墩，又养殖牡蛎以固桥基，这是我国乃至世界造桥史上的创举。

图3-8　洛阳桥

（2）厦门

厦门是九龙江口外的一座岛屿，气候温和、四季花开。1979年，厦门被开辟为出口特区，1980年成立经济特区。

厦门的名胜主要有鼓浪屿、南普陀寺等。鼓浪屿是孤悬海上的一座小岛，面积约1.88平方千米。岛上怪石嶙峋，叠成洞穴，海风鼓浪扑入洞中，涛声如雷。清初，郑成功在岛上建筑炮台，围城以抗清。鸦片战争以后，鼓浪屿成为公共租界，岛上建有许多外国的建筑物。今天的鼓浪屿是旅游胜地，这里白浪如银，沙滩如金，不仅有优质的海滨浴场，还有出色的园林。冬日的厦门依然繁花似锦，鼓浪屿依然碧海蓝天，游人可以在这里打高尔夫球、泡温泉，充分享受海滨的浪漫和悠闲。厦门的南普陀寺始建于唐代，供奉观世音菩萨。

在厦门海堤靠陆地的一侧，是一个三面环海的半岛，即集美半岛，现为厦门所辖的一个区。集美是陈嘉庚先生的故乡，也是厦门教育资源最丰富的地区之一。东南端的鳌园内有集美解放纪念碑、陈嘉庚陵墓、陈嘉庚旧居及归来堂等，这些都是集美的标志。

4）海南文化

“独上高楼望帝京，鸟飞犹是半年程。青山似欲留人住，百匝千遭绕郡城。”这是唐代名相李德裕被贬海南所写的感遇诗。海南气候大异于中原，唐宋时是迁谪之地。

海南岛是我国第二大岛，岛上热带雨林茂密，海水清澈蔚蓝，被生物学家誉为天然的“物种基因库”和最大的“自然博物馆”。由于地处偏远，终年炎热，因此海南岛开发较晚，也正是基于此，海南才具有独特的自然景观和人文景观。

椰树是海南的象征，因此海南又称“椰岛”。历史上，苏轼和丘濬都钟爱椰树，尤其喜饮椰汁，苏轼喻之为“天然美酒”，丘濬比之为“道家仙丹”。观赏椰树最好的去处是文昌市东郊镇，这里沙软潮平，海水清澈，椰树腾空直上，随风摇曳，是独具特色的海滨度假胜地。红树林是生长在海滨泥滩上的常绿灌木和乔木群落，它作为海岸上的绿色长城起着防风浪、护海岸的作用，被誉为“海上尖兵”和“海中森林”。东寨港红树林海岸为国家级自然保护区。海南有奇特的山石景观，其中，五指山呈辐射状向四周展开，山上热带林木覆盖，奇花异草遍布。它的支脉南山（古称鳌山）向东延伸至海滨，山顶白云缭绕，烈日下金光四射。登峰远眺，海天缥缈，胜如仙境，有“鳌山白云”和“鳌山叠翠”之说。

海南是我国海滨开发的重点，其中亚龙湾已开发成国际性海滨旅游胜地。亚龙湾全年平均气温25.5℃，有300天以上日照，是典型的四季海滨浴场。海岛东岸的博鳌小镇，处于万泉河的入海口，河水平静如镜，海滩洁白如玉，被誉为世界河流入海口自然环境保存最完美的处女地，已成为亚洲论坛永久性会址。

三亚市位于海南岛的最南端，海岸上白沙萦绕，巨石耸立，有清雍正时崖州知府程哲题刻的“天涯”、民国时琼崖守备司令王毅题刻的“海角”等字。古人将“天涯海角”视为天的尽头、海的边缘，极言此地遥远，如今这里却成了人们喜爱的海滨胜地，并且被赋予了新的意义。

启智润心3-2

中国范儿｜泉州：宋元中国的世界海洋商贸中心

斑驳的砖瓦、古雅的老街、透着中原遗韵的方音……这就是泉州——“海上丝绸之路”的起点，宋元时期的“东方第一大港”。

2021年，第44届世界遗产大会在福建福州举行，这是中国第二次承办世界遗产大会。“泉州：宋元中国的世界海洋商贸中心”作为中国唯一申报的文化遗产项目，顺利通过审议，中国的世界遗产清单上再添一颗璀璨明珠。

宋元时期的“东方第一大港”

宋元时期，泉州海外贸易进入最繁荣的时期。泉州与近百个国家密切通商，当时中国的丝绸、瓷器、茶叶，泉州特色的矿产、鱼盐、香料等都从这里流向世界，促进了中国与东南亚、东亚乃至西方世界的文明交流。此次申遗的22个遗产点中，祈祷商船出海顺利的石刻、管理海洋贸易事务的行政机构、码头、灯塔等，帮助我们重现了当时繁华的水陆交通网络。

多元社群的“世界宗教博物馆”

宋代朱熹曾这样形容泉州，“此地古称佛国，满街都是圣人”。可见千年前泉州人文风气之盛。从古至今，泉州各种宗教文化荟萃，佛教、道教、伊斯兰教等都曾在这里传播，相互融合、吸收，和平共处。这也正是一个开放、多元、活跃的世界海洋商贸中心才会产生的文化包容力。

民营经济的乐园

泉州从历史继承下来的商贸基因，到了现代，进化成不断优化的营商环境，滋养着今天的泉州人。安踏、鸿星尔克、达利园等“国货之光”都是从这里起家，泉州也因此被誉为“民营经济的乐园”。

“泉州：宋元中国的世界海洋商贸中心”申遗成功再次实证了古代中国与世界各国文明交流互鉴的辉煌历史和传统信念，向国际社会展现了中华民族开阔的视野、博大的胸襟，以及卓越的智慧和自强不息、勇于开拓的精神追求，对于坚定文化自信、促进社会文化发展具有重要意义。

资料来源 佚名. 中国范儿丨泉州：宋元中国的世界海洋商贸中心［EB/OL］.［2021-08-04］. https://m.thepaper.cn/baijiahao_13887658.

3.4 生物文化

生物包括动物、植物、微生物和人类。生物和生物之间、生物和生存环境之间的关系是相互依存的，一方发生了变化，另一方也必然发生变化。人类也是环境的产物，只有依赖自然环境，才能生存和发展。人类又是环境的改造者，通过社会性生产活动来利用和改造自然。人类生存的环境条件包括气候、土壤、生物、地貌等因素。迄今为止，由于人类的活动和自然原因，环境条件已经发生了不利于人类的变化。例如，植被破坏导致水土流失，过度放牧导致草原退化，大面积垦殖导致土壤沙化，乱采滥捕使珍稀物种灭绝等。因此，保护生物多样性已成为世界共识。2021年10月8日，国务院新闻办公室发布《中国的生物多样性保护》白皮书。该书以习近平生态文明思想为指导，介绍了中国生物多样性保护的政策理念、重要举措和进展成效，介绍了中国践行多边主义、深化全球生物多样性合作的倡议行动和世界贡献。党的二十大报告指出，“推进以国家公园为主体的自然保护地体系建设。实施生物多样性保护重大工程”。这也为生物多样性保护指明了方向。

3.4.1 植物文化

1）植物是人类的生命所依

植物对于人类的生存非常重要。植物可以从空气、水和阳光中获取营养，动物和人类却不能。人类必须以动物和植物为食才能生存。植物通过根从土壤中获取水分，经过茎将水分输送到叶子和花朵上，但植物本身只用一点点水就够了，大部分水都蒸发到了空气中，所以植物繁茂的地方空气湿润。树木、花卉都是净化空气的能手，如吊兰可以有效吸收室内的一氧化碳等有害气体，这些有害气体被送到根部，经土中微生物的分解可以变为供吊兰生长的营养物质。但就各类植物来说，树木对人类的意义最大，树木不仅可以为人类提供各种果实、木材，而且能够防风固沙、保持水土、维护生态平衡等。

小资料3-8 彩色水稻

彩色水稻是组织或器官呈现常规的绿色以外的特殊色泽的水稻，是兼具观赏性与营养价值的农作物。彩色水稻一般可分为三种类型：一类是稻米彩色，即带有非常规绿色的稻米，如红色、黑色、紫色；第二类是叶片彩色，即叶片呈现红色、紫色、黄色等，以红色、紫色为主；第三类为谷壳彩色，即谷壳呈现棕色、褐色、红色、黑色等。近年来，彩色水稻逐渐被公众所接受，农户种植彩色水稻，用彩色水稻开展稻田画制作，将彩色水稻融入了乡村旅游风景中，具有浓郁的文化气息。彩色水稻种植与艺术设计结合，塑造了独特的乡村旅游风景文化，成为休闲观光农业发展的新形式，带来了可观的经济效益。大力推进彩色水稻品种的培育与改良，运用技术手段培育兼具多种色彩的水稻作物，通过彩色稻田展示乡村旅游独特的风景文化，进而形成乡村旅游亮点，有利于发挥乡村文化的优势，推动乡村振兴战略深入实施。

资料来源 黄小芬. 彩色水稻及其在乡村旅游风景文化塑造中的应用 [J]. 植物遗传资源学报，2022（6）.

小思考3-8

如何在乡村旅游风景文化塑造中应用彩色水稻？

小思考3-8

分析提示

2）植物能给人以知识和人生启示

通过观察植物，我们能够发现很多规律。比如，树木的年轮不仅可以显示树龄，还是判断过去年份降水量的重要依据。又如，植物的花多为红色、橘色或黄色，而很少有黑色的花。这是因为植物的花极其脆弱，黑色能吸收各种色光，所以黑色的花在太阳光下很难生存，而红色、橘色、黄色的花能反射色光，从而保护自己。

在自然界中，人以外的其他生物都是适者生存，不适者被淘汰，所以我们所能见到的植物都具有很强的生存能力。例如，松树耐寒又耐旱，它的叶子像针一样纤细，可以将水分蒸发的速度降到最慢，并且四季常青。沙漠里极其缺水，但仙人掌能在这里生存，因为它有长长的根贴近地面，能够在雨季获得水分；它的茎宽大厚实，能贮存大量水分，而且是向上生长的，可以避免直接面对太阳的烘烤。人类的生存虽然不受自然淘汰法则的支配，但是人类也应该提高自己的适应能力。

3）植物能美化环境、陶冶情操

花草树木在一年四季表现出的色彩不同：春天万木抽芽，翠烟弥漫；夏天枝叶繁茂，碧海无涯；秋季更是色彩缤纷，有的殷红似火，有的浅橙如霞，有的绛紫斑斓，有的嫩黄鲜亮，漫步其间，犹如置身于无尽的色彩长廊；冬天银装素裹，天地一色。但是人们更喜欢秋色，因为秋色浓重深沉，秋天又是果实成熟的季节。

植物的色彩能够愉悦人心，所以人们很早就有养花赏花的习俗。隋唐时期，人们已经把赏花视为游玩的一个主要目的。隋炀帝率领庞大的队伍直下扬州，主要目的是观赏扬州琼花。武则天对洛阳牡丹特别喜爱，每值花开之际，都要举行庆赏活动。到了宋代，赏花之风已遍及社会各个角落，从环境的美化、居室的布置到着装，都离不开鲜花的点缀，并呈现出了具有地域特色的花卉阵容，如洛阳牡丹、杭州菊花、扬州芍药、成都海棠等。赏花带动了种花习俗，农民种植花卉出售，以求温饱；士大夫种植花卉，以修身养性。

古人不仅喜欢植物的亮丽色彩和芳香气息，还根据植物的习性、形态等特征赋予其一定的品格，并且对其钟爱有加。例如，武则天钟爱牡丹的雍容华贵，苏轼赞赏竹子的节高谦恭，林逋欣赏梅花的独傲霜雪。这也从一个侧面表现了他们的人生情趣。

如果人们普遍喜欢某种植物，它的名字就会经常在文学作品中出现。比如，中国人对“桃”有着特殊的感情，把桃子视为最鲜美的佳果，并且把其他佳果一并称为桃，如蒲桃（葡萄）、樱桃、猕猴桃等，在神话传说中还虚构了仙桃、碧桃、玉桃、蟠桃等。古代诗文中有大量对桃的吟诵，如《诗经》中有《园有桃》；《汉武帝内传》载，西王母曾召见汉武帝，以仙桃待之；《西游记》中也多次提及仙桃。在古人心中，桃花最美，人们常用桃花喻美女，或喻人们所向往的仙境，如桃花源。古往今来，国人从植桃、观桃、品桃，到画桃、咏桃，将桃的风姿品质深植于中华文化的深沃土壤中，凝结成根深蒂固的尚桃情结，同时也给我们的文学宝库留下了吟咏不尽的千古绝唱。

3.4.2 动物文化

动物界是一个神奇的世界。例如，燕子身体很小，却非常善飞，每年都要往返飞行数万里，并且总能保持正确的路线，首次迁徙就可以获得成功。需要进行季节性迁徙的动物，除了鸟类，还有鱼类、昆虫类等。

小资料 3-9　　燕　子

清明节，我携孙儿游山海关。踏上雄伟的“天下第一关”城楼，豪迈和怀古之情并生。突然，孙儿喊起来：“爷爷你看，燕子！燕子！”顺着孙儿手指的方向看去，一双燕子正跨过关城，向北飞去。在古城楼上看燕子归来，我忽然想起了古人咏燕的著名诗句，“前时春社毕，今日燕来飞”“燕子来时新社，梨花落后清明”。

资料来源　张文群，乔振忠. 燕子 [J]. 旅游纵览，2007（5）.

小思考 3-9

分析提示

小思考 3-9

上述资料中，作者所引咏燕名句说明了什么？

1）神奇的动物世界

动物中既有凶禽猛兽，也有蝼蚁爬虫，它们各有各的生存本领。蚂蚁虽小，但数量众多，集体意识强，它们共同保护家园，显示出了巨大的力量。美洲有一种蚂蚁，它们成群活动，所到之处所有猎物都会被啃噬殆尽。所以，当这些蚂蚁来临时，人们总是迅速逃离住所。但是人们有时也会为这些蚂蚁的到来而感到高兴，因为它们所过之处，虫蛇皆无。

再弱小的动物也有抵御敌人侵袭的手段。例如，蝴蝶在飞行的时候，翅膀表面会呈现出明亮鲜艳的图案，但是当它停在树叶上休息时，便会收起翅膀，看起来就像树叶。此外，许多蝴蝶的翅膀上还有像眼睛一样的圆点，休息时，收起翅膀，圆点便不见了；如果有鸟来袭击，它们就会张开翅膀，让鸟误以为那圆点是死死盯着自己的眼睛，于是鸟便吓得飞走了。有些动物很聪明，如大猩猩能通过一种手势语言学会几百个单词；海豚能用超声波互相交谈。

2）动物是人类的朋友

动物在造景中不是必备的因素，但其对维护生态平衡具有重要作用。绝大多数鸟类都是人类的朋友，它们捕食害虫，保护庄稼，做了很多人类力不能及的事情。2000年5月，新疆许多地方的草场发生蝗虫灾害，椋鸟和牧民饲养的牧鸡是灭蝗的两大能手。椋鸟捕食蝗虫很讲究策略：百只以内的鸟群，跟随在畜群周围，待牛羊惊起蝗虫再突袭；百只以上的鸟群则分批捕食，前一批鸟贴着地面飞行，惊起蝗虫，后一批鸟啄食，如此反复循环。据测定，一只成鸟一天可吃20多只蝗虫，吃饱后将剩余的啄死。一只牧鸡整个夏季可觅食7亩草场的蝗虫。于是，在很短的时间内，15万亩草场的蝗虫便得到了控制。我国有好几百种食虫益鸟，仅啄木鸟就有20多种。猫头鹰捕鼠不亚于家猫，一年能消灭千只以上的老鼠。松毛虫是松树的天敌，猖狂时一两天就能把大片松树的针叶啃光，但它们害怕杜鹃。我们的祖先早就发现了鸟类的作用，《礼记·月令》中记载了古时明文禁止在鸟类繁殖的春天捣鸟巢捕幼鸟；汉宣帝曾下诏，不得在春夏时节掏鸟蛋和射鸟；《十三州志》中有“上虞县有雁为民田，春拔草根，秋除其秽，是以县官禁民不得妄害此鸟，犯则有刑无赦”的记载。

3）动物的文化属性

动物和人一样，都是宇宙生灵，它们以自己的本能适应自然环境，形成动物文化。所不同的是，动物文化要靠人来发掘。我们的祖先在早期的狩猎和放牧中，已经发现了某些动物的文化功能。例如，狗是友善和忠诚的，于是人们将其训练成看护犬、导盲犬，北极地区的人还用狗拉雪橇来穿过雪地。第一个去太空的地球生物是一只名叫莱卡的狗，1957年，苏联科学家用一颗人造卫星把它送上了天。马也是人们喜爱的动物，它威武矫健，具有勇往直前的精神，所以曹操有“老骥伏枥，志在千里”的感慨。汉武帝和唐太宗都十分爱马，开辟丝绸之路的一个重要原因就是要获取西域的良马。霍去病的墓前有一个著名的石雕——马踏匈奴；唐太宗李世民为了纪念他骑过的六匹骏马，命人用石料进行雕刻，并排列于陵前，称为“昭陵六骏”。

拓展阅读3-4

昭陵六骏

动物的形象充斥了人类的生活和文学作品。例如，古人有以鸠象征“尊老尚齿”的习俗。先秦时期，每年仲春，天子都会举行敬养老人的仪式，仪式之一便是奉献斑鸠。汉代，养老礼由献鸠演变为赐鸠杖，时间改在仲秋。李白曾写下《白鸠辞》一诗，诗中“天子刻玉杖，镂形赐耆人”一句说的就是古代的敬老礼仪（玉杖即鸠杖）。以鸠喻老有多种解释，其中一种认为斑鸠形体瘦小，面容憔悴，很容易让人怀念父母。

从古典诗词中也可以看出，人类借禽鸟抒发感情是一个普遍现象，《诗经》开篇便是“关关雎鸠，在河之洲”，借水鸟表达男女求爱之情，用这种手法开出诗中人鸟相通之途。诗词中的禽鸟形象，往往起着特殊的表现作用。苏轼在“乌台诗案”之后索居黄州，写下《卜算子·黄州定慧院寓居作》，把自己比作“孤鸿”“寒枝不肯栖”。鸿雁在宋人诗词中出现的频率较高，是因为那些被贬岭南的重臣和被迫南迁的北人时刻思念家乡和故都，所以往往把自己比作鸿雁或孤鸿。鸿雁生于北方，秋至南飞，春来北往，犹如世间的流浪者；雁是群居的鸟类，飞则排队列空，落则相随而息。刘克庄的《北来人二首》中有“十口同离仳，今成独雁飞”；李清照的《声声慢·寻寻觅觅》中有“雁过也，正伤心，却是旧时相识”；郑思肖的《二砺》中有“秋送新鸿哀破国，昼行饥虎齧（啮）空林”。这些诗（词）句都是以雁喻被迫南下的宋人。

除了现实中的禽鸟，还有古人想象出来的神鸟——凤凰。凤凰为百鸟之王，用以比喻人间最美的东西。古人想象出来的动物还有龙、麒麟、大鹏等。这些动物在现实中并不存在，都是古人以实际动物为原型，加以美化修饰而创造出来的。借助这些神圣的动物，人们可以表达自己美好的愿望，丰富自己的文化生活。试想，如果没有动物，人类的生活会是何等的枯燥乏味，文人骚客的诗词会是何等的寂寞、尴尬？

本章小结

- 旅游自然文化价值观包括崇拜自然的价值观、寻奇探幽的价值观和注重保护的价值观。崇拜自然是因为自然养育了人类；寻奇探幽是因为大自然千变万化，奥秘无穷；注重保护是人类在长期同大自然接触的过程中得出的结论。

- 从物质层面看，山岳文化即人们对山岳的自然环境的认识；从精神层面看，山岳文化即意识文化，既包括人们对山岳的心理、心态、信念、观念和思想等，也包括与山岳有关的哲学、宗教、美学、音乐、文学和绘画等。山岳文化共性的内容包括山岳崇拜、山岳欣赏和山岳科学。石林和溶洞以其独特的景观成为山岳文化的重要组成部分。

- 水是大自然的活跃因素，地球上所有的生命都离不开水。同时，水的形态千变万化，它不仅在自然风景中是重要的构景因素，人工构景也十分注重对水景的艺术处理。我国地域辽阔，水系众多，因而形成了具有不同内涵的江河文化、湖泊文化和海滨文化。

- 植物和动物同人类一样具有生命，并且有其独特的文化属性。人类从诞生之初就与各种地球生物相互依存，动物和植物不仅为人类的生存繁衍提供了条件，而且美化了世界，给人类带来了知识和人生的启示。

主要概念

自然崇拜　山岳文化　岩溶地貌　吴越文化　海滨的文化价值

基础训练

3.1 选择题

1）我国第一批国家公园设立于（　　）年。

A.2020　B.2021　C.2022　D.2023

2）沙漠探险火爆的原因是（　　）。

A.人类生存的需要　B.能获得经济利益

C.能发现新的商道　D.人身安全有保障

E.沙漠奇景的魅力

3）苏轼治理杭州西湖的历史遗迹是（　　）。

A.苏堤　B.白堤　C.白沙堤

D.断桥　E.三潭印月

4）我国最早进行旅游开发的海滨是（　　）。

A.海南海滨　B.东海海滨　C.黄海海滨　D.渤海海滨

3.2 判断题

1）自然物的形成和发展没有什么规律可循。（　　）

2）鸟类绝大多数是人类的朋友。（　　）

3.3 简答题

1）奇特的自然景观能够满足人类的哪类需要？

2）山岳崇拜产生的原因是什么？

3）大连的地理位置有哪些优越性？

3.4 讨论题

为什么说不合理的开发破坏了人类的生存环境？

随堂测验 3-1

选择题

随堂测验 3-2

判断题

随堂测验 3-3

简答题

案例分析

黄河流域农产品地理标志

截至2021年底，黄河流域9省（区）共有农产品地理标志1 406个，其中山东351个、四川200个、山西175个、河南160个、内蒙古134个、甘肃132个、陕西117个、青海77个、宁夏60个；省均156个，约占全国总量的40%。黄河流域9省（区）农产品地理标志类别中数量排名前十位的分别是：果品类404个、蔬菜类280个、肉类195个、粮食类180个、水产类84个、茶叶类42个、药材类108个、油料类35个、蜂类26个、香料类21个。黄河流域的农产品地理标志普遍具有地方特色，大多发展成为地方名优特产。黄河流域许多农产品地理标志生产基地种植区域广、产量大、品质优，生产的农产品不仅在中国知名，而且出口至世界各地，如陕西苹果因色泽艳丽等特点深受消费者喜爱。

地理标志的命名主要有四种形式：第一种是以“行政区划名称+商品通用名称”命名，如金乡大蒜、章丘大葱等，这是地理标志的主要命名方式；第二种是仅以商品产地的名称命名，产地演化成产品名称，如龙井等，这类地理标志往往历史久远，产品的知名度甚至远远大于产地的知名度；第三种是以“行政区划的简称+商品通用名称”命名，如鲁锦、苏绣等，这种形式打破了地理标志的区域知名的局限；第四种是以“山、水、湖、河等名称+商品通用名称”命名，如泰山绿茶、黄河鲤鱼等，这类地理标志的产地往往是历史悠久的风景名胜区，产地的知名度远远高于产品的知名度。黄河流域有不少以“省级行政区名称+商品通用名称”命名的地理标志，如宁夏大米、宁夏枸杞、四川泡菜、内蒙古肉苁蓉、陕西苹果、青海冬虫夏草等。这类地理标志保护的地域范围广，发展基础好，具有极大的发展潜力，在经济社会发展中发挥着重要作用。

随堂测验 3-4

案例分析

资料来源　杨永．农产品地理标志融入黄河文化旅游发展研究［J］．广西社会科学，2022（10）．

问题：农产品地理标志如何融入黄河文化旅游发展？

实践训练

考察自己所在城市的某一座山或某一条河流的变化，说明环境保护的重要性。

本章参考文献

❶陈水云．中国山水文化［M］．武汉：武汉大学出版社，2001．

❷王玉成．旅游文化概论［M］．北京：中国旅游出版社，2005．

❸李雪莲．生物乐园［M］．北京：知识出版社，2002．

❹张建萍．生态旅游理论与实践［M］．北京：中国旅游出版社，2003．

❺田松青．旅游诗三百首［M］．上海：上海古籍出版社，2003．

❻宋兆麟．漫谈图腾崇拜［J］．文史知识，1986（5）．

❼李炳海．斑鸠与古代的尚齿敬老［J］．文史知识，1989（5）．

❽王艳梅．说“桃”［J］．文史知识，2007（4）．

本章推荐阅读文献

❶刘振礼，王兵．新编中国旅游地理［M］．天津：南开大学出版社，1996．

❷高明乾，佟玉华，刘坤．诗经动物释诂［M］．北京：中华书局，2005．

本章推荐网站

❶https://www.mct.gov.cn，中华人民共和国文化和旅游部网站

❷http://www.shaolin.org.cn，少林寺网站

第4章

旅游人文文化

【学习目标】

1. 领会人文旅游的价值取向。
2. 掌握我国古代建筑的基本类型和结构特征。
3. 了解中国的饮食文化。
4. 掌握与旅游相关的文学艺术知识。
5. 热爱中华文化，坚定文化自信。

【知识导图】

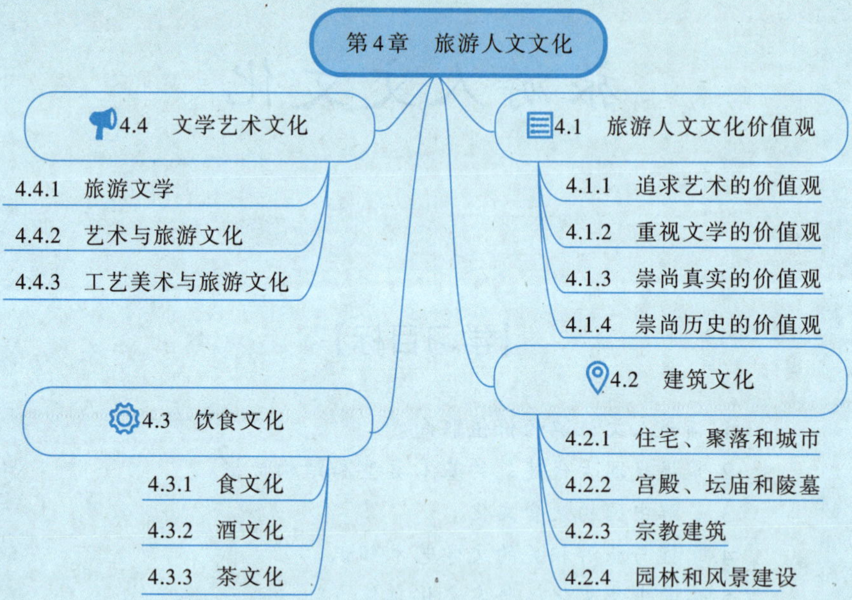
第4章　旅游人文文化
4.1　旅游人文文化价值观
4.1.1　追求艺术的价值观
4.1.2　重视文学的价值观
4.1.3　崇尚真实的价值观
4.1.4　崇尚历史的价值观
4.2　建筑文化
4.2.1　住宅、聚落和城市
4.2.2　宫殿、坛庙和陵墓
4.2.3　宗教建筑
4.2.4　园林和风景建设
4.3　饮食文化
4.3.1　食文化
4.3.2　酒文化
4.3.3　茶文化
4.4　文学艺术文化
4.4.1　旅游文学
4.4.2　艺术与旅游文化
4.4.3　工艺美术与旅游文化

引例

河姆渡遗址与古代航海活动

陈炎先生是研究海上丝绸之路的专家。他考察了浙江余姚河姆渡新石器遗址以后，断言河姆渡的先民早在7 000年前，已能够利用舟楫“东狩于海，获大鱼”了。他的依据是，河姆渡遗址中出土了木桨和独木舟的残骸，以及造船用的先进工具石锛和大量鲸鱼、鲨鱼的遗骸。

资料来源　陈炎. 海上丝绸之路与中外文化交流［M］. 北京：北京大学出版社，2002.

河姆渡遗址出土的文物能够显示当时人的物质文化生活和思想意识形态，其实物或仿制品可以作为旅游资源供人观赏。这些由人类活动形成，并且今天仍具有物质形态和观赏研究价值的旅游吸引物，称为人文旅游资源，它的文化内涵即所谓旅游人文文化。

数千年的文明史给我们留下了丰富的人文旅游资源，这是人与自然的完美结合。本章着重阐述旅游人文文化价值观，并介绍建筑文化、饮食文化、文学艺术文化等方面的知识。

4.1　旅游人文文化价值观

旅游人文文化价值观表现在四个方面，即追求艺术的价值观、重视文学的价值观、崇尚真实的价值观和崇尚历史的价值观。

4.1.1　追求艺术的价值观

在线课堂4-1

旅游人文文化价值

艺术是一种社会意识形态，是艺术家按照美的规律创造出的艺术形象，是对生活的创造性再现。世界上任何一个民族的艺术，都比宗教、社会组织、政治制度等出现得早。我国数千年悠久的历史留下了大量珍贵的艺术遗产，突出地表现在建筑、园林、书画、雕塑、戏曲、音乐、舞蹈等方面。它们中的一部分已凝固在历史中，如秦始皇陵兵马俑、佛教造像艺术等；还有一些则依然保持着旺盛的生命力，并不断走向新的辉煌，如书画艺术、戏曲艺术等。这些伟大的艺术创造是重要的旅游资源，蕴涵着极大的经济价值和社会价值。

艺术作品具有自身鲜明的特点，主要表现在：

（1）形象性

艺术作品是具体的、生动的，它明显区别于将事物抽象化的概念、判断、推理，也不同于运用理论探讨客观世界本质的科学。文学作品虽然可以用语言对文学形象进行具体生动的描写，但文学形象仍离不开读者的想象，所以说“有一千个读者，就有一千个哈姆雷特”。然而，无论哪种艺术作品，也无论艺术作品是用来表现具体事物还是抽象概念，艺术作品都是看得见、摸得着的实物，具有直接的可感性。

（2）审美性

艺术作品之所以能吸引人们的注意，就在于它能产生美感，使人获得美的享受。当然，要获得艺术作品所带来的美感，欣赏者必须具有对艺术的审美能力。

（3）意境性

“意境”是一个文学术语，“意”是指作品的思想和情感，“境”是指创作者在作品中借以表达思想和情感的形象。对艺术作品来说，形象是意境的基础，形象所表达的思想情感是艺术的内在生命。不同的艺术作品具有不同的意境，有的雄伟壮丽，有的含蓄清雅。艺术作品以具体的形象出现，而其内在价值的实现也需要有较高的艺术表现手法。

4.1.2 重视文学的价值观

小资料 4-1 **《徐霞客游记》与云南人文旅游资源**

《徐霞客游记》以其优美、细腻的文笔，描述了云南的苍山翠岭、长河广泊、奇石丽涧、名花贵树、文物古迹、地方物产以及民俗风情等。作品中对大理苍山洱海、昆明滇池、丽江玉龙雪山及三江并流所在地区都做了不同程度的描述和介绍。《徐霞客游记》激励过并且还会激励更多的人前往云南旅游，同时带给人们更多知识与美的享受。

资料来源　祁亚玲. 徐霞客游记［J］. 云南档案，1997（5）.

小思考 4-1

分析提示

小思考 4-1

《徐霞客游记》为什么能激励人们游历云南？

郁达夫曾说过：“江山也要文人捧。”遍布我国各地的旅游景观，大多与文学作品有着密切的联系，不仅优美的山水凭借文学作品名扬天下，而且有些景观就是由名家名作造就的。张继的《枫桥夜泊》用28个字把寒寂的夜景描绘得诗意盎然，枫桥和寒山寺至今仍吸引着大批国内外游客；欧阳修的《醉翁亭记》使安徽滁州的醉翁亭身价陡增；苏轼的《赤壁赋》竟使“假赤壁”的名头盖过了三国时期的赤壁古战场；朱自清的《桨声灯影里的秦淮河》则使夜游秦淮成了南京的“拳头”旅游项目。我国的古建筑以木结构为主，难以长久保存，但是由于文学作品的魅力，这些建筑在历代得以重建，从而传承下来，滕王阁、黄鹤楼、岳阳楼莫不如此。明末清初诗人尤侗说得十分精辟：“千岩竞秀，万壑争流，若无骚人墨客，登放其间，携掠人句，搔首问青天，则终南太华，等顽石耳。”

传颂千古的文学名篇不仅发掘了旅游景观潜在的美学价值，而且赋予了旅游景观新的人文价值，从而使旅游景观更富有令人魂牵梦萦的魅力。

4.1.3　崇尚真实的价值观

小资料4-2　　嵩岳寺塔

在河南登封嵩山南麓的嵩岳寺内，屹立着我国现存最古老的一座佛塔——嵩岳寺塔。嵩岳寺塔始建于北魏正光年间（520—525年），历经1 000多年的风雨侵袭仍巍然矗立，享有“华夏第一塔”之美誉。

小思考4-2

嵩岳寺塔为什么被称为“华夏第一塔”？

小思考4-2
分析提示

真实性是旅游资源的价值所在，但对这个真实性也要有一个正确的认识。王羲之《兰亭集序》的真迹早在唐代就已亡佚，我们今天只能看到其摹本，其中最著名的摹本相传是唐代书法家冯承素所书，该摹本现存于北京故宫博物院。该摹本虽非王羲之手书，但因临摹细心，所以线条的使转惟妙惟肖，从中可窥王羲之书写时用笔徐疾、顿挫、一波三折的绝妙笔意。同时，该摹本本身也走过了1 000多年的历程，也是弥足珍贵的文物。

在重大古建筑重建的问题上，有专家认为，乱建、滥建固不可取，但一概否定重建的价值，并将重建建筑均视为假古董的观点也不可取。我国的古建筑以木结构为主，极易受到破坏，历史上的许多古建筑都是靠修缮、重建保存下来的，只是这种重建要尊重历史，尽可能保持古建筑的历史真实性。北京天坛祈年殿曾在20世纪70年代进行过一次大修，由于当时缺乏文物保护知识，为了解决地面砖残破问题，全部改铺水泥方砖，这样不仅违背历史，而且与皇家祭坛的风格极不匹配。因此，从2005年开始，修缮工作中一项重要的内容就是剔除这些现代元素，使之恢复历史风貌。

拓展阅读4-1
《曲阜宣言》

4.1.4　崇尚历史的价值观

启智润心4-1　　“敦煌女儿”樊锦诗：一生守望　青春无悔

1963年，樊锦诗从北京大学历史系考古专业毕业来到敦煌。2019年1月6日下午，敦煌研究院名誉院长樊锦诗在西北师范大学举行“改革先锋进校园”宣讲时回忆，初到敦煌，那里的工作条件非常艰苦，喝咸水、点油灯、住土屋、睡土炕，物资匮乏，风沙漫天。

“转眼50多年了，敦煌已成为我生命中不可分割的一部分，我白天想的是敦煌，晚上梦到的还是敦煌。我今年80岁，能为敦煌做点事，我无怨无悔。”樊锦诗说，自己半个多世纪围着莫高窟转，丝毫不觉得枯燥，“因为它值得我这么干”。

耄耋之年的樊锦诗精神矍铄，手里拿着的21页讲稿是经她几日反复修改确定的。“我愿意和年轻人交流，我喜欢回答他们的问题”，与平日面对媒体采访要求的“拒绝脸”不同，她期待与大学生的交流。两个多小时里，她用朴素的语言讲述了75年来莫高窟的变化，尤其是改革开放以后的跨越式发展。

1944年，国立敦煌艺术研究所（现为敦煌研究院）成立，常书鸿任所长，结束了莫高窟约400年无人管理、任凭破坏和偷盗的历史。

“当时满目疮痍、破败不堪，研究所成立后，几代人扎根大漠、勇于担当、甘于奉献，他们都是大学生，从大城市里来到什么都没有的莫高窟，一待就是一辈子”，樊锦诗笑称“他们都是自投罗网，我也是”。

中华人民共和国成立后，党和国家高度重视敦煌石窟，针对莫高窟的壁画和彩塑病害、崖体风化和坍塌、风沙侵蚀等威胁文物安全的问题，开始了初步抢救性保护。

从20世纪80年代起，敦煌研究院抓住改革开放的机遇，在全国文物界首开国际合作先河，与美国、日本、澳大利亚、英国、法国、意大利、俄罗斯的科研机构、高校、社会团体、政府、企业、友好人士等合作课题研究、举办展览、进修学习、互访考察等。

樊锦诗说，国际合作从最初的石窟本体保护、人才培养、壁画数字化领域，拓展到石窟预防性保护、遗产地管理、敦煌学研究、文化交流弘扬等各个领域。“当时有人骂我们崇洋媚外，事实上那时世界上很多国家都有文物保护的经验和技术，我们不懂就要向人家学习。”国际合作经历了从最初的“跟跑到后来并跑，现在老外来和我们面对面坐下讨论和交流”。国际合作不仅解决了敦煌的很多保护难题，也为研究院培养了一大批人才。

樊锦诗从一个“只想做好考古专业”的女孩，到后来走上管理岗位，“门外汉”不停地学习，长期坚持边干边学，如负责编写莫高窟申报世界文化遗产材料时学习国内外文化遗产的法律文件。樊锦诗说，一定要站在国家和国际的高度、世界的角度，做好敦煌保护工作。

在中国率先开展文物保护法规和规划建设，颁布《甘肃敦煌莫高窟保护条例》，开国际合作先河，文物本体及赋存环境进入科学保护，建立数字敦煌档案使世人共享敦煌艺术，建成最大的敦煌学研究实体，创新景区开放和保护管理模式，持续加强人才队伍建设……保护敦煌进程进入“快进模式”，一次又一次令世界瞩目。

“我常常想起这个还没做，那个还没做，就会冒出一身冷汗，这样一座世界文化遗产，在我的手里，如果有什么闪失，我就是罪人。”

樊锦诗说，改革开放之初，每年有一两万游客，后来游客数量增长惊人，狭小的洞窟脆弱多病，如何解决景区开放和文物保护的矛盾，她想了整整两年。最终，敦煌研究院创新设计了“数字电影+实体洞窟”预约参观方式，并确定了莫高窟日游客最大承载量。樊锦诗说，为了实现莫高窟开放新模式，她们花了10年时间，制作了球幕电影《千年莫高》和《梦幻佛宫》，并建设了莫高窟数字展示中心，2014年终于落成，实现参观新模式。

樊锦诗坦言，一路走来，困难重重。

樊锦诗曾有过“三急”，既急敦煌石窟宝贵又脆弱，又急人才断档，还急与爱人分居19年。“办法还是比困难多，我也焦虑过，失眠了，心脏病也有了，但是值不值得？我都80岁了，心脏病算什么呢，也就无所谓了。”樊锦诗说，自己也不是开始就一头扎进莫高窟，而是时间越久越觉得为它做事值得。“这50多年非常值得。”樊锦诗反复地说。

感动中国2019年度人物组委会评价樊锦诗：“舍半生，给茫茫大漠。从未名湖到莫高窟，守住前辈的火，开辟明天的路。半个世纪的风沙，不是谁都经得起吹打。一腔爱，一洞画，一场文化苦旅，从青春到白发。心归处，是敦煌。”

资料来源 南如卓玛．“敦煌女儿”樊锦诗：一生守望 青春无悔［EB/OL］．［2019-01-07］．http://www.chinanews.com/gn/2019/01-07/8721969.shtml.

历史古迹对游客的吸引力，在于它深厚的历史文化积淀。例如，中岳嵩山的魅力不仅仅在于它高大巍峨的山势，也不仅仅因为它拥有“五代同堂”的地质奇观，更在于历朝历代在这里留下的文化遗迹：周公曾在这里测日影以确定天下之中；汉武帝曾登临嵩山；一代女皇武则天更是在这里举行了封禅大典。这里是儒、释、道三教的圣地，有禅宗祖庭少林寺，有规模庞大的中岳庙和闻名天下的嵩阳书院，有建于汉代的启母阙、太室阙和少室阙，有嵩岳寺塔、法王寺塔、净藏禅师塔和少林寺塔林，还有建于元代的观星台。正是这些凝固了的历史，吸引着来自国内外的众多游客。

小资料4-3 **新旧五岳之争**

2006年4月1日，一位署名“独行鳄”的网友在网上发出《“五岳”归来不看山！中国必须选出新的五岳！》的帖子，并推出了自己心中的“新五岳”：东岳长白山，西岳珠穆朗玛峰，中岳峨眉山或黄山，北岳天山，南岳阿里山。此后，在新浪网“新五岳论剑”调查中，不赞成选“新五岳”的占67.72%；赞成的占25.85%；不做评价的占6.43%。

资料来源 于茂世．跳出少林看嵩山［N］．大河报，2006-07-27.

小思考4-3

为什么反对选“新五岳”的网民占绝大多数？

小思考4-3

分析提示

4.2 建筑文化

广义的生态，还包括人文生态。历史遗迹、民俗风情、民间艺术都是宝贵的文化遗产，也是旅游业赖以发展的重要资源。所以很多古建筑、古村镇都被严格保护起来，作为传统教育的活教材。山西丁村、贵州屯堡文化村、浙江诸葛八卦村等被列为中国十大古村，也属于保护对象。这些村落有一个共同的特点，即都坐落在背山面水、自然环境优越的地方，村舍的布局有统一的规划，既方便村民生活，又能有效防御洪涝灾害。

村寨是人们聚居的地方，也是早期城市的前身，它的选址和布局都有一定的科学依据。

4.2.1 住宅、聚落和城市

人类第一次社会大分工，将畜牧业从农业中分离出来，出现了固定的居民点——聚落；第二次社会大分工，将原始手工业从农业中分离出来，聚落分化成以农业为主的乡村和以商业、手工业为主的城市。城市住宅随着社会的发展有了较明显的形制变化，乡村住宅则更多地在适宜技术上不断演进。聚落由于城市和乡村的分野而面貌各异，城市自成体系，乡村却由于中国古代农业社会发展的延续性，一直保留着早期聚落的两大特征：一是发展适应自然和人文环境的生活方式；二是以家族血缘关系为生存纽带。

1）住宅

在距今约7 000年前，人类进入氏族社会，为了适应农业生产的需要，人类由穴居野处发展为筑室居住。考古发掘的聚落遗址中，最有代表性的是半坡遗址和河姆渡遗址，它们代表了两种不同的居住文化——穴居和巢居。

穴居是中国北方原始居民的居住常式，从最早的自然洞穴到地面房屋，大约经历了50万年。穴居文化的代表是西安半坡遗址的房屋建筑，它是梁柱式居住文化的先声。巢居是上古南地的居住常式，河姆渡遗址的干栏式民居是巢居文化的代表，它以粗大的木桩为基，离地面1米左右铺设楼板构成基座，基座上筑居室，木构件的连接采用榫卯技术，其工艺的精细令人震惊。

从《尔雅》中可以看到周秦时期住宅的布局：它是一个以堂为中心的建筑群，有严格的南北中轴线，前建影壁、门、塾，后建室房，左右两侧有厢房，再配以围墙等，形成了一个封闭的整体。《尔雅》中有对“家”的解释，即门屏以内的堂室，前堂为庙，后堂为寝。庙是供奉祖先之处，寝为长辈卧息之处，东西厢房是晚辈居室，门两侧的塾为家师所居。这样的家庭住宅体现了长幼有序、内外有别，符合中国古代的宗法和礼教，也符合中国人的审美观念。

明清时期流行的四合院是对这一住宅形制的传承，其典型代表是北京的四合院。四合院的平面布局呈正方形，主体建筑建在南北中轴线的中部，两侧为附属性建筑，左右对称，四周有围墙。主体建筑称正房，坐北朝南，其正前方是庭院，为一家人公共活动的场所，可种植花草，铺修道路。庭院两侧为东西厢房，以东厢房为尊、西厢房为卑。庭院南端中央设门，称“垂花门”。出垂花门向南，是东西狭长的小院，南边是一排北向的房屋，称“倒座”。倒座的南墙即整个院落的南围墙，墙上开大门，在东南隅。在正房之北，与倒座相对的是北房。四合院的规模可大可小，大者可向纵横方向延伸，前后组成几进院落，或者设东西跨院。

南方也有四合院，但形制略有不同。它也有中轴线，但房屋不追求一律朝南。由于日照较强烈，因此院子东西较长，多呈“凹”字形平面，即去掉南部的一排房子，使院落向南敞开，以便通风，且围以高墙，院内植树以遮阳。

中国的民居除了南北四合院以外，还有陕北的窑洞、福建客家人的土楼和云南傣族的干栏式住宅等。

小资料4-4　　旅游建筑

旅游建筑由两部分组成："建筑吸引物"与"服务于旅游业的建筑"。"建筑吸引物"主要包括记载人类曾经生活、生产状态以及在重大历史事件中有较大影响的古建筑（群）、近现代建筑（群）等，以西递宏村为代表的皖南古村落、以中国馆为代表的上海世博会建筑群皆可归为这一范畴。"服务于旅游业的建筑"主要包括景区内的游客中心、换乘车站、旅游宾馆、餐饮商店、游船码头、旅游公厕以及以入口建筑、休闲亭廊为代表的小品类建筑等。

资料来源　耿创，聂玮．试论旅游建筑［J］．四川建筑，2013（5）．

小思考4-4

说说旅游建筑的发展趋势。

小思考4-4

分析提示

2）聚落

聚落即村落，是人们聚居的地方。从考古发掘来看，母系社会的村落无一例外地位于河流两岸的二级台地上，既临近水源，又不致被水淹没。原始聚落的平面布局已体现了朴素的风水意识。例如，半坡遗址和仰韶村遗址均将聚落分成居住、墓葬、制陶三个区，居住区在南，四周设壕堑。壕堑之北是墓葬区，壕堑之东是制陶区，这样既避免了陶器生产对居住区的污染，又体现了南为阳、北为阴的观念。

与城市相比，乡土建筑群保留了更多的民间文化传统，它主要有两个特点：第一，与自然环境的关系更为密切。中国农民长期过着自给自足的农耕生活，离不开山、水、土地。在山清水秀的江南，村落依山傍水而建；在黄土高原上，人们创造了最简易的黄土窑洞。在适应环境的同时，人们还努力去创造适合自身的生态和人文环境。比如，建龙王庙、土地庙以保丰年，建关帝庙以保平安；在村口栽植大树，借祖宗遗下的德泽保多子多孙；让村口对着文峰山或笔架山，或者在山下建文昌阁，以求多出人才。这些设计都构成了特殊的村落景观。第二，建筑形态极具地区性、民族性。在乡土建筑中，无论寺庙、祠堂，还是住宅、商铺，只能就地取材，应用当地的传统工艺进行建造，所以建筑形态丰富多彩。

3）城市

"城"，本义为城墙；"市"为市场。这两个字组合在一起，足以说明早期城市的功能：防御和商品交换。我国的城市大约萌芽于原始社会末期，形成于商代，河南偃师二里头遗址、湖北黄陂盘龙城遗址、郑州商代遗址、安阳殷墟都是早期较完整的城市。

我国早期关于城市规划的思想散见于《考工记》《商君书》《管子》《墨子》等典

籍中。首先是注重选址，考虑的因素包括经济、政治、军事、资源、交通等各方面。其次是注重建设城市的防御设施，所谓“筑城以卫君，造郭以守民”，京城一般要有三道城墙：宫城、皇城（或内城）、外城（郭）。最后是在总体规划上，重要建筑要安排在南北中轴线的中心，道路系统要采取南北向为主的方格网状布置。为了适应各地不同的条件，古人在处理方格网状道路系统时也会因地制宜，这一点在南方城市中表现得更为明显。古人对都城绿化也很重视，历代都城道路两侧都种植树木，北方以槐、榆为多，南方则柳、槐并用。

北京是保存最好的古城，是我国封建时代城市布局的典型代表。北京城以皇城为中心，皇城平面呈不规则的方形，位于全城南北中轴线上，南面的正门就是天安门；紫禁城位居全城中心部位，天安门前左右两翼为五府、六部等衙署；一条全长约7.5千米的中轴线贯穿南北，起于外城的南门永定门，止于北端的鼓楼和钟楼；轴线两侧是天坛、先农坛、太庙和社稷坛等建筑群，体量宏伟，与百姓的青灰瓦顶住房形成了鲜明的对比。北京城的规划和建筑设计突出显示了封建帝王至高无上的地位。

拓展阅读4-2

中国历史文化名城类型

城墙是城市的重要文化景观。作为世界上现存体量最大、保存现状最好的都城城墙，南京城墙不仅是南京独特的地标和文化名片，而且是全国乃至世界人民的宝贵遗产。2014年7月，在国家文物局的大力支持下，中国明清城墙联合申遗工作推进会在南京召开。会议推举南京市为中国明清城墙联合申报世界文化遗产牵头城市，成立中国明清城墙联合申报世界文化遗产办公室。在保护南京城墙的同时，南京城墙景区还积极推进文旅融合发展，运用科技等手段深度开发夜间体验项目，加大城墙内部空间活化利用，丰富文化休闲服务功能，构建集文化、休闲、绿色于一体的生态旅游系统，提升公众的参观游览体验。

4.2.2 宫殿、坛庙和陵墓

1）宫殿

宫殿建筑是中国古代建筑艺术的精华，也是帝王权力的象征，所以每当改朝换代之时，都被化为灰烬。留存到现在的只有明清两代的宫殿，其中保存最完好、最有代表性的当属北京故宫。

北京故宫又称紫禁城，是明、清两代的皇宫，整个建筑群按南北中轴线对称布局，层次分明，周围有宫墙和护城河环绕。宫墙的四角矗立着造型精巧、风格绮丽的角楼，南面的正门是午门。北京故宫分外朝和内廷两大部分。外朝以太和殿、中和殿、保和殿三大殿为主体，文华殿、武英殿为两翼。其中，太和殿俗称“金銮殿”，是举行最隆重的朝会大典的地方，它面阔十一间，进深五间，红墙黄瓦，体现了帝王的富贵、权力和地位。内廷的乾清宫、交泰殿、坤宁宫是帝后寝宫，比三大殿略小，也依次列于中轴线上，东西两侧是供嫔妃们居住的东六宫、西六宫，这些建筑俗称“三宫六院”。坤宁宫后是御花园，其中有弯曲的甬道、玲珑的叠石和秀丽的亭台，加上栏中花木，形成了舒缓、和谐、富有生活情趣的空间氛围。出紫禁城北门——神武门，不远处矗立着景山，形成了山环水抱之势，为宏伟壮丽的紫禁城画上了一个重重的句号。

2）坛庙

坛是在平地上建的高台，古代用于祭祀天、地、社稷等自然神，也用于会盟、誓师、封禅、拜相、拜将等。它最初只是简单堆起的土丘，后发展为土石建筑，并逐渐成为豪华的建筑群。庙是祭祀祖先的建筑，帝王祭祖之庙称为太庙，贵族、士大夫及庶民祭祖之庙则称为家庙或祠堂。坛与庙在功能和意义上有所不同，但都是祭祀性建筑，因此合称"坛庙"。《左传》中云："国之大事，在祀与戎。"祭祀在古代是非常重要的政治活动，因此受到了统治者的高度重视。

北京保存了众多的古代坛庙建筑，有"九坛八庙"之说。北京天坛是明清帝王祭天之所，是坛庙建筑的代表作，也是世界建筑史上的瑰宝，主要建筑有祈年殿和圜丘。其中，祈年殿（如图4-1所示）是祈求风调雨顺、五谷丰登的地方，它的殿为圆形，象征天圆；瓦为蓝色，象征蓝天。圜丘是祭天的地方，有三层圆形的台，每层台的栏板、望柱及铺设石块的数目均为9的倍数。古人认为9是阳数之极，表示至高至大，整个圜丘都采用9的倍数来体现天子的权威。天坛的文化主题是对天的崇拜，但"崇天"不是帝王的终极目的，其终极目的是要通过"崇天"歌颂王权，维护王权。

图4-1 天坛祈年殿

太庙和社稷坛按照"左祖右社"的制度分别坐落在紫禁城的左右两侧。社稷坛为祭祀土地神和五谷神之所。现位于北京阜成门内大街的历代帝王庙是明、清两代皇帝祭祀历代帝王及名臣之所，祭祀人物数量居全国第一位。历代帝王庙的政治地位与太庙和孔庙平齐，合称明清北京三大皇家庙宇。对历代明君和先哲圣贤的祭祀，表达了中华民族对那些为中华文明做出杰出贡献的伟人的景仰之情。

3）陵墓

陵墓在许多国家和地区都是重要的旅游项目，如埃及金字塔、印度泰姬陵等。

在历史文献的记载中，尧、舜、禹的葬仪都很简单，墓穴上不起坟，也不植树。厚葬之风始于奴隶社会，战国时期的墓葬不仅垒坟、植树、随葬各种宝器，甚至在地面建祭祀的殿堂。秦始皇陵是中国历史上第一座规模庞大、设计完善的帝王陵寝。后世帝王纷纷效仿，遂使帝王陵寝成为中国的一道独特风景。

唐宋以后的帝陵多集中于一个或几个墓区。坐落于北京昌平天寿山麓的明十三陵规模巨大、保存完好，明代共有13个皇帝葬在这里。明成祖朱棣迁都北京之后，经过两年的细致考察，选定了这方风水宝地。陵区的北、东、西三面都有群山环绕，南面则地势平缓，视野开阔。天寿山主峰南6 000米处对峙的两座小山成为整个陵区的入口，环抱的地形塑造了内敛的完整环境。

明十三陵的主陵是朱棣的长陵，居天寿山主峰下，其余十二陵按左昭右穆的次序分布于长陵的两侧，其间有神道连接。陵区整体平面布局充分体现了“院落”式、“事死如事生”的帝陵风格。最南端是石牌坊，为六柱五间式。北进200米为大红门，它是明十三陵的门户。再北进1 000米左右为碑亭，亭内竖石碑一块，上题“大明长陵神功圣德碑”，并刻有明仁宗撰写的碑文。碑亭四隅立有4座华表，接着便是漫长的神道，神道两旁矗立着12对石兽和6对石人。

从已经发掘的定陵来看，陵墓分地上建筑和地下建筑两部分。地上建筑有石桥、祾恩门、祾恩殿、宝城、明楼等，均按皇家宫殿的楼阁式建造。地下建筑为拱券式石结构地宫，由前、后、左、右、中五个大殿组成。其中，后殿最大，为放置棺椁之处，门和券洞皆由汉白玉雕成。

4.2.3 宗教建筑

与世界上其他民族相比，中国的宗教出现较晚，君主集权思想以及“天”“礼”“孝”等观念则很早就被确立，因此中国建筑始终以反映皇权的宫殿建筑为主流。中国的宗教建筑比民用建筑宏伟而瑰丽，但与代表皇权的建筑相比，它只能处于从属地位。

1）佛教建筑

中国的佛教建筑随着佛教在中国的传播和兴盛而大量出现并逐渐汉化，因此它是中外文化结合的产物。佛教寺院在印度称“伽蓝”，在中国则称为“寺”。“寺”原指官舍。东汉永平十年（公元67年），应东汉朝廷邀请，印度高僧摄摩腾和竺法兰以白马驮经来到东都洛阳，居住于鸿胪寺，次年建起第一座以“寺”为名的佛教建筑——白马寺，这便是中国佛寺的起源。

印度佛寺是以塔为中心构建的，白马寺最初也采用这一布局形式。隋唐以后佛寺逐渐中国化，形式与中国的宫殿、官署、民居建筑相同，注重平面布局，有明显的中轴线，塔则离开了中心位置。

我们今天看到的佛教寺院通常包括山门、钟楼、鼓楼、天王殿、大雄宝殿、藏经楼等部分。山门又称“三门”，是佛寺的大门，也有与天王殿合二为一的。钟楼和鼓楼在山门内两侧，用以悬挂钟、鼓，正面是天王殿，殿内有四大金刚塑像。大雄宝殿是佛寺的主体建筑，一般供奉释迦牟尼像。殿内东西两侧往往塑诸天像或罗汉像。较大的佛寺在大雄宝殿后有法堂，是演说佛经、佛法和皈戒集会的场所。

“天下名山僧占多”，佛教名山一直是旅游热点。我国佛教四大名山以及嵩山少林寺等，都是著名的旅游胜地。塔是佛教重要的建筑物，它最初是供奉佛祖释迦牟尼舍利的地方，后来塔中也供奉高僧的舍利和佛经。在中国的佛教建筑中，塔虽然离开了建筑群体的中心位置，但其重要意义并未被忽视，其原有的宗教意义与中国传统建筑模式相结合，最终形成了独具中国特色的建筑艺术。早期的塔为实心体，不能登临，只是象征性纪念物，如少林寺塔林，后来的塔多为楼阁式，并且建在山巅水滨之处。

石窟建筑随着佛教一起传入中国，与中国原有的岩石开凿和雕刻技艺相结合，逐步形成了具有中国特色的石窟艺术。石窟有两种形式，即礼拜窟和禅窟。礼拜窟雕造佛像，供人瞻仰礼拜；禅窟供僧人居住修禅。北魏至隋唐是我国石窟艺术发展的鼎盛时期，唐代以后开凿石窟数量逐渐减少。我国的石窟建筑数量众多，窟内的雕塑、壁画等艺术作品异彩纷呈、魅力无穷。

2）道教建筑

道教是中国土生土长的宗教。道教宫观也是以庭院为单元组成的各种形式的建筑群。其平面布局有两种形式：一种是按中轴线前后递进、左右均衡对称展开的传统建筑形式，以全真派的祖庭北京白云观为代表；另一种是按五行八卦方位确定主要建筑位置，然后围绕八卦方位放射性展开的具有神秘色彩的建筑形式，以江西三清山三清宫为代表。

道教建筑在设计上讲究因地制宜、巧作安排，并且注重各种艺术形式与建筑物的综合统一，尤其注重利用奇异的地形地貌，巧妙地构建楼、阁、亭、榭、塔、坊、游廊等建筑，构成以自然景观为主的园林系统，这充分体现了道家“人法地，地法天，天法道，道法自然”的思想。

道教建筑的装饰鲜明地反映了道教追求吉祥如意、延年益寿的思想。例如，描绘日月星云、山水岩石，寓意光明普照、坚固永生；以扇、鱼、水仙、蝙蝠和鹿分别作为善、裕、仙、福、禄的表象；用松柏、龟、竹、龙凤等分别象征友情、长生、君子、祥瑞；还将福、禄、寿、喜、吉、天、丰、乐等字的变化形体，用在窗棂、门扇、裙板、梁枋等建筑构件上，这对民俗文化的影响十分深远。

4.2.4 园林和风景建设

园林在中国古籍里称囿、苑、山庄等，欧美各国则称之为公园、花园。园林的规模有大有小，内容有繁有简，但都包括四种基本要素：土地、水体、植物、建筑。园林是一种艺术创造，它把四种要素组合成有机的整体，给人以赏心悦目的感受。园林的风格是历史条件、地理环境、文化传统的积淀，不同地区、不同民族在不同历史时期建造的园林，风格都不相同。

1）中国园林的悠久历史

中国最早的园林建筑是周文王时期的灵台、灵沼、灵囿，主要供狩猎、采樵用，以自然山水为主。公元前3世纪，秦始皇在咸阳修建上林苑。公元前138年，汉武帝在秦代旧址上对上林苑进行扩建，苑内豢养各种动物供天子射猎，种植各种异树以标奇丽，同时修建章宫，开太液池，池中筑蓬莱、方丈、瀛洲三山以拟仙境。

东汉时期，私家园林已经出现。魏晋南北朝时期，私家园林兴盛，著名的如石崇的金谷园。私家园林的规模虽小，但艺术性较高，是我国园林艺术的代表。隋唐时期是我国园林发展的全盛时期，隋代的西苑以及唐代的大明宫、华清宫、兴庆宫等都是著名的皇家园林，当时还出现了我国第一座具有公共游览性质的大型园林——曲江池。北宋统治者为修建艮岳，在苏州专设应奉局，搜罗东南各地的奇花异石。南宋时，江南城镇是贵族、官僚和富商的聚居地，私家园林之盛不言而喻。元、明、清三代大力营造宫苑，使中国古典园林的建造技艺达到十分成熟的境地，如今保留下来的园林多为明清园林。

2）自然山水型和写意山水型

中西方园林的建造，都是为了美化生活环境，但是由于审美观念和哲学思想的不同，它们的艺术风格存在很大差异：中国的儒家主张天人合一，道家主张清静无为，两者的共同之处是对大自然的尊崇，所以中国园林艺术体现的是自然美、意境美；西方人则认为人是世界的主宰，所以西方园林艺术体现的是人工美、形式美。中国古典园林是自然山水型的，总体布局上遵循“山水为主，建筑是从”，叠山理水是造园的重要手段。在中国的古典园林中，宋代的著名宫苑艮岳内的假山最大，它用太湖石砌成，立体轮廓参差有致，是假山中的绝胜；同时，造园者用千回百转的流水拟造出湖、海、溪流和河湾等，再加上花草树木和人工建筑的点缀，呈现出一派生机勃勃的景象。

魏晋以后的中国园林，从单纯模拟自然发展到艺术加工，每座园林都融入了主人的思想感情。例如，扬州个园广种竹子，取苏轼“宁可食无肉，不可居无竹”的诗意，以示主人不俗。再如，康熙时始建的承德避暑山庄一律青砖灰瓦，既简朴又淡雅，充分体现了造园者刻意追求的“澹泊敬诚”的意境。

现代城市风景园林体现的是人为环境与自然环境相融合的理念，与中国造园艺术中的“借景”理论相符合。明代造园家计成在《园冶》一书中首次提出了“借景”的概念，主张造园要“巧于因借”，即把有限范围的园林融入无限空间的自然环境中，其中就包含着人为环境和自然环境相融合的整体观念。

4.3 饮食文化

小资料 4-5　　**成都饮食文化旅游**

成都作为川菜的重要发源地，在以“成都，一个来了就不想走的城市”为口号打造时尚之都、休闲之都的同时，也十分重视对饮食文化的开发。成都于2010年2月获批加入联合国教科文组织创意城市网络，并被授予“美食之都”称号，可以在全球范围内交流和展示成都美食文化，这对推动川菜走向世界、促进成都创意产业发展、提高城市创新能力和文化软实力是一个很好的机遇。

美食是带着强烈地方特色城市文化基因的，也是植根于当地饮食土壤的。成都的餐饮名店不少，金牛区的一品天下大街是成都开发较早的饮食名街，这里汇聚了成都川菜饮食的精华；紧靠四川大学的科华北路则是自发形成的饮食一条街，名店集聚，口味多样，不但川菜饮食在此荟萃，还有各方饮食可供人们选择。此外，散落在城市各地的美食餐馆也吸引着众多的食客。不管是外地游客，还是本地游客，都不同程度地对成都美食抱有极大的兴趣，想品尝到独具特色的美食。

资料来源　蒋英. 成都饮食文化旅游探析：以三国文化元素为例 [J]. 中共成都市委党校学报，2013（1）.

小思考 4-5

如何开发成都的三国饮食文化旅游？

小思考 4-5

分析提示

4.3.1 食文化

饮食成为一种文化，是在农业发展和人类定居之后。周秦两汉时，我国已形成以汉族为主体的中华民族饮食文化圈，饮食礼仪、饮食制度逐渐完备。隋唐两宋时期，由于经济发达、城市繁荣，饮食文化得到进一步发展。明清时期是中国饮食文化发展的鼎盛期，其重要标志是八大菜系逐渐形成。

1）中国食文化的地域流派

中国幅员辽阔，不同地域的饮食习俗不同，正所谓“南甜北咸，东辣西酸”，由此形成了具有地域特点的风味饮食，其中一些发展为菜系。地方菜肴升华为菜系需要一定的条件：首先是经济发达，城市繁荣，有大量的酒肆饭馆，有技艺高超的专业厨师；其次是有一批具有较高文化素养的消费者，即美食家。所以八大菜系中最早形成的是川菜、鲁菜、苏菜、粤菜，后来又增加了闽菜、浙菜、湘菜、徽菜。

川菜的特点有：一是调味多变，有“一菜一格，百菜百味”之美誉，尤以麻辣味著称；二是取材广泛，各式各样的原材料经过加工都可以调配成美味的菜肴；三是档次多，适应性强，可以满足不同场合、不同群体的需要。著名的川菜有锅巴肉片、宫保鸡丁、水煮肉片、鱼香肉丝、麻婆豆腐、夫妻肺片、蒜泥白肉等。此外，成都小吃、重庆火锅也很有名。

鲁菜源远流长，现在的鲁菜大约形成于元明时期。鲁菜分为胶东菜和济南菜两大部分。胶东菜以烹饪海鲜著称，代表性菜肴有葱烧海参、芙蓉干贝、红烧大蛤等。济南菜善于用爆、炒、炸、烧等烹调方法，多以淡水鱼、猪肉、蔬菜为原料，代表性菜肴有奶汤鲫鱼、糖醋鲤鱼、锅烧肘子、油爆双脆等。鲁菜的特点是脆、嫩、鲜、滑，调味上以咸为主、酸甜为辅，喜用葱调味。

苏菜以江鲜为主要特色，善于利用主辅料的自然色彩，清爽鲜嫩，口味清淡趋甜，香而不腻，淡而不薄，以烹调鱼类等水产品见长。代表性菜肴有松鼠鳜鱼、清蒸鲥鱼、清烩鲈鱼片、水晶肴蹄、扬州狮子头等。

粤地饮食在秦汉时期受到中原习俗的影响，唐宋时期又受到西域的影响。粤菜的特点有：一是原料广泛，品种繁多，以生猛海鲜著称。粤人食蛇已有2 000多年的历史，《淮南子·精神训》中记载："越人得髯蛇，以为上肴。"二是料精工细，善于装饰。三是炮制方法讲究，常用方法有三十余种。另外，粤人喜欢喝汤，也善于煲汤，煲汤时不仅讲究主料与辅料的搭配，往往还加入滋补或清凉的中药材，汤的味道鲜美且有较高的营养价值。

2）中国食文化的特点

（1）以味为中心的烹饪理论

中国人十分注重食物的美感，具体包括色、香、味、形、触等，其中又以味为中心。

中国烹饪理论的核心是"本味"与"变味"的结合。《吕氏春秋·本味篇》中指出，烹调的目的在于除去食物原料中不好的味道，并使食物味美适口，刺激食欲。宋代以后，人们开始喜欢素食，蔬菜、菌类逐渐为人们所赏识，烹调学上的"本味论"应运而生。南宋倪思认为，食物经"变味"，就失去了"正味"，"若淡食，则本自甘美"。清代美食家袁枚也重视本味，但他并不完全拒绝调味，而是强调调味之后仍应保持食物原料的本味，如鸡鸭鱼肉的烹制过程势必要调味，但调味之后仍要保持其各自的本味。"变味论"和"本味论"的融合把中国传统的烹饪理论和实践提高到了新的境界。

（2）饮食养生、医食同源的观念

中国人不仅重视饮食的美感，而且重视科学和营养。先秦诸子几乎都有关于饮食的论述。孔子提出，食物久放变味不食，烹饪不熟不食，不到吃饭的时间不食，"不多食"和"食不语"等。《吕氏春秋》中记载：食物甘美，也要注意进食时的精神和谐，体貌从容；不要过饥过饱；过多食用肥美的食物无益于身体健康等。《黄帝内经·素问》从医学角度出发，认为味道过重的食物损害身体健康，如过酸伤脾胃，过咸伤筋骨等。

中国自古以农业立国，在千万年的寻食探药过程中认识了数以万计的动植物，使食品种类丰富，并从中得出了医食同源的结论，认为大部分食物都可以入药。民谚"冬吃萝卜夏吃姜，不用医生开药方"大概就由此而来。沧州的金丝小枣自古有名，

沧州也因此被誉为“枣乡”。清代纪晓岚是沧州人，他酷爱吃枣，“盖以公在家，几案上必罗列榛栗梨枣之属，随手攫食，时不住口”。纪晓岚大烟大肉一辈子，竟活到82岁，枣的调补，功不可没。古籍中还有食菊的记载，菊花可做成羹或凉拌，均有清心明目之功效。这种养生文化是中餐最大的优势。

(3) 与礼制紧密结合

中国是礼仪之邦，礼贯穿于中国人生活的各个方面，饮食活动也不例外，“食礼”是礼制的重要内容。

第一，要正确排定座次。先秦时期采用分餐制，进餐时跪坐于地，面前摆放食案。按当时的规定，坐西向东的位置（东向位）最尊，其次为坐北向南的位置（南向位），再次是坐南向北的位置（北向位），坐东向西的位置（西向位）最卑。家宴时，最尊的东向位归长者；宴请宾客时，东向位归主宾，主人坐西向位。隋唐以后，随着胡桌、胡凳引入中原，就餐的方式逐渐改为合餐，但座次安排的基本原则未变。长者或主宾坐东向正中的位置，其他人按长幼、尊卑、亲疏关系从两侧自西向东排列。八仙桌大约出现在辽金时代，以坐八人为宜：坐西向东的是首席，坐东向西的是末席，其他座位按自西向东的方向排列，北边依次是第二、四、六位，南边依次是第三、五、七位。大约在清康熙至乾隆年间，圆桌开始在家宴上出现，因它更富团圆之意，所以备受欢迎。《红楼梦》第七十五回写贾母在凸碧山庄举办中秋赏月家宴时，用的就是圆桌，“上面居中贾母坐下，左垂首贾赦、贾珍、贾琏、贾蓉，右垂首贾政、宝玉、贾环、贾兰，团团围坐”。

第二，进餐的过程要遵循礼的规定。这些规定既体现了尊卑秩序，也体现了礼仪之邦的文明。《礼记·曲礼》中提出，不要大口喝汤，进食时口中不能发出声响，不能把咬过的食物放回盘中，不要当众剔牙等。如果和长辈共食，要等长辈吃完了再停止；如果与国君共食，要在国君开始吃后再吃，国君停止后再停止，国君吃饱后则要劝食。吃菜要先吃近处的，再依自己的爱好由近及远地选食。今天虽然已经没有君臣之别，但在招待尊贵的客人时，这些事项还是要注意的。

4.3.2 酒文化

酒在中国有着悠久的历史，传说中造酒的始祖是仪狄和杜康。《战国策》中记载，仪狄造酒进献禹，禹饮后觉得甘美，随即疏远了仪狄，并禁止造酒，因为禹认为：“后世必有以酒亡其国者。”果然，夏、商两代亡国都与纵酒有关。中国古代的大部分酒都是将谷物煮熟后加入酵母酿制而成的，类似今天的江米甜酒，所以古代典籍中称某人能饮一斗而不醉不足为奇。烧酒（白酒）是经过蒸馏的高度酒，李时珍所著的《本草纲目》中记载，制造烧酒始于元代。唐诗中的“葡萄美酒”则来自西域。

酒与中国人的生活息息相关，是喜庆、亲情、友情的载体，也是英雄气概的象征。平叛得胜、衣锦还乡的刘邦，在与故乡父老畅饮之时唱出慷慨激昂的《大风歌》；《三国演义》中的“温酒斩华雄”和《水浒传》中的“醉打蒋门神”，都是由酒引发的英雄行为。作为一种文化，古人饮酒正如欧阳修所言：“醉翁之意不在酒。”饮酒是出于对现实的不满，以醉态来忘却现实社会。魏晋时期的阮籍和刘伶都是狂饮的代表。

酒与文学有着不解之缘，它既是文学作品描写的对象，也是文学创作的推动力。古人作诗必饮酒，苏轼将酒称为“钓诗钩”，李白“斗酒诗百篇”已然家喻户晓，杜甫也嗜酒，直至暮年多病才不得不“潦倒新停浊酒杯”。

酒在我国古代已有了分类，因此也有了各种不同的叫法，如清者曰“酿”，浊者曰“醠”，厚者曰“醇”，淡者曰“醴”。今天的白酒按香型主要分为三类：一是酱香型，以贵州茅台为代表，酒体醇厚、回味悠长；二是浓香型，以泸州老窖、五粮液、剑南春为代表，香味浓郁、绵柔爽净；三是清香型，以汾酒为代表，清香醇正、诸味调和。此外，桂林三花酒、全州湘山酒为米香型，安徽口子窖酒、湖北白云边酒则为“浓头酱尾”的兼香型。

拓展阅读4-3

酒令

黄酒是古老的酒种，由糯米、粳米或黍米酿制而成，酒精度较低，除饮用外，还可用于烹调和炮制中药。著名的黄酒有：绍兴加饭酒、丹阳封缸酒、即墨老酒等。

4.3.3 茶文化

中国是茶的故乡，种茶、制茶、饮茶都源于中国。茶始产于蜀地，秦灭蜀之后开始向各地移植。西汉文学家王褒在为其友写的《僮约》中谈及买茶和煮茶，这是有关茶成为饮品的最早记载。三国时，饮茶风气已经盛行，名医华佗在《食论》中指出“苦茶久食，益意思”，肯定了茶提神的功效。南北朝时期佛教盛行，僧人坐禅时常饮茶以消除睡意，由此“转相仿效，遂成风俗”。唐代，茶叶受到文人士大夫的青睐，并且成为吟诗作赋的题材。唐代陆羽所写的《茶经》是我国第一部以描写茶叶为主的专著，对茶的起源、历史、栽培、采摘、烹制等进行了详细的论述，陆羽也因此被奉为“茶神”或“茶圣”。唐代茶叶的种植面积很广，以江淮地区产量最高，浮梁、湖州是重要的茶叶集散地。白居易在《琵琶行》中云：“商人重利轻别离，前月浮梁买茶去。”至宋代，茶的种植和制作技术更为成熟。宋徽宗赵佶所著的《大观茶论》对北宋时期蒸青团茶的产地、采制、烹试、品质、斗茶风尚等均有详细记述，反映了北宋以来我国茶业的发达程度和制茶技术的发展状况。此后，茶逐渐成为百姓饮品中的一项，并被列入“开门七件事”（柴米油盐酱醋茶）。

饮茶首先讲究茶叶的质地，我国在不同地区、不同历史时期均有名重一时的茶叶精品。唐宋饮茶用的是“茶饼”，需要烹煮；元代始有散茶；明代才有“炒青”，并开始用开水冲饮。饮茶还讲究所用的水质，所谓“山水上，江水中，井水下”，又有“楚水第一，晋水最下”的说法。泡茶讲究茶具，以腹大口小的瓷质盛器为佳，还要讲究茶具的产地、瓷质和瓷色。宜兴紫砂壶是中国古代陶文化和茶文化结合的产物。紫砂壶用紫泥烧制，用其泡茶能够较长时间保持茶叶的色、香、味。将紫砂壶与诗、书、画刻等文学艺术形式结合起来，是宜兴地区特有的文化现象。

茶叶可以按不同的标准分类。2023年4月，ISO 20715：2023《茶叶分类》国际标准正式颁布，标志着我国传统的六大茶类分类体系正式成为国际共识，这六大茶类包括绿茶、白茶、黄茶、青茶（又名乌龙茶）、红茶、黑茶。此外，按照发酵程度，茶叶可分为非发酵茶、半发酵茶、全发酵茶、后发酵茶；按熏花与否，茶叶可分为素茶、花茶等。

绿茶的历史最悠久，产量也最大，西湖龙井、太湖碧螺春、黄山毛峰、六安瓜片、信阳毛尖等都是驰名中外的绿茶。龙井产于杭州西湖附近山峦，尤以龙井村狮子峰所产为佳，有“色翠、香郁、味醇、形美”四大特点，泡开后嫩芽成朵，汤色碧绿，回味幽香；黄山毛峰外形微卷，多毫有峰，汤色淡黄，香气馥郁，滋味醇厚；六安瓜片形状似瓜子，色泽翠绿，清香高爽；信阳毛尖外形细直，圆滑多毫，饮后回甘。

白茶属微发酵茶，是中国茶类中的特殊珍品。因成品茶多为芽头，满披白毫，如银似雪而得名。我国著名的白茶有白毫银针、白牡丹、贡眉、寿眉等。

黄茶的加工工艺近似绿茶，只是在干燥过程的前或后，增加了一道“闷黄”的工艺，这是形成黄茶特点的关键。黄茶的品质特点是黄汤黄叶。我国著名的黄茶有君山银针、蒙顶黄芽、远安黄茶、霍山黄芽等。

乌龙茶因其创始人而得名。据说在清雍正年间，福建安溪的一个名叫“乌龙”的茶农在采茶时擒获一只山獐，回家后天色已晚，一家人忙于烹食猎物，第二天才想起乌龙采的茶。经过一夜的自然发酵，茶的风味已变，滋味格外浓香。后来，乌龙经过反复试验，终于制出了新的茶叶品种——乌龙茶。乌龙茶产于我国福建、广东、台湾等地，主要品种有安溪铁观音、大红袍、凤凰水仙、冻顶乌龙等。

红茶在发酵过程中鲜叶的化学成分变化较大，香气物质明显增加，可单独饮用，也可加奶、糖或柠檬等饮用。英国人习惯下午饮用红茶。我国红茶中的名品有安徽祁红、云南滇红、四川川红、江西宁红等。

黑茶生产历史悠久，产于中国云南、湖南、湖北、广西等地。我国著名的黑茶有安化黑茶、广西六堡茶、湖北青砖茶 、云南普洱茶等。其中，普洱茶主要产于云南的西双版纳、临沧、普洱等地区，其最大的特点是耐贮藏，而且在一定年限内存放愈久愈香，其价值也因存放时间长而上涨，因此普洱茶被称为“可以喝的古董”。

小资料 4-6　“中国传统制茶技艺及其相关习俗”列入人类非遗代表作名录

2022年11月29日，我国申报的“中国传统制茶技艺及其相关习俗”列入联合国教科文组织人类非物质文化遗产代表作名录。“中国传统制茶技艺及其相关习俗”是有关茶园管理、茶叶采摘、茶的手工制作，以及茶的饮用和分享的知识、技艺和实践。自古以来，中国人就开始种茶、采茶、制茶和饮茶。制茶师根据当地风土，运用杀青、闷黄、渥堆、萎凋、做青、发酵、窨制等核心技艺，发展出绿茶、黄茶、黑茶、白茶、乌龙茶、红茶六大茶类及花茶等再加工茶，2 000多种茶品，供人饮用与分享，并由此形成了不同的习俗，世代传承，至今贯穿于中国人的日常生活、仪式和节庆活动中。

传统制茶技艺主要集中于秦岭淮河以南、青藏高原以东的江南、江北、西南和华南四大茶区，相关习俗在全国各地广泛流传，为多民族所共享。通过丝绸之路、茶马古道、万里茶道等，茶穿越历史、跨越国界，深受世界各国人民喜爱，已经成为中国与世界人民相知相交、中华文明与世界其他文明交流互鉴的重要媒介，成为人类文明共同的财富。

资料来源　佚名.“中国传统制茶技艺及其相关习俗”列入人类非遗代表作名录［EB/OL］.［2022-11-29］. https://www.chinanews.com.cn/cul/2022/11-29/9905260.shtml.

小思考4-6

分析提示

小思考4-6

中国的茶和茶文化得到广泛传播的原因是什么？

4.4 文学艺术文化

小资料4-7　　湖南旅游文学资源

湖南旅游文学资源丰富、内涵深厚，湖湘文化特色鲜明。桃花源风景名胜区围绕陶渊明的《桃花源记》做文章，因在自然山水景观中灌注人类追寻理想乐园的文化元素而脱颖而出，进而成为著名的旅游目的地。袁宏道的《游桃源记》不仅状写了桃源一带“山皆飞舞生动，映江而出，水缥绿见底”，穿石之奇峭，新湘溪之秀雅，水心崖之意态横出，而且总结出“游仙源者，当以渌萝为门户，以花源为轩庭，以穿石为堂奥，以沙萝及新湘诸山水为亭榭，而水心崖乃其后户云”。

资料来源　李秋菊. 旅游文学深度开发方略研究：以湖南为例［J］. 江西社会科学，2012（9）.

小思考4-7

分析提示

小思考4-7

探讨湖南旅游文学的开发策略。

4.4.1　旅游文学

我国幅员辽阔，有众多的名山大川、古迹名胜，人们涉足其间，往往触景生情，有感而发。有的题字书联，有的吟诗赋词，有的撰文作记，名篇佳作浩如烟海。这些珍贵的历史文化遗产是我国旅游资源中特殊的、重要的组成部分。

1）中国旅游文学的类别

中国古代的各种文体几乎都被用于旅游文学作品，包括诗词、游记、石刻、楹联、小说、戏剧等。

（1）诗词

古代的山水诗、花鸟诗、怀古诗、风物诗都与旅游活动有关。山水诗始于南北朝，盛于唐宋。唐代绝大多数诗人都写过与山水相关的作品。王维年轻时曾写过“大漠孤烟直，长河落日圆”这样气势雄浑的边塞诗，中年以后着力写清幽的田园风光，如“空山不见人，但闻人语响”，他还善于将绘画技法用于诗歌创作，其作品被誉为“诗中有画，画中有诗”。“五岳寻仙不辞远，一生好入名山游”的大诗人李白，20岁开始漫游蜀中，25岁出蜀，遍游名山大川，在他的作品中，有“黄鹤之飞尚不得过，猿猱欲度愁攀援”的蜀道，有“西岳峥嵘何壮哉！黄河如丝天际来”的华山，有“飞流直下三千尺”的庐山瀑布，也有“孤帆远影碧空尽”的浩瀚长江。杜甫也是写景大家，他对景物的观察细致入微，在他的诗作中，有“感时花溅泪，恨别鸟惊心”的匠心，也有“窗含西岭千秋雪，门泊东吴万里船”的悠长意境，一生坎坷的命运使他笔下“无边落木萧萧下”的秋景具有独特的感染力。唐代有一批文人到边塞的军中任职，描写了边塞雄浑开阔、孤寂苍凉的景象。岑参目睹了西域奇景，写下了“北风卷地白草折，胡天八月即飞雪”的名句。

宋代，词进入繁盛时期。北宋前期百年承平，形成了娱乐遣兴、歌舞升平的风气。柳永的《望海潮·东南形胜》描绘了西湖“有三秋桂子，十里荷花”的美好景色，也写出了当地“市列珠玑，户盈罗绮，竞豪奢”的浮华民俗。但北宋毕竟面对着西北少数民族政权的威胁，边地的戍守和征战不可避免，范仲淹的《渔家傲·秋思》写出了“千嶂里，长烟落日孤城闭”的边塞景象。苏轼是豪放派词人的代表，仕途坎坷使他寄情山水。被贬黄州时，苏轼写下了《念奴娇·赤壁怀古》，面对“乱石穿空，惊涛拍岸，卷起千堆雪”的景象，他“遥想公瑾当年”，感慨“人生如梦”。秦观是婉约派词人的代表，他更善于用“雾失楼台，月迷津渡”的凄迷景色，表达感伤情怀。南宋山河破碎的场景，激发了文人的爱国热情。主战派的代表张孝祥在被谗害免职北归途中，泛舟于“玉鉴琼田三万顷”的洞庭湖上，不禁“扣舷独啸”，抒发了自己“肝肺皆冰雪”的高洁情怀。爱国词人辛弃疾把国破之痛和报国无门的感伤熔铸于对祖国山河的歌颂和对历史人物的追怀中，曾遥看“楚天千里清秋，水随天去秋无际”，追忆当年“休说鲈鱼堪脍，尽西风，季鹰归未”，也曾面对“不尽长江滚滚流”，慨叹“生子当如孙仲谋”。

（2）游记

游记作为一种完备的文体，出现在魏晋南北朝时期。北魏郦道元的《水经注》中记录了我国1 000多条水系的源流及流经地域的风土人情、历史古迹、人物故事、神话传说，是我国游记文学的名篇。

唐宋时期的游记渐趋成熟，它不再是单纯的写景，而是把作者的情感融入自然景观，把写景与抒情结合起来。例如，王勃的《滕王阁序》在以华丽的笔致描绘出“落霞与孤鹜齐飞，秋水共长天一色”的秋日黄昏景象的同时，表达了自己虽“时运不齐，命途多舛”，但仍“老当益壮，宁移白首之心？穷且益坚，不坠青云之志”的勃勃雄心。柳宗元的《永州八记》则体现了作者贬谪生活的心境。北宋王禹偁的《黄州新建小竹楼记》描写了竹楼的质朴之美和竹楼四周“远吞山光，平挹江濑。幽阒辽敻，不可具状”的美景，借以表达自己高洁的情怀和高远的志向。

明代地理学家徐霞客创作的《徐霞客游记》是一部经世致用的作品，它虽不像唐宋诗文那样充满激情，但文笔清新流畅、文辞自然，写景栩栩如生，将游记文学带入了一个新的发展时期。徐霞客善于捕捉不同景物的特征，如在《游庐山日记》中，他抓住了庐山“奇峰”“云海”“瀑布”这三大景观，勾画出了庐山奇峰突起、峰峦重叠、云海弥漫、瀑布飞流直下的壮丽景观。

（3）石刻

在我国的名山大川、古刹寺观，石刻是一道独特的风景。西安碑林保存的唐代开成石经共65万余字，刻在114块碑石上，是世界上最大、最重的一部“书”。石刻是文章、书法和镌刻艺术相结合的产物，具有极高的史学价值、文学价值和艺术价值。

（4）楹联

楹联是中国独有的文学形式，它源于汉字四方形的结构。世界上唯汉语可以写出完全对偶的句子，字母文字则无法企及。楹联从形式上看要求对偶工整、平仄协调，并且要有诗的情韵和意境。它与景观互为依存、融为一体，有“锦上添花”的艺术效果。对联的特点是短小精致、韵味隽永，但也有一些用字较多的长联名作，著名的如清代孙髯所题的昆明大观楼长联，共180字。

小资料4-8　导游词翻译

对于翻译时是尽量保留中国文化信息，还是主要迎合外国旅游者的偏好这一问题，答案是翻译者应以传播中国文化为目的进行变通翻译。因为翻译者是“文化的使者”，翻译的导游词在旅游者能接受的前提下，应尽量保存中国文化信息。了解中国文化也是国外旅游者旅游的目的之一。例如，将“紫来洞”音译就不妥，最好根据“紫来洞”的内涵来翻译，因为“紫来”在中国文化中含有“紫气东来”之意。国外旅游者中知道“紫气东来”这个典故的人很少，他们对“紫气东来”的反应和中国人对“紫气东来”的反应相去甚远。因此，翻译时如果把“紫气东来”这个典故传达给国外旅游者，就能起到较好的跨文化交际效果，达到传播中国文化的目的。

资料来源　肖乐. 跨文化交际视阈下的旅游文化传播［J］. 湖南社会科学，2012（6）.

小思考4-8

分析提示

小思考4-8

导游词翻译中如何凸显旅游文化传播？

2）中国旅游文学的特征

（1）思想性与知识性相结合

旅游文学描写的主要对象是大自然，展现的是万里江山、风景名胜，能激发游人的爱国热情。许多人攀山越岭、涉水穿林，目的并不是单纯地游山玩水、恣情名胜，而是借旅行观察，去探究自然之奥秘。他们写出的作品内容丰富、翔实、生动，既有文学价值，又有学术价值。

（2）真实性与艺术性相结合

旅游文学作品在特定的环境、特定的时间描画山水景物，记述的是旅途的自然现象与社会现实，可以作为人们认识和研究不同时期的社会历史的丰富资料。旅游文学又不同于景点介绍，其语言更加洗练流畅、生动活泼、富有文采，流传至今依然脍炙人口；注意有选择地突出艺术形象、淡化背景、突出主题，内容饱满而富有情趣；不同的作者、不同的心境，对景物的理解和由观景而产生的感情不尽相同，并且具有鲜明的个性。

(3) 关注现实和寄托理想

关注现实是中国文学的一大特征，旅游文学也不例外。中国的文人善于借景生情、托物言志，所表达的往往是对民生疾苦、国家兴衰的关心，对黑暗现实的憎恨和对美好人间的向往。例如，范仲淹在《岳阳楼记》中表达了“先天下之忧而忧，后天下之乐而乐”的高尚情操；刘禹锡在《陋室铭》中表达了身居陋室，不羡慕荣华富贵，不与腐朽权贵同流合污的至尊至洁的理想。

4.4.2 艺术与旅游文化

我国历史上创造出的所有艺术作品都是今天的旅游资源，包括建筑艺术、园林艺术、雕塑艺术、绘画艺术、书法艺术，以及具有地方特色和民族风情的戏剧、音乐和舞蹈艺术。

启智润心 4-2 地方文化与创意旅游

创意旅游是推动文化和旅游融合发展的一种手段、一个模式、一套机制。创意旅游应以地方文化为根本，其核心是文化价值的开发。创意旅游是文化和旅游融合的高级阶段，注重审美性文旅产品的消费体验。文化资产不仅能展示地方文化，而且是文化旅游重要的吸引力。创意旅游设法运用地方文化资产创造独特的地方文化风格，促进社会、经济和文化的发展。创意旅游的形式也基于学习、任务、参观和购买等消费行为，以手艺工坊、开放性工作室、游学路线和画廊展示等体验式活动展开。

资料来源 向勇. 创意旅游：地方创生视野下的文旅融合 [J]. 人民论坛·学术前沿，2019 (6).

1) 雕塑艺术

雕塑艺术源于陶器、玉器、青铜器的制作。我国新石器时代遗址中出土了大量陶器，商代遗址中出土了大量青铜器，其中很多是造型优美的艺术品。秦始皇陵兵马俑和霍去病墓前的大型石雕反映了秦汉时期雕塑艺术的繁荣。南北朝时期，随着佛教的传播，洞窟造像艺术风靡，其气势之大、数量之多、造型之精美令人叹为观止。唐代雕塑艺术更加成熟，并分为三个方向：帝王陵前石雕、佛像雕塑、精美陶俑。五代以后的雕塑逐渐追求精雕细琢，反映了雕塑艺术由简单到复杂、由单一到多样的变化，说明雕塑艺术已经走向了成熟。

我国的佛教造像包括石窟造像、山陵造像和殿堂造像，全国现存大型石窟不下百余处。山西大同云冈石窟（如图4-2所示）有大小造像59 000余尊，其中第20窟释迦牟尼佛造像高约13.7米，两肩宽阔，体魄健壮，鼻梁高直，眉眼细长，神态庄严安详，既具有印度佛教艺术的特色，又继承了汉代画像的手法，是石窟早期造像的代表作。敦煌莫高窟有彩塑2 000余尊，创作年代跨越了从北魏至元的近千年，其中半数以上的作品出自唐代，塑像的面容、姿势、着装都明显带有唐代的印记。

图 4-2 云冈石窟

建筑雕塑主要包括木雕、砖雕和石雕。建筑木雕始于对部分构件的装饰加工，使之符合建筑审美的需要，久而久之，便成了建筑中不可缺少的部分。同时，木雕的形象与庭院草木、室内陈设相互映衬，体现了中国人特有的文化精神与审美趣味。

陶俑殉葬之风在秦代发展到极盛，秦始皇陵兵马俑数量众多，气势恢宏，每年都吸引了来自国内外的众多游客。汉代开始在陵墓的神道上立石雕，关中十八唐帝陵、北宋皇陵和明十三陵都保存了数量较多的陵墓石雕。

中国的雕塑艺术具有强烈的时代特征。南北朝时期天下动乱、民生疾苦，士大夫则崇尚清流，追求超凡脱俗的风姿，这一时期的佛教造像大多面容悲天悯人，婉雅俊逸。洛阳龙门石窟的卢舍那大佛身躯高大，健康丰满，面容庄严典雅，表情温和亲切，充分显示出了大唐盛世的风范。

2）书画艺术

鲁迅先生认为汉字有“三美”：意美以感心，一也；音美以感耳，二也；形美以感目，三也。中国的书法艺术正是基于汉字的优美形体。我国历史上有许多书法大家，晋代王羲之被后人誉为“书圣”，他的《兰亭集序》是书法珍品，兰亭也因此而闻名。洛阳龙门石窟所展现的主要是雕塑艺术，而北魏所开古阳洞内布满了造像铭文，这些铭文都是中国书法艺术的杰作，称为“魏碑”。唐代书法成就极为突出，出现了一大批名家名作，欧阳询、虞世南、颜真卿、柳公权、怀素各领风骚。宋代书法四大家苏轼、黄庭坚、米芾、蔡襄深受后人推崇。元代赵孟頫，明代祝允明、文徵明、董其昌，清代何绍基、包世臣及“扬州八怪”均成就卓著。

拓展阅读 4-4

扬州八怪

中国绘画具有独特的民族传统。西方画重形似，中国画求神似。这种神似，对人物来说是指人的精神，对动物、花草树木来说是指其形态特点和意趣，对山水风景来说是指其境界、立意。中国绘画的特点十分鲜明。首先是“散点透视”，即“不定点透视”，以从容地表现绘画对象。北宋张择端的《清明上河图》是充分运用“散点透视”的典范。河南开封根据这幅图画营造了“清明上河园”。其次是注重情景交融，画中的景物并不是对现实生活的重现，而是融入了作者的感情色彩。东晋时修建瓦官寺，顾恺之在墙壁上画维摩诘像，有“清羸示病之容，隐几忘言之状”，与其说他画的是学问渊博、能言善辩的印度居士，不如说他画的是南朝超脱高傲、望若神仙的文人雅士。顾恺之的《洛神赋图》也是这种风格，所体现的是南朝士大夫的感情色彩。最后是诗书画印相结合，多种艺术形式融于一体、相得益彰。

书画艺术是重要的旅游资源。首先，各种专项书画展览所展出的书画名作都是弥足珍贵的艺术品，其历史价值、文物价值对海内外游人来说具有强烈的吸引力。其次，条幅字画是古典园林和古建筑的重要组成部分，并且往往是点睛之笔。最后，宗教壁画是宝贵的艺术财富，如敦煌莫高窟壁画、麦积山石窟壁画、法海寺明代壁画、南禅寺壁画、布达拉宫壁画等。这些绘画作品的艺术形象生动鲜活，具有强烈的时代特征，显示出了画师高超的技艺。

3）戏曲歌舞

戏剧是包含文学、音乐、舞蹈、美术、杂技等各种艺术形式的综合艺术。我国的戏剧产生于民间，是长期以来劳动人民和民间艺人的伟大创造。古典戏剧艺术在元明清时期达到高峰。元杂剧是用元曲演唱的戏剧形式，每剧一般四折，角色分为末、旦、净、杂。这一时期的著名作品有关汉卿的《窦娥冤》和《救风尘》，马致远的《汉宫秋》，王实甫的《西厢记》等。传奇是明清时期的主要戏剧形式，它以演唱南曲为主，结构紧凑，情节曲折，人物刻画细致，每本传奇一般分为四五十出不等。汤显祖的《牡丹亭》、孔尚任的《桃花扇》、洪升的《长生殿》均为著名作品。清乾隆至道光年间，新的大型剧种——京剧诞生了，至清末，民间各种地方戏剧纷纷崛起，梆子戏、花鼓戏、采茶戏、花灯戏、秧歌戏异彩纷呈。

我国各民族都有能歌善舞的传统，音乐、舞蹈在我国起源很早，并被当作文治教化的重要手段而受到统治者的高度重视。我国的古典音乐包括礼仪音乐、民间音乐和宫廷音乐。礼仪音乐用于祭祀和庆典，特点是庄严肃穆、节奏舒缓；民间音乐则轻松欢快、热闹喧哗；宫廷音乐是在舞蹈的推动下发展起来的，主要用于皇帝和王公贵族的娱乐，如唐代的《霓裳羽衣曲》。

民间音乐包括声乐和器乐两部分。声乐是和文学相结合的，从《诗经》到宋词、元曲，从文人的吟唱到乡间俚曲，有的高亢激昂，有的婉转清丽，不同阶层、不同场合皆以此表达情感。器乐原本是为仪式、舞蹈或演唱伴奏的，后来逐渐独立出来。我国古代器乐取得了很高的成就，产生了许多传世佳作。例如，古琴曲《高山流水》取材于伯牙和子期相遇相知的故事，表现了两位知音坦荡开阔的胸襟和对生命及大自然的热爱，湖北汉阳城北建有“古琴台”，即为纪念他们之间的深厚情谊；《梅花三弄》相传为东晋名将桓伊所作，赞扬了梅花凌霜傲雪、坚忍不拔的品格；《十面埋伏》以楚汉相争为题材而创作，气势恢宏，波澜壮阔；《春江花月夜》则融合了张若虚的《春江花月夜》和白居易的《琵琶行》的诗意，描绘了江南春夜的秀美景色，展现出了一幅妩媚诱人的音画。我国的音乐、舞蹈在发展过程中，不断吸收外来文化的精华。例如，《胡笳十八拍》是一首中国古琴名曲，相传为蔡文姬所作，其中的胡笳为古代北方民族的乐器，乐曲风格也带有北方民族的特点，悲怆苍凉；唐代盛行的《胡旋舞》也是北方民族的乐舞，中国的传统乐器二胡也是来自北方少数民族的乐器。

与西方音乐的重和声与配器相比，中国传统音乐更注重音乐的旋律。民间音乐往往伴歌伴舞，重节奏、重气氛的渲染；文人乐曲则注重内心情感的表达和理性精神。

4.4.3 工艺美术与旅游文化

工艺美术在内涵和形式上保持着实用性与审美性的统一，显示出了民族文化所具有的鲜明个性。中国工艺美术以其高超精湛的技艺和丰富多样的形态而名扬世界。富有地方特色和民族风情的工艺美术作品对游客有着很强的吸引力，因而存在极大的商机。

最早的工艺品是劳动工具、生活用具和装饰物，如5 000多年前的彩陶，商周时期的青瓷、漆器、青铜器和玉器。春秋战国至秦汉时期的工艺美术，都显示了当时的经济实力和意识形态的发展。越王勾践宝剑在历经2 000多年后重见天日，依然寒光熠熠，通身没有一个锈点，显示出了技术进步所创造的奇迹。人们对实用价值的追求，加上原始的浪漫主义色彩，使得我国早期的工艺品具有轻盈活泼、流动奔放、雄强古拙的美学特征。汉代的丝绸能够进入国际市场以及“丝绸之路”能够形成，都说明中国在工艺美术方面的成就已得到了世界的认可。

中国工艺美术在唐代获得了全面发展，呈现繁荣发达的景象。织锦、印染、陶瓷、金银器、漆器和木工等的技艺水平和生产规模都超过了前代。经济的发达、中外文化的交流以及人的思想意识的解放，使隋唐时期的工艺美术作品表现出了舒展博大的气势、精巧圆润的装饰意味和富丽丰满的形态特征。到了宋代，中国古代工艺美术上升到比较完美的范式和境界，且集中表现在陶瓷上，全国有许多各具特色的名窑，生产的瓷器远销世界各地。

明代商品经济和城市经济的繁荣，市民阶层的出现，以及新的文化和科学的产生，促使工艺美术跨入了一个新阶段，织锦、棉纺、陶瓷、漆器、金工、家具和建筑装饰等门类都得到了较全面的发展。精美的工艺品景泰蓝便创制于明景泰年间，因多用蓝色珐琅彩釉而得名。

中国工艺美术的历史有两条清晰的发展脉络：以实用为主体的民间工艺美术和以观赏为主体的宫廷及文人士大夫工艺美术。民间工艺美术主要是为了满足生产者自身的需要，因而突出体现了实用、审美一体的基本原则；宫廷及文人士大夫工艺美术则是为了迎合贵族和文人阶层的趣味，侧重于显示观念意蕴和追求观赏把玩价值，推崇精雕细刻、矫饰奇巧。

中国幅员辽阔，不同的自然环境、气候条件和文化氛围造就了具有不同特色的工艺品，如江西景德镇的瓷器、山东潍坊的风筝、北京的景泰蓝、河南淮阳的泥泥狗等。同一种工艺品也会因产地不同而具有不同的风格，如我国四大名绣的苏绣、湘绣、蜀绣、粤绣等。

本章小结

● 旅游人文文化即人文旅游资源的文化属性。人文旅游资源是人的智慧与自然物相结合的产物，具有文化属性，或属于物质文化，如饮食、建筑等；或属于精神文化，如文学、艺术等。旅游人文文化的价值表现在艺术性、文学性、真实性和历史性四个方面。

● 留存下来的古建筑都是艺术品，具有研究价值和欣赏价值。中国的古建筑以木结构为主，有明显的中轴线，并注重与周围环境的协调一致，这些特点都体现了传统文化中崇尚自然、谋求与自然和谐相处的思想倾向。

● 中国的饮食习俗既是一种养生文化，也是一种艺术，十分注重食物给人带来的美感。传统的食礼则体现了礼仪之邦的风范。

● 文学艺术本身就是一种旅游资源，它还可以提高某些旅游资源的价值，并派生出新的旅游资源。中国的文学和艺术都有丰富的思想内涵，它带给游人的不仅仅是美的享受，也有精神的激励。

主要概念

聚落　坛庙　借景　戏曲

基础训练

4.1　选择题

1）我国现存最早的古塔是（　　）。

A.嵩岳寺塔　　B.法王寺塔　　C.应县木塔　　D.大雁塔

2）民间所说的“金銮殿”是故宫的（　　）。

A.太和殿　　B.中和殿　　C.保和殿　　D.武英殿

3）景泰蓝属于（　　）。

A.金属工艺　　B.陶瓷工艺　　C.编织工艺　　D.雕塑工艺

4）观世音菩萨的道场相传是在（　　）。

A.五台山　　B.峨眉山　　C.九华山　　D.普陀山

5）唐代唯一真正到过西域的诗人是（　　）。

A.王维　　B.孟浩然　　C.岑参　　D.王昌龄

随堂测验4-1
选择题

4.2　判断题

1）对联的特点是短小精致。（　　）

2）庙属于宗教建筑的一种。（　　）

随堂测验4-2
判断题

4.3 简答题

随堂测验 4-3

简答题及讨论题

1）中国的园林艺术为什么追求自然美、意境美？

2）为什么说楹联是中国独有的文学体式？

3）中国民间工艺品的特点是什么？

4）中国的茶文化有什么特点？

5）中国烹调理论的核心是什么？

4.4 讨论题

1）中国的宗教建筑具有什么特征？

2）《使至塞上》是王维的名作："单车欲问边，属国过居延。征蓬出汉塞，归雁入胡天。大漠孤烟直，长河落日圆。萧关逢候骑，都护在燕然。"

《红楼梦》第四十八回中，香菱向黛玉讨教唐诗时说到了王维的《使至塞上》，她说："那一联云'大漠孤烟直，长河落日圆'。想来烟如何直？日自然是圆的。这'直'字似无理，'圆'字似太俗。合上书一想，倒像是见了这景的。若说再找两个字换这两个字，竟再找不出来。"

谈谈你对这首诗写景部分的理解。

案例分析

基于游客视角的苏绣旅游开发

苏绣是传统手工艺非物质文化遗产的杰出代表。苏绣是中国四大名绣之一，至今已有2 000余年历史，被列入第一批国家级非物质文化遗产代表性项目名录，近百次作为国礼馈赠国外元首。苏绣的技艺技法具有极高的观赏性，可衍生出现场展示、亲身体验刺绣等动态的、可参与体验的旅游活动；苏绣成品具有收藏价值、实用价值和观赏价值，可产出实用性强的旅游商品、观赏性强的苏绣作品和高升值潜力的收藏品，适合作为旅游文化商品的种类丰富。苏绣参与旅游开发的形式多样，包括以苏绣为主题的街区（如中国刺绣艺术馆）、博物馆展示（如苏州博物馆的苏绣展馆）、旅游购物商品（如苏州平江路、山塘街等商业街区的苏绣店铺）等。

作为非物质文化遗产，苏绣的遗产吸引力感知、市场问题感知和展示内容偏好对旅游者的遗产保护态度有显著的正向影响。苏绣的展示内容偏好、展示方式偏好对旅游者的旅游产品开发态度有显著的正向影响。旅游者对遗产保护的态度越强烈，其支持旅游产品开发的态度越明显。旅游者对旅游产品开发的支持度越高，其对参与遗产旅游的支付意愿越高。

随堂测验 4-4

案例分析

资料来源　张希月，陈田．基于游客视角的非物质文化遗产旅游开发影响机理研究［J］．地理研究，2016（3）．

问题：如何从游客视角开发传统手工艺非物质文化遗产旅游市场？

实践训练

选择一处古代建筑，分析中国古建筑的特点及文化取向。

本章参考文献

❶宋采义，等. 中国旅游文化［M］. 开封：河南大学出版社，2001.
❷潘宝明，朱安平，等. 中国旅游文化［M］. 北京：中国旅游出版社，2001.
❸方志远，王健，朱湘辉. 旅游文化探讨［M］. 北京：经济管理出版社，2005.
❹商友敬. 中国游览文化［M］. 上海：上海古籍出版社，2001.
❺王振复. 中国建筑的文化历程［M］. 上海：上海人民出版社，2000.
❻陈炎. 海上丝绸之路与中外文化交流［M］. 北京：北京大学出版社，2002.
❼余翰武. 中国园林的山水形式与中国传统哲学思想［J］. 古建筑园林技术，2007（1）.
❽高峰，古艳华. 中西古典园林之差异［J］. 古建筑园林技术，2007（1）.

本章推荐阅读文献

❶高友谦. 中国风水文化［M］. 北京：团结出版社，2004.
❷亢亮，亢羽. 风水与城市［M］. 天津：百花文艺出版社，1999.
❸薛明扬. 中国传统文化概论［M］. 上海：复旦大学出版社，2003.

本章推荐网站

❶https://www.mct.gov.cn，中华人民共和国文化和旅游部网站
❷https://www.ctnews.com.cn，中国旅游新闻网
❸https://www.ms.net.cn/ms/index.asp，中国美术网

第5章

旅游社会文化

【学习目标】

1. 了解各宗教旅游胜地、现代节庆文化、婚俗以及丧葬文化的形式。
2. 熟悉各宗教的起源及发展、中外传统节日、中国传统婚俗观念、以宗法制和官吏制为代表的中国传统政治制度以及西方主要客源国的礼仪习俗。
3. 掌握价值观对旅游的影响、旅游社会文化价值观的分类以及各宗教文化艺术的特点。
4. 掌握中国传统节日文化的起源、中西方政治制度的差异以及中国礼仪文化的起源。
5. 坚定文化自信，热爱中国传统文化。

【知识导图】

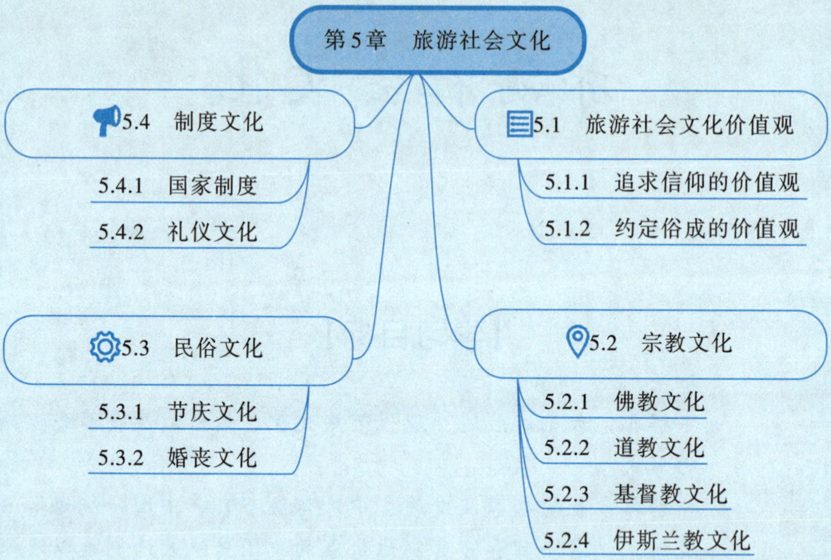
第5章 旅游社会文化
5.1 旅游社会文化价值观
5.1.1 追求信仰的价值观
5.1.2 约定俗成的价值观
5.2 宗教文化
5.2.1 佛教文化
5.2.2 道教文化
5.2.3 基督教文化
5.2.4 伊斯兰教文化
5.3 民俗文化
5.3.1 节庆文化
5.3.2 婚丧文化
5.4 制度文化
5.4.1 国家制度
5.4.2 礼仪文化

引例

旅游的社会文化功能

大众旅游时代已然到来，旅游与现实生活不再是两个并行的世界，旅游已经成为从生活质量角度衡量社会发展水平的重要指标，旅游对社会系统产生的影响也逐渐显现。

发展旅游能有效促进欠发达地区的社会发展。旅游业被普遍认为是消除贫困和实现可持续发展的一个关键因素，基于此，世界旅游组织专门成立了可持续旅游扶贫基金会。旅游业对落后地区社会发展的促进作用主要表现在以下三个方面：一是有效突破内卷化，即发展旅游能突破落后地区传统单一的产业结构，促使其从一个以农业为核心的产业结构向三产制衡的格局发展。二是打破锁定效应，即旅游作为一个外生变量，会带来相关政策扶持效应、外来资本、外来人口及其异质性思维等生产要素。三是增权效应，即发展旅游会形成新的社会分层和社会结构，提升妇女的家庭地位，增强居民的社区义务感和责任感，增加新的生活元素等。我国多数贫困地区位置偏远，传统产业发展潜力有限，但旅游资源往往较为丰富，因此可以通过发展旅游业消除贫困。

旅游能成为促进民族融合和社会稳定的黏合剂。民族团结是民族工作的重点。习近平总书记在第二次中央新疆工作座谈会上指出，要加强民族交往交流交融，推动建立各民族相互嵌入式的社会结构和社区环境。旅游业是以人为本、改善民生、提高人民生活质量的产业，是以跨区域人员流动和交往为主体内容的休闲活动。发展民族旅游，不仅能让老百姓富裕起来，而且能让不同民族的百姓在旅游社区有更多生活上的交集。有了生活上的交集，自然就有思想观念上的交集，彼此之间就会形成和谐稳定的关系。

旅游对消除偏见、传递国家形象和提升国家软实力有突出作用。旅游是世界服务贸易往来的主要内容，也是传播文明、交流文化、增进友谊的桥梁。通过旅游服务贸易“走出去”“请进来”，是让全世界了解中国、建立友谊与达成合作的有效途径。中华人民共和国成立初期，我国曾通过“政治接待”让外国人认识中国、了解中国。改革开放后，入境旅游起到了创收外汇、交流文化和增进友谊的作用。如今，我国通过出境旅游来推动中国企业走出去、中国文化走出去、中国外交走出去，向世界传递中国和平友好的信息，积累形成世界市场上的中国实力。

旅游能显著提升国民素质，促进文化传承和社会再发展。旅游是一种移动的文化碰撞，对旅游主体和客体来说都是一场思想盛宴。本地居民通过与游客交往看到了不一样的世界，眼界变得更加开阔。外来游客通过旅游活动看到了别开生面的异地风情，增加了学识，提高了修养。发展旅游还能有效推动文化遗产保护和传统文化传承，一些已经或濒临消逝的习俗在旅游带来的商业滋养下呈现出了新的价值和活力。旅游还具有促进社会再发展的功能。旅游作为一种高级精神需求，能较好地满足人们“求新、求知、求乐、求闲”的心理需求，从而促进社会再发展。

资料来源　唐晓云. 旅游的社会文化功能及其实现［N］. 光明日报，2015-01-11（7）.

5.1 旅游社会文化价值观

在线课堂5-1

旅游社会文化价值

价值观是一定社会中的人们所共同持有的区分好与坏的根本看法，是对某类事物是否具有价值以及具有何种价值的根本看法，是人类特有的应该希望什么和应该避免什么的规范化简介，表达主体对客体的态度。[1]从价值观的主体角度考虑，它既是一种个体现象，也是一种社会现象，还是一种文化现象。关于旅游与社会文化价值观的关系，我们可以这样理解：首先，旅游作为人类的一种行为，是价值观的体现。旅游者在旅游之前都会有一个价值判断过程，旅游者会思考一系列问题，如旅游这一行为是好还是坏，旅游这一过程是否值得我们花费时间和精力成本，旅游到底会给我们带来什么等。虽然这一价值判断未必深刻，但它是旅游者头脑中认知结构和图式的体现。其次，价值观引导旅游行为。价值观对旅游行为的影响相当深刻，不仅影响个人旅游态度的形成、旅游方式的选择、旅游目的地的选择，而且直接影响旅游者对满意度的感知，具有不同价值观的旅游者在旅游行为上也会有很大的差异。最后，旅游行为可能改变旅游者以及目的地居民原有的价值观。虽然对于旅游是文化活动还是经济活动的问题仍在争论之中，但旅游所体现的文化性不容置疑。旅游对旅游目的地居民价值观的影响早已受到人们的关注，实际上，旅游同样影响着旅游者的价值观。旅游者在与本地文化相异的文化场所中，必然会受到旅游目的地文化的影响。当旅游目的地的环境迫使旅游者为了一个重要目标而改变自己的表面行为时，价值观的改变已经悄然开始，虽然这只是一个很小的改变或只是权宜之计。

旅游社会文化价值观大体上有两种：一种是追求信仰的价值观；另一种是约定俗成的价值观。

5.1.1 追求信仰的价值观

信仰是指人们对一定的世界观、人生观、价值观等的信奉和遵循，是统摄其他一切意识形态的最高意识形态，是人类特有的心理现象。康德把信仰划分为实用信仰、道德信仰和宗教信仰三个层次。实用信仰是人对日常物质生活领域行为目的的超越性把握，道德信仰是人对社会生活领域人与人之间及人与社会之间关系状态或目的的超越性把握。如果说实用信仰更多地依附于人的物质生活，那么道德信仰则完全进入了人的精神生活领域。就人的现实生活而言，处理人与自然的物质性关系和处理人与人之间的社会关系是人的最基本的活动，因此实用信仰和道德信仰构成了人类世俗信仰的两个基本层面。宗教信仰作为影响最为深远的价值观最为人们所关注，也是人们研究得最多的领域。

---

① 杨德广. 中国当代大学生价值观研究［M］. 上海：上海教育出版社，1997.

按照著名人类学家斯皮罗教授的观点，人类的宗教信仰大体上有三项重要的功能，即生存功能（adaptive function）、整合功能（integrative function）和认知功能（cognitive function）。生存功能是帮助人类克服种种生活上及心理上的挫折、困难、恐惧、不安等，借信仰的力量获得安定、安心与安全；整合功能就是借共同信仰巩固团体的凝聚力，整合社会的组织力，发挥人类社会群体关系的至高境界；认知功能则是解开人类对于终极意义的困惑，提供对人生、宇宙、存在与道德等根本问题的解答。

中西方文明在长期的发展过程中，形成了各自不同的宗教信仰。中国的宗教信仰以佛教和道教为主；西方的宗教信仰以基督教和伊斯兰教为主。东方特别是中国的宗教信仰更多体现在对现世生活的热爱上，具有人本的价值尺度；西方的宗教信仰表现出了对超越的彼岸世界的向往，在价值观上是以神为本的。此外，中国宗教崇拜有源自儒家传统的三皇、五帝等祖先崇拜，有道教的三清、四御等神仙崇拜，有佛教的三世佛、四大菩萨、四大金刚或天王等神佛崇拜，多元宗教彼此并存不悖。西方人在信仰基督教之前，大多信仰多神教，基督教的一元上帝观改变了西方的多神信仰，基督教宣扬一神、一主、一信、一教的神学信条，把上帝的权能推向了无限的领域。

5.1.2 约定俗成的价值观

每个人的成长都是从自然人向社会人转变的过程。人从出生起便受周围环境的影响，社会、文化、群体、民族、家庭等都深深影响了个人价值观的形成。虽然价值观的个人主观性相当明显，但从大范围看，某一个群体必然拥有相对统一的判断美丑、善恶等事物的标准，也就是说拥有共同的价值观，这一共同的价值观也是凝聚这一群体的核心。一个群体共同价值观的形成是一个漫长而复杂的过程，最后其价值观往往以约定俗成的形式固定下来。虽然并无明文规定，但这一群体中的个体都自觉地按照这一价值观来支配自己的行为。

拓展阅读5-1

宗族

中国传统文化影响下的价值观主要有以下三个特点：一是以道德为本位；二是忠君尊上的价值取向；三是以家族为中心。以道德为本位主要是受儒家文化的影响。孔子认为道德是最有价值的，仁者须以德修身，统治者须以德治国。道德本位的典型体现就是重义轻利，在义利关系上强调义为重、利为轻，这种义利观与宗法制结合后派生出了个人利益无条件服从整体利益的社会意识。忠君尊上则是中国宗法制度的产物。中国传统社会以血缘关系为纽带，以血缘亲疏确定行为标准，形成了以封建君主为最高家长的宗法制社会。国家实际上是皇帝个人的“家天下”，皇帝的意志就是法律，人们只能绝对服从，否则便是不忠，“忠”也是其中的核心观念。宗法制的另一个产物就是中国人以家族为中心的价值取向，其中又以“孝”为核心。孝最初的观念是子女对父母的侍奉和赡养，随着封建家族制度的建立，其中又加入了子女对家长必须无条件地听从，这反映了家庭、家族中的等级观念。传统价值观中的一部分是中国文化的宝贵财富，但也有一些是封建制度遗留的糟粕，我们应该对传统价值观批判地继承。

以逻辑为基础的西方最高的价值观是个人自由，其文化源头是神学。它肯定个人与生俱来的生命、自由、私有财产等权利，认为社会的一切权利都来源于个人对自己生活的基本权利。资本主义的价值观表现在社会制度和社会规范方面，即资本主义国家重视政治体制建设和完善法律、道德等规范，追求平等。总之，理性主义、个人主义、自由主义和平等主义是西方价值观的典型特征。

5.2 宗教文化

宗教是人类社会发展到一定阶段的历史现象，作为社会意识的一种形态，宗教已经渗透到社会文化的各个方面，并且不断影响着人们的思维方式和行为方式。宗教与旅游更是有着密切的联系，教徒出于信仰而自觉前往宗教圣地朝拜，非教徒则被神秘的宗教文化所吸引。宗教促进了旅游的发展，旅游也为宗教文化的发展带来了新的契机。宗教旅游是最古老的旅游形式之一，宗教旅游让更多的人接触甚至接受宗教文化，促进了宗教文化的交流和发展。在我国历史上，影响较大的宗教有佛教、道教、基督教、伊斯兰教，除道教外，其他宗教都是外来宗教，它们共同为中国传统文化的发展做出了巨大贡献。学习宗教文化，对于深刻理解旅游文化甚至中国传统文化都具有重要意义。

5.2.1 佛教文化

1）佛教的起源

佛教起源于公元前6世纪至公元前5世纪的古印度，相当于我国的春秋时期，至今已有2 500多年的历史。据考证，其创始人为乔达摩·悉达多，佛教徒尊称他为释迦牟尼（释迦族的圣人）。释迦牟尼出生于古印度迦毗罗卫国，是国王净饭王的太子。29岁时（一说19岁），释迦牟尼有感于人世生、老、病、死各种苦恼，加上对社会现实的不满，选择出家修道，6年后在菩提伽耶的一棵菩提树下悟得真谛，创立佛教，80岁时圆寂于拘尸那迦。

2）佛教在中国的发展

关于佛教传入中国的时间，目前学术界尚无定论。有人以《列子》中“周穆王时，西极之国有化人来”之说，主张周代已有佛教传入。此外，还有秦始皇时有外国僧人来华传教、汉武帝时已有佛道流通、张骞通西域时“始闻有浮屠之教”等说法，莫衷一是。究其原因，主要在于佛教刚传入中国时并未引起很多人的注意，仅在小范围内流传，并且缺乏明确的史料记载，无法具体考证其时间。但大多数人认为，佛教是在东汉明帝永平年间传入中国。据说汉明帝夜梦一高大金人行于殿庭，并见他项有白光，次日问于群臣，通事傅毅回答：“臣闻西域有神，其名曰佛。陛下所梦，将必是乎。”于是，明帝派遣使者前往西域访求佛法。公元67年，东汉使者同两位印度高僧——摄摩腾和竺法兰回到洛阳，并带回了经书和佛像，汉明帝亲自接待。公元68年，汉明帝敕令在洛阳建造了中国第一个佛教寺院——白马寺，据说是为纪念当时驮载经书、佛像的白马而取此名。摄摩腾和竺法兰还翻译了一部分佛经，相传就是现存的《四十二章经》，它也是中国第一部汉译佛典。

根据传入中国的路线，佛教可分为北传佛教、南传佛教和藏传佛教三大派别。

北传佛教：由印度传入中国大部分地区，再传入日本、朝鲜、印度尼西亚、马来西亚、新加坡等国，教义以大乘佛教为主，经书属于汉文系统。

南传佛教：由印度向南传入斯里兰卡，再传到缅甸、泰国、老挝、柬埔寨等国，后又传入中国云南的傣族、布朗族等少数民族地区，其教义以小乘佛教为主，经书属于巴利文系统。

藏传佛教：属于北传佛教的一支，由印度传入中国西藏地区，与当地本教相结合后再向北传入中国青海等地区，向南传入不丹、尼泊尔、印度北部等地区，经书属于藏文系统。

佛教在中国的发展大体经过三个阶段：

从两汉到魏晋南北朝时期为译传阶段。这一时期，中国先后译出了大量的佛教经典，既有大乘教的，也有小乘教的，但以大乘教的为主。南北朝时期，从广译佛经变为深入研究佛经，随后开始出现独立的佛教学派。

隋唐两代，中国佛教发展进入鼎盛时期。这主要有三个标志：一是寺院林立；二是僧尼众多；三是中国化宗派涌现。中国僧人分别以一定的印度佛教经典为依据，开宗立派，构建了自己的理论体系，形成了三论宗、天台宗、华严宗（贤首宗）、法相宗（慈恩宗）、律宗、净土宗、禅宗、密宗（真言宗）八个主要宗派。这一时期，儒、佛、道三教互相影响，互相融合，佛教终于与中国本土文化融为一体，成为中国文化的一部分。

进入宋代以后，佛教衰退。在中国，儒学一直是正统，佛教一直是儒家思想的补充。宋代程朱理学一面批判佛教的“出世”思想，另一面吸收佛教的心性学说，形成了比先秦儒学更为完善的理论体系，成为官方哲学。佛教只能处于次要、从属的地位。

小资料 5-1　　**宗教旅游**

全世界约有五分之四的人信奉宗教，在有些国家、地区和民族，绝大多数人都是宗教信徒。世界上的宗教组织数以万计，各大宗教无不具有自己的神圣中心，自古就有信徒到圣地朝拜的传统，从而形成了极为壮观的宗教朝圣旅游活动。一些著名的宗教圣地，如麦加、麦地那、耶路撒冷、伯利恒、梵蒂冈等都成了国际旅游业发达的地方，并为当地带来了丰厚的外汇收入。

资料来源　孙浩然. 经验与启示：中国宗教旅游研究二十年［J］. 阿坝师范高等专科学校学报，2013（1）.

小思考5-1

分析提示

小思考5-1

谈谈宗教与旅游的关系。

3）佛教四大名山

（1）五台山

五台山（如图5-1所示）位于山西省忻州市，它由五座山峰环抱而成，五峰高耸，峰顶平坦宽阔，犹如垒土之台，故称五台。五峰环绕五百里，其中以北台最高，有“华北屋脊”之称。北魏孝文帝时，此山就已负盛名。山中寺庙之多之大，居我国名山之首。五台山也是历代皇帝朝拜次数最多的佛山。五台山是文殊菩萨的道场。文殊菩萨在诸菩萨中的智慧、辩才第一，故有“大智文殊”的美名。文殊菩萨的标准像为头顶五髻，手持宝剑，坐莲花宝座，宝座下是一头猛狮，表示指挥的威猛和辩才的锐利。五台山作为文殊菩萨的道场，吸引了各国的佛教徒前来巡礼朝拜。

图5-1　五台山

（2）普陀山

普陀山为浙江舟山群岛之一，孤峙海中，号称“海天佛国”。“普陀洛迦”是梵语，意思是小白花或光明。传说后梁贞明二年（916年），日本僧人慧锷（又译慧萼）请得观世音菩萨像，准备带回日本，途经舟山群岛的一个小岛附近时，遇到风暴而不能前行。慧锷顿时领悟是观世音菩萨显灵不肯东渡，于是下船与当地民众一道在岛上建立了一座寺院供奉观世音菩萨像。经过历代的发展，至清末，普陀山已有3个大寺、88座庵、149个茅棚，寺院都供观世音菩萨像。从此，佛教信徒便认定普陀山是观世音菩萨的道场。观世音是阿弥陀佛的上首菩萨，是“西方三圣”之一。众生遇难时只要诵其名号，观世音菩萨就会闻其声音前往拯救解脱。观世音作为菩萨本无性别，但在南朝后，开始出现女身像。观世音造像众多，各佛教寺院因教派不一样，各自所供的观世音造像也不同。圣观音像是观世音菩萨的标准造像，除此之外还有千手千眼观音造像、十一面观音造像等。

（3）峨眉山

峨眉山（如图5-2所示）位于四川西南部，因山势逶迤，“如螓首蛾眉，细而长，美而艳”，故得名。峨眉山最高峰万佛顶海拔3 099米，就高度而言，峨眉山是佛教四大名山之首。唐代诗人李白有诗赞曰：“蜀国多仙山，峨眉邈难匹。”峨眉山最初盛行道教，东汉时就建有道观，但到了唐代，佛教开始在峨眉山兴盛。峨眉山为普贤菩萨的道场。普贤菩萨常作为释迦牟尼佛的右胁侍出现。唐以前，普贤菩萨多为男身女相，宋以后则多为女身女相。普贤菩萨的标准造像是头戴宝冠，身披法衣，手执如意，坐在莲花宝座上，宝座下是一头六牙白象。佛经中说，白象也是菩萨所化。

图5-2 峨眉山

（4）九华山

九华山（如图5-3所示）位于安徽省池州市境内。由于其山峰耸峙纤细，山顶如朵朵莲花盛开于云海之上，因此九华山又有“莲花佛国”的称号。相传东晋隆安五年(401年)，天竺僧人杯渡禅师来此创建茅庵，此为九华山佛教之始。唐开元年间，新罗（今朝鲜）的王族金乔觉来九华山隐居修身，苦行禅修75年，九十九岁圆寂。3年后开缸时其容颜如生，因其相貌酷似地藏，并且生前笃信地藏，所以佛门弟子纷纷认为他是地藏菩萨转世，于是九华山也成为地藏菩萨的道场。地藏是佛教四大菩萨之一，按佛教说法，地藏菩萨受释迦牟尼佛嘱咐，在释迦牟尼圆寂、弥勒未生之前，全权代理佛陀普度众生。地藏菩萨的造像一般为出家相，比丘装束，左手持宝珠，右手执锡杖。宝珠表示能满足众生的愿望；锡杖表示爱护众生，也表示戒修精严。地藏菩萨的坐骑是一头具虎头、独角、犬耳、龙身、狮尾、麒麟足的瑞兽，名字为“谛听”，谛听的双目神光闪烁，耳朵极为灵敏，能听到世间所有的声音。

图5-3　九华山

4）佛教文化艺术赏析

佛教文化艺术博大精深，主要可分为五大类：佛教建筑艺术（寺庙、石窟、塔、经幢）、佛教雕塑艺术（雕刻、塑像）、佛教绘画艺术、佛教音乐艺术、佛教经籍及佛教文学。本书选取佛教佛塔建筑艺术以及绘画艺术中的唐卡作为佛教文化艺术的代表，希望能起到抛砖引玉的作用。

（1）佛塔

佛塔（又称古塔）起源于古印度，又称“窣堵波”或“浮屠”，原是埋葬佛骨的坟冢，后逐渐演变成佛塔，成为佛教的象征性建筑物。据说最初的佛塔很少，只有佛陀出生地、成道地、说法地、涅槃地等八个地方分别建塔供奉舍利，后来随着佛教的日渐兴盛，塔也越来越多。古印度佛塔有两种：一种是埋葬佛骨舍利的，名为“窣堵波”；另一种是无舍利的，名为“支提”。中国佛塔既受印度佛塔的影响，也受中国建筑艺术的影响，从而形成了具有中国特色的中国佛塔。

中国佛塔种类繁多，根据空间建筑形象的不同可分为：楼阁式塔、密檐式塔、亭阁式塔、覆钵式塔、金刚宝座式塔、花塔、傣族塔等。每种塔都有自己独特的造型特征。

楼阁式塔是由中国传统的阁楼建筑发展而来的一种佛塔形式，也是我国古代建筑中最雄伟高大的一种建筑类型。这类佛塔数量最多、分布最广、历史最悠久、最为常见。唐代以前的楼阁式塔为木结构，唐代以后开始向砖石仿木结构转化。楼阁式塔每层之间的距离较大，一般塔身设有平座、栏杆、挑角飞檐，给人以轻盈飘逸的感觉。

密檐式塔的主要特征为：第一层塔身特别高大，其上每层之间的距离特别小，层层塔檐紧密相叠，塔身以上各层均无门窗、柱子等楼房结构。河南登封的嵩岳寺塔是我国现存最早的密檐式塔，也是我国唯一的十二边形塔，有“中国第一塔”的美称。

亭阁式塔是中国传统亭阁与印度艺术相结合的产物，塔身为方形、六角形、八角形或圆形的小亭阁，一般是单层塔，结构简单，便于修造。亭阁式塔在唐代以前比较盛行，唐代以后较少见，宋代以后便衰落了。

覆钵式塔是藏传佛教的一种独特的建筑形式。覆钵式塔的典型特征是塔身为一覆钵形的窣堵波，俗称塔肚子，塔的外壁通常刷白。著名的覆钵式塔有北京妙应寺白塔、扬州瘦西湖莲性寺白塔等。

金刚宝座式塔是供奉金刚界五佛的塔，所以金刚宝座式塔总是以五塔的形式出现。塔身上常有佛、菩萨、罗汉、天王、佛的足迹、菩提树、花瓶、莲花等图案。现存的金刚宝座式塔大多是明代以后修建的。

花塔是中国古塔中出现较晚的一种形式，是在具有中国特色的亭阁、楼阁和密檐式塔的基础上借鉴印度、东南亚佛塔的雕刻艺术发展起来的一种古塔形式。塔身的上半部有各种繁杂的装饰，看上去好像一把巨大的花束，所以被称为花塔。装饰的内容有佛、菩萨、天王、力士，以及狮、象、龙等动物形象和其他花饰。

傣族塔是傣族佛教徒建造的塔，受缅甸寺塔建筑风格的影响。

(2) 唐卡

佛教绘画分为两大类，即壁画和帛画。唐卡是藏传佛教的作品，是用彩缎织物装裱成的卷轴画。唐卡内容繁多，既有多姿多态的佛像，也有反映藏族历史和民族风情的画面。唐卡构图严谨、均衡、丰满、多变，画法以工笔重彩与白描为主。唐卡的内容绝大部分是宗教方面的，也有少量取材于社会历史、世俗生活及医学、天文等方面，大致可归纳为以下十二类：佛，菩萨，女性尊者，罗汉，宗护法神，教派祖师，教理、教规，神话传说，历算、医药，历史故事，古寺建筑，宗教图案。

唐卡是藏文化的精华，它融汇了中西方绘画技巧，使象征主义和浪漫主义得到了完美结合，将神秘莫测的宗教文化与世俗技艺结合得天衣无缝，是我国少数民族绘画艺术中最富民族特色的文化遗产之一。

5.2.2 道教文化

1) 道教的起源及发展

在线课堂5-2

道教文化

道教是我国土生土长的宗教，其思想渊源主要有三个方面：一是古代宗教和神仙传说。中国古代盛行自然崇拜和鬼神崇拜，道教对民间信仰的神灵不断进行吸收和改造，最终形成了自己的信仰体系。二是老庄哲学。道教在理论上紧紧依托于道家，原因之一就在于道家崇尚“道”，把“道”作为天地万物的本源。“道”无具体形象，且被神秘地宣扬为有无限威力的至上神。道家的“无为”“超脱尘世”等观点逐渐被演绎成道教的宗教人生观。东汉后期，黄老道家学说的一支与神仙家结合，使道教与道家的联系更为紧密，道家思想成为道教的思想渊源之一。三是阴阳五行思想。五行学说是中国古代产生的朴素唯物主义思想，认为“金、木、水、火、土”是构成世界的最基本的物质元素。汉代，五行学说产生了占星术，把天、地、人三界联系到了一起，十分流行。道教从中摄取思想精华，不断丰富自已，逐渐形成了一套完整的宗教教义。

道教有两个道派：一个是五斗米道，创立于东汉顺帝时期（126—144年）；另一个是太平道，创立于东汉灵帝时期（168—189年）。五斗米道由沛国丰人张道陵创立，它规定入道者必须出五斗米，因而得名，又因道徒称张道陵为天师，故又称天师道。太平道由黄巾起义领袖张角创立，在黄巾起义失败后慢慢销声匿迹。

魏晋南北朝是道教最后完成宗教形式并获得充分发展的时期，这一时期，道教由民间组织逐渐变为官方承认的正统宗教。魏晋时，五斗米道内部分化为两个部分，一部分仍流行于民间，另一部分则向上层发展。民间部分与东晋王朝势不两立，最后慢慢消亡。向上层发展的部分以葛洪为代表，他提出了“儒道双修”的主张，把神仙方术与儒家的纲常礼教相结合。南北朝时期，道教日趋成熟。北天师道由五斗米道向北方发展而形成，天师为北魏嵩山道士寇谦之，他对道教的改革合乎时宜，受到了北魏朝廷的支持。南天师道的代表人物为陆修静和陶弘景，他们完善道教制度，融合佛、儒家观点，创作了不少道书和丹书，对道教发展做出了巨大贡献。南天师道的创立标志着道教已形成了完备的形态，完成了向官方化的转变，步入了它的昌盛时期。

拓展阅读5-2

孙思邈

从隋唐到明代中叶是道教发展的鼎盛时期。这一时期创立了系统化的道教哲学体系，也成立了全国性的管理体制和道宫系统，组织已经相对完善。唐朝皇帝自称是老子的后裔，奉行崇道政策；宋朝皇帝仿效唐代，宋真宗加封老子为“太上老君混元上德皇帝”，宋徽宗自称为教主道君皇帝，亲自为多种道教经书做注解。这一时期，道士人数剧增，道观规模日益扩大，经书汇编成藏，著名道士和道教学者不断涌现，如孙思邈、吕洞宾等。

明代中叶以后，道教由于缺乏严格的逻辑论证，过分追求神秘化，那些灵魂不死、升仙的观念也难以在现实中得到验证，因此逐渐失掉人心，统治者也采取了重佛轻道的政策。到清朝时，道教已是日薄西山，到近代更是每况愈下，只在民间还有一些影响。

2）道教名山

（1）龙虎山

龙虎山（如图5-4所示）位于江西省鹰潭市西南20千米处，是道教创始人张道陵的子孙世代居住之地。唐、宋时，龙虎山统领江南道教，成为中国道教的传播中心。在最兴盛时期，龙虎山建有10座道宫、1处道观、836座道院，其中以上清宫规模最大。龙虎山作为道教圣地，在道教界备受推崇，朝圣者、观光者络绎不绝。

图5-4 龙虎山

(2) 武当山

武当山位于湖北省十堰市境内，是道教七十二福地之一。武当山的自然风光以雄为主，兼有险、奇、幽、秀等多重特色。环绕其周围的群山，从四面八方向主峰倾斜，形成了独特的“七十二峰朝大顶，二十四涧水长流”的天然奇观。武当山被誉为“亘古无双胜境，天下第一仙山”。武当山以宏伟的建筑规模著称于世。其古建筑始建于唐，宋、元、明、清均有修建，在明代达到鼎盛，共建有33座建筑群，面积达100余万平方米；历经数百年沧桑，至今仍存有近5万平方米。整个建筑按照“真武修仙”的道教故事，采取皇家建筑法式，统一设计布局。建筑群规模的大小、间距的疏密都恰到好处，因山就势，错落有致，前呼后应，布局巧妙，或建于高山险峰之巅，或隐于悬崖绝壁之内、深山丛林之中，体现了建筑与自然的高度和谐，达到了“仙山琼阁”的意境，犹如我国古建筑成就的展览。1994年，武当山古建筑群被列入《世界遗产名录》。

(3) 青城山

青城山位于四川省都江堰市西南，是我国道教的发祥地之一。东汉顺帝时期，道教创始人张道陵在此山设坛传教，青城山逐渐发展成道教圣地。青城山为道教第五洞天，被称为“宝仙九室之天”。极盛时全山有道教宫观70余座，现尚有遗迹38处。主要景点有建福宫、天然图画坊、天师洞、祖师殿、朝阳洞、上清宫，以及金鞭岩、石笋峰、丈人山等，其中，天师洞和祖师殿为道教全国重点宫观。“青城天下幽”的美名起源于唐代诗人杜甫“自为青城客，不唾青城地。为爱丈人山，丹梯近幽意”的优美诗句。唐代诗人岑参、钱起、贾岛，宋代诗人陆游、范成大，清代诗人黄云鹄，以及近代书画家谢无量、张大千、于右任等都在这里留下了许多珍贵的墨迹。

(4) 齐云山

齐云山位于安徽省休宁县城西15千米，与黄山相望对峙，是我国道教名山。齐云山的道教文化历史悠久，它始于唐，兴于宋，全盛于明，至今仍香火不断。

3) 道教文化艺术赏析——道教建筑

道教建筑是我们在旅游过程中接触最多的道教文化之一，它具有独特的建筑布局、建造技术、装饰手法、艺术风格，并蕴含着深刻的艺术哲学。道教建筑因其独特的文化艺术而逐渐受到旅游者的青睐。

道教建筑是指道教用来祭神、修道、传教以及举行祝祷祈禳仪式的建筑物，唐宋以后规模较大的道教建筑有宫或观。道教建筑的格局一般由神殿、膳堂、宿舍、园林四部分组成，布局多采取中国传统的院落式，以木构架为主要结构，以"间"为单位构成单座建筑，以单座建筑组成庭院，以庭院为单元组成各种形式的建筑群体。神殿位于建筑群的主要轴线上，是整个建筑群的主体，也是举行宗教活动的主要场所。道教宫观庙宇的建筑格局不像佛教建筑那样规定严格，很多建筑利用附近的古迹和地形来建造楼、阁、台、亭等，使宫观带有园林味道，使人在庄严肃穆中体会到清新恬静之感。道教建筑通常还讲究与多种艺术形式如壁画、雕塑、书画、诗文、碑刻、园林等的融合，因此具有较高的文化水准和多彩的艺术形象。

道教建筑的藻饰，一方面鲜明地反映了道教追求吉祥如意、羽化登仙的思想；另一方面体现了中华民族的民俗心理，如描绘日、月、星、云等寓意光明普照，描绘松柏、灵芝、龟、鹤、麒麟、龙、凤等象征长生、不老、辟邪、祥瑞等。在器具、建筑物的装饰上还可以看到福、禄、寿、喜、吉、天、乐等字样。

道教建筑的总体布局、装饰以及用色等还有一个特点，就是承袭了中国古代的阴阳五行学说，其中，季节、方位、色彩的配置与道教建筑的关系极其密切。例如，北京白云观的建筑就是根据八卦方位布局的，以子午线为中轴，主要建筑分东、中、西三路和后花园。宫观的装饰、图案、花纹十分古朴，具有道教清净素雅的特有风格，游客可以从中直接体验道教的哲理和境界。

道教有名的宫观有：北京白云观、陕西周至楼观台、苏州玄妙观、广东罗浮山冲虚古观、成都青羊宫等。

5.2.3 基督教文化

1) 基督教的起源

基督教起源于公元1世纪前后的巴勒斯坦地区，最初是犹太教的一支。随着基督徒社团范围的不断扩大，越来越多的外邦人加入了基督徒社团，并占得多数，基督教便渐渐从犹太教中分离出来，成为一种独立的宗教。基督教的经典是《圣经》，《圣经》包括《旧约》39卷和《新约》27卷。《旧约》是《圣经》的第一部分，原文为希伯来文；《新约》是《圣经》的第二部分，原文为希腊文。

基督教在其历史发展过程中形成了三大派系：

（1）天主教

天主教的全称为“罗马天主教会”，亦称“罗马公教”。天主教的所有教徒必须接受纯正的信仰内容，其宗教活动仪式和装饰隆重而庄严。天主教会实行以罗马教皇为首的中央集权制，具有统一的教义、组织制度和礼仪，教会内部不允许有任何非组织的活动。

（2）东正教

东正教信奉上帝、耶稣和圣母马利亚，但不承认罗马教皇的权威。东正教具有明显的保守性，恪守古代基督教会的教义和礼仪，神秘主义色彩很浓，强调隐修、禁欲、与世隔绝。东正教力量分散，各自独立为教会，教会各自发展实力，形成了多个中心。

（3）新教

新教亦称“抗议宗”或“抗罗宗”，我国把新教称为“基督教”或“耶稣教”。新教废除了天主教的教阶制度和烦琐的宗教仪式，对教义、礼仪、组织形式都做了不同程度的改革，使基督教适应了新兴资产阶级的需要。新教的教堂简朴，只以十字架为标志，崇拜上帝和耶稣，不承认罗马教皇的权威，不信奉圣母马利亚。

2）基督教在中国的发展

基督教在中国的发展是一个漫长而曲折的过程。基督教先后四次传入中国。基督教第一次传入中国是在唐朝。大秦景教流行中国碑上记载，基督教的一支“景教”于唐朝传入长安。基督教第二次传入中国是在元朝。元朝政府对宗教采取宽容态度，使基督教再次兴起，当时，人们把在中国的基督教各派统称为“也里可温教”。由于信徒大多是贵族和朝廷官吏，在民间流传不广，因此随着元朝的结束，也里可温教也逐渐消失。基督教第三次传入中国是在明朝中叶。第一位到东方传教的是方济各·沙勿略，他受葡萄牙国王派遣，以罗马教皇使者的名义来华传教。在方济各·沙勿略死后30年，意大利传教士利玛窦真正打开了中国的大门，他在广东肇庆建立了第一个传教驻地，奠定了基督教在中国传播的基业。基督教在中国的第四次传播始于鸦片战争时期。清朝在不平等条约的压制下被迫取消传教禁令，教会势力迅速膨胀。至19世纪末，基督教在中国已建成五大传教区，发展教徒70多万人。

3）基督教文化艺术赏析——教堂艺术

一般认为，2世纪下半叶或3世纪上半叶就有基督教艺术的存在，它在形式上受古希腊-罗马艺术的影响。基督教的艺术表达，无论是时间艺术之最的音乐，还是空间艺术之最的建筑，都是围绕着布道活动逐渐发展起来的。基督教的艺术，特别是中世纪基督教的艺术，在神学思想的直接影响下，更加注重的不是人的艺术创造和个人自由，而是如何艺术地表达出人对上帝的信仰，因此基督教的艺术具有形象性的启示与体验性的接受双重特征，它在进行宗教预言的艺术表达之中唤起宗教热情，在宗教热情的艺术表达之中坚守宗教信仰，从而在理性与感性趋于和谐的宗教虔诚之中进行对天国的理想性追求。基督教教堂的建筑形式主要有三种：罗马式、拜占庭式、哥特式。

罗马式教堂盛行于9—12世纪，是欧洲中世纪早期最主要的教堂建筑风格。它的建筑特色主要表现为厚实的外墙、狭小的窗户、半圆形的拱门、低矮的圆屋顶、逐层挑出的门框等。罗马式教堂给人一种敦实厚重、均衡安稳、力度饱满、结构完整的美感体验。教堂在外观上构成十字架形，以象征其宗教信仰。法国勃艮第克吕尼修道院是罗马式教堂的杰出代表，其他著名的罗马式教堂有意大利的比萨大教堂、法国的圣艾蒂安-迪蒙教堂、德国的美因茨大教堂等。

拜占庭式教堂是从东罗马帝国（即拜占庭帝国）发展起来的教堂建筑风格。它融合了东西方的传统艺术，继承了罗马式教堂空间宏大的特点，更强调情绪效果。例如，采用圆形穹隆屋顶，象征上帝君临天下的最高权柄和苍穹对人类的庇荫；中心式封闭的教堂营造出人在上帝怀抱之中的感觉。土耳其的圣索菲亚大教堂是典型的拜占庭式教堂。

哥特式教堂首先在法国出现，其特点是高耸，用尖拱代替圆拱，墙壁较薄，层叠的窗户占墙面的面积很大，窗框的形状也呈现多样化的特点，建筑物以细圆柱支撑。高高的塔楼加上锥形尖塔，把人们的视线引向高空，彩色玻璃画窗是哥特式教堂的共同特点。哥特式建筑总体上给人一种至高无上的感觉和浓厚的宗教气氛。法国的巴黎圣母院大教堂、意大利的米兰大教堂和德国的科隆大教堂都是典型的哥特式教堂。

5.2.4 伊斯兰教文化

1）伊斯兰教的起源

伊斯兰教是与佛教、基督教并列的世界三大宗教之一，7世纪初产生于阿拉伯半岛。“伊斯兰”一词本义为“顺从”“和平”，指顺从真主的意志。伊斯兰教的创传人为穆罕默德，伊斯兰教主要传播于亚洲、非洲。

《古兰经》是伊斯兰教的根本经典，阐述伊斯兰教的基本教义和制度，是穆斯林世俗生活和宗教生活的行为准则，千百年来一直影响着伊斯兰国家的经济、政治与传统文化。《圣训》是穆罕默德传教、立教的言行记录，也是对《古兰经》基本思想的阐释。

2）伊斯兰教在中国的发展

伊斯兰教于唐永徽二年（651年）传入中国，路线有两条：一条是丝绸之路（陆路），经波斯（今伊朗），过天山南北，穿过河西走廊，进入中原；另一条是香料之路（水路），经印度洋，到天竺（今印度），经马六甲海峡，到我国东南沿海的广州和泉州等地。

唐朝时，人们对伊斯兰教有了一定的了解。宋朝时，信仰伊斯兰教的人数明显增加，伊斯兰教有了初步的发展。元朝时，伊斯兰教在中国发展迅速，信徒开始遍及社会各个阶层，并逐渐进入统治者行列。此外，伊斯兰教国家与中国西部边境文化交流频繁，也促进了伊斯兰教在中国的发展。明朝时，穆斯林大多退回漠北，社会地位低下，不久就出现了一个新的民族共同体——回族。到了清朝，伊斯兰教有了进一步的发展。

3）伊斯兰教文化艺术赏析——中国清真寺

清真寺是伊斯兰教建筑的主要类型，它是穆斯林举行宗教仪式、学习宗教知识、庆祝节日的场所，对穆斯林来说具有重要意义。清真寺传到中国后与中国的传统文化艺术相结合，形成了具有中国特色的伊斯兰建筑艺术——中国清真寺，中国清真寺从形制上可分为两类：回族清真寺和维吾尔族清真寺，本书以回族清真寺作为赏析对象。

回族清真寺吸收了汉族传统建筑艺术的特点，采用汉族建筑的院落式布局，组成封闭式的院落，并沿中轴线有次序、有节奏地布置若干间四合院，同时大量运用中国特色的小品建筑，如牌楼、影壁、砖门楼等，从而使回族清真寺建筑烙上了中国传统文化的印记。回族清真寺的一项重要创新在于大殿的屋顶组合。由于一般礼拜殿的空间纵深很大，同时要解决采光与防雨的问题，因此回族礼拜殿多为组合式坡屋顶，多者可达五座屋顶勾连相接。这种形制的实例很多，如北京牛街礼拜寺、宁夏韦州清真大寺、宁夏石嘴山清真寺、山东济宁西大寺等，有的清真寺还建有高峻的亭阁以体现其华美。

建筑装饰也是回族清真寺的鲜明特点之一。不少清真寺成功地将伊斯兰装饰风格与中国传统建筑装饰手法融会贯通，既突出了伊斯兰教的特点，又不乏中国的传统装饰。例如，北京牛街礼拜寺的隔断采用中亚形式的尖拱券及阿拉伯文字图案的券边，同时券身上还布满了沥粉贴金的缠枝西番莲图案，从而将两种不同文化成功融合在一起。回族清真寺也受到了中国传统造园思想的影响，大多数清真寺都具有明显的庭院风格，寺院内遍种花草树木，设香炉、鱼缸，立碑悬匾，堆石叠翠，掘地架桥，大有“小桥流水”的园林风味，具有浓厚的生活情趣。

小资料 5-2　　**朝圣与旅游**

有旅游学家提出了“旅游是一种现代朝圣”的观点，其认为，“现代人外出旅游是因为他们感到自己与生活的世界越来越‘疏离’。他们想离开和摆脱这个世俗的世界，到外面去寻求一种更真实的、属于自己的心灵家园”。

资料来源　张晓萍，李伟．旅游人类学［M］．天津：南开大学出版社，2008.

小思考 5-2

你怎么理解朝圣与旅游的关系？

小思考 5-2

分析提示

5.3 民俗文化

民俗反映了不同民族、不同国家的政治、经济、文化生活，民俗文化是以民间文化和民俗风情为主体的民族民间的物质上、精神上和制度上的传统。民俗相对于法律来说，是一种软性的控制，被人们称为“不成文习惯法”。

启智润心 5-1　　非遗是各族人民宝贵的精神财富

站在2019中国非遗年度人物的舞台上，身着天蓝色蒙古族服饰的85岁格萨（斯）尔国家级代表性传承人金巴扎木苏格外精神。老人特意拿出跟随他70年的四胡即兴表演了一段《格萨（斯）尔》说唱。琴声轻缓低沉，可他一开口，洪亮的声音便喷薄而出，气势磅礴，穿越时空，仿佛还原了格萨尔的精气神。

丰富多彩的非物质文化遗产是中华优秀传统文化的重要组成部分，是我国各族人民宝贵的精神财富，代表着中华民族独特的精神标识和身份认同。加强非遗保护、传承、传播，对于弘扬中华优秀传统文化，培育社会主义核心价值观，坚定文化自信，增进民族团结，维护人类文化多样性和创造力，具有十分重要的意义。

这次当选2019中国非遗年度人物的藏族唐卡（勉萨画派）国家级代表性传承人罗布斯达和新疆维吾尔木卡姆艺术（十二木卡姆）自治区级代表性传承人依力哈木·热依木都有自己的传承故事，都代表了少数民族非遗传承保护的最新成果。

从小喜欢绘画的罗布斯达不断学习唐卡艺术，最有收获的是他曾“面壁”十年，在布达拉宫修复壁画，工作时的光线很昏暗，他的内心却被唐卡艺术照亮。一幅0.33平方米的唐卡上有400多个栩栩如生的人物形象，他一笔一画地修复传统壁画，一点一滴地吸收文化营养。如今，除了自己创作唐卡，他还培养了300多个徒弟，并且在西藏大学带研究生深入研究唐卡艺术。

打着手鼓唱着歌，会场成为欢乐的海洋。依力哈木·热依木说，木卡姆艺术像空气一样，离不开平常的生活，从2005年入选联合国教科文组织的非物质文化遗产名录后，我国就签署了保护传承的承诺书，“每次我看到承诺书，都感觉自己有责任对传承人进行培训，让木卡姆艺术装点美好生活”。

每个少数民族都有自己的灿烂文化，这些文化共同构成了我国多彩的文化大花园。

资料来源　张玉玲. 守护非遗　筑牢中华民族共同体意识［N］. 光明日报，2020-01-03（9）.

5.3.1 节庆文化

中国传统节庆文化自先秦发端，至今已延续了数千年，仍留存着人类独特的文化记忆，如春节、元宵节、清明节、端午节、中秋节、重阳节等。在中国漫长的农耕时代，传统节日对人们的社会心理、价值观念、道德标准、审美特性及民族精神产生过重大而深远的影响，发挥着融合民族情感、形成文化共识、积淀社会文化等作用。

1）中国传统节庆文化的起源及分类

中国古人把一年分为12个月。在这12个月里，人们按照气候的变化情况，编制了“二十四节气”。“节”是对岁时的分节，古人把两个节气相交的日子定为交节，由此转成节日。随着时间的推移和人们生活水平的提高，为感谢上天的恩赐，人们在这些特定的日子里举行祭祀仪式，开展各种文娱活动，节庆应运而生。

中国传统节庆文化根据其性质或目的大致可以分为五大类：第一类是生产类节庆。一年中最早出现的农事生产类节庆是立春，立春本是二十四节气中的一个，后来演变为一个重要节日，在立春这一天要“鞭打春牛”和张贴“春牛图”。第二类是宗教祭祀类节庆，主要是指与祭祀神灵、祭奠祖先、祈禳灾邪、驱恶避瘟等信仰习俗相关的节日。例如，海南岛黎族的稻公稻母祭日，就是把农事节日与祭祀谷神、祖先结合起来的收获节。又如，祭祀“敖包”是蒙古族传统的盛大的节日活动。第三类是纪念性节日，主要是指追念民族英雄以及地方历史上受崇拜的人物的活动。例如，每逢端午节，人们会举行纪念屈原的活动，从这个角度看，端午节也是纪念性节日。第四类是庆贺类节庆，主要是指以喜庆丰收、祝愿平安幸福为主题的节日活动。各民族的“年”节，就属于这一类。第五类是社交、游乐类节庆。这类节庆的主要内容是通过歌舞游艺活动进行社交往来。各民族的传统歌节、歌会、歌圩活动都属于这一类。

2）中西方传统节日文化

世界各国、各民族因文化的不同，都有各自不同的节日。我国传统的节日有春节、元宵节、清明节、端午节、中秋节、重阳节等；少数民族的传统节日有蒙古族的那达慕大会、彝族等少数民族的火把节、傣族等少数民族的泼水节、白族的三月节、壮族的歌圩节、苗族的花山节、藏族的雪顿节等；西方的传统节日有圣诞节、复活节、开斋节、古尔邦节、圣纪节等。

（1）春节

春节俗称新年，是中华民族最隆重的传统节日。关于“年”的来历，有一个古老的传说。相传古时候有一个叫“年”的怪兽，头长尖角，凶猛异常，一直深居海底。每到除夕，它就会爬上岸，来到村子里吞食牲畜、伤害人命。因此，每到除夕这天，人们就会逃往深山，以躲避“年”兽的伤害。有一年除夕，从村外来了一位白发老人，他坚持要留在村子里过除夕，并说他一定能将“年”兽驱走。众人见劝他不住，便纷纷上山躲避去了。当“年”兽像往年一样准备闯进村子肆虐的时候，突然传来了爆竹声，“年”兽浑身战栗，仓皇而逃，原来它最怕红色、火光和炸响。第二天，当人们从深山回到村子时，发现村里安然无恙，这才恍然大悟，原来白发老人是帮助人们驱逐“年”兽的神仙，同时人们还发现了白发老人驱逐“年”兽的三件法宝。从此，每年一到除夕，村里家家都贴红对联，燃放爆竹，户户灯火通明，守更待岁。关于春节还有一种说法，即春节源于原始社会末期的“腊祭”，当时每逢腊尽春来，先民便杀猪宰羊，祭祀神鬼与祖灵，祈求新的一年风调雨顺，免去灾祸。人们用朱砂涂脸，身披鸟羽，唱跳吃喝，热闹非凡。

从节日的形成和发展来看，春节是具有浓厚农事祭祀色彩的重要纪念日。文献中记载，周朝以前就有春节庆贺活动，宫廷的庆祝活动称为“朝正”，民间的庆祝活动则更多地融入了娱乐的性质。春节流行于全国各地，汉、蒙古、壮、布依、朝鲜、满、侗、瑶、白、纳西等民族都过此节日，只是各民族庆祝该节日的方式有所差异。汉族庆祝春节的活动从除夕开始，子时开门放炮，之后拜神祭祖，清晨家人依次行拜年礼后吃早餐。不同的地区早餐的内容不一样，有的吃年糕，有的吃头夜剩下的饭菜，北方人则吃饺子，取“更岁交子”之意。拜年也是春节的一项重要活动，随着时代的发展，打电话拜年、发微信拜年、发电子邮件拜年都成为时尚。少数民族的春节庆祝活动则各有特色。

(2) 元宵节

元宵节始于汉朝，又称上元节、灯节，时间为每年农历正月十五。元宵节放灯的习俗也始于汉朝，相传是为了祭祀太一神。元宵节有吃汤圆、观花灯、舞狮子、踩高跷、扭秧歌、猜灯谜等活动。

(3) 清明节

清明是二十四节气之一，是典型的由农事转变为祭祀的节日，时间为每年公历4月5日前后，因处于仲春与暮春之交，天地生机一片又显得“清净明洁”而得名。将清明节定位为祭祀节日始于唐代。唐宋时期，由于家族文化的兴盛以及人们对孝道的推崇，因此清明被定为祭祖的日子。唐玄宗还亲自定下了清明祭奠祖先的仪式。在古代，清明节还有插柳枝的习俗，后来演变成在这一天植树。

(4) 端午节

端午节又称正阳节、龙舟节，时间为每年农历五月初五。关于端午节的起源，各说不一。闻一多考证为龙图腾崇拜民族的祭祖日，也有人认为端午节起源于纪念伍子胥，但流传最广的还是为了纪念爱国诗人屈原。人们在这一天赛龙舟、吃粽子（自晋代开始盛行）、挂艾叶、挂菖蒲，这些习俗不仅与纪念有关，而且与气候有关。

(5) 中秋节

中秋也称仲秋，即秋季中间的意思。由于此时正值各种作物收获的季节，并且传统上以月圆象征亲人团圆，因此中秋节又有“团圆节”的美称。中秋节最重要的活动是赏月，赏月在唐代就已经盛行，发展到今天又增添了许多民俗活动，如吃月饼、吃团圆饭、舞龙灯、点塔灯等。中秋节在千百年传承中几经流转变换，最终“阖家团圆”的精神指向成为今天中秋节的主要文化内涵。

(6) 圣诞节

圣诞节是基督教各教派共同遵守的第一大节日，时间是每年12月25日。在今天，圣诞节已经从单纯的宗教节日变成民间传统的盛大节日。节日期间，人们会举行各种游行、纪念活动，如组织唱诗班唱诗、演唱圣诞歌曲、布置圣诞树等。圣诞晚餐是圣诞节的重要组成部分，就像中国人在除夕夜吃饺子一样，圣诞晚餐的时间为每年的12月24日晚上。传统的圣诞晚餐食品有烤火鸡、烤火腿、甘薯、蔬菜、葡萄干布丁、鸡尾酒等。

(7) 复活节

复活节是基督教各教派共同遵守的第二大节日。复活节庆祝的是基督的复活，《圣经》中记载，耶稣被钉在十字架上受刑死后的第三日复活。复活节的时间定在每年春分月圆之后的第一个星期日，基督徒认为，复活节象征着重生和希望。鸡蛋和兔子是复活节必不可少的东西。在多数西方国家，复活节一般会举行盛大的宗教游行。游行者身穿长袍，手持十字架，赤足前进。他们打扮成基督教历史人物，唱着颂歌欢庆耶稣复活。如今，节日游行已失去往日浓厚的宗教色彩，洋溢着喜庆的气氛，具有浓烈的民间特色和地方特色。

(8) 开斋节

开斋节的时间为伊斯兰历每年十月一日，它是穆斯林最重要的节日。伊斯兰历每年九月是全体教徒斋戒的月份，成年健康的穆斯林必须遵守。封斋期间，禁饮食、房事，杜绝一切邪念和私欲，一心向真主。封斋第29日傍晚如见新月，次日即开斋节；如不见，则再封一日，共为30日，第二日为开斋节。开斋节这天，所有穆斯林都要到清真寺参加会礼，听教长宣讲教义，互道节日问候并互赠礼物。

(9) 古尔邦节

古尔邦节也是穆斯林的传统节日，时间为伊斯兰历每年十二月十日。这一天，每户穆斯林都必须宰羊，有的还宰牛、宰骆驼等。节日前沐浴打扫，家庭主妇忙着做各种点心。节日当天在《古兰经》的播放声中沐浴，换上干净的衣服，然后做礼拜。吃过早点后，人们开始走亲访友，互赠贺礼。

(10) 圣纪节

圣纪节是伊斯兰教先知穆罕默德诞辰纪念日，时间为伊斯兰历每年三月十二日。圣纪节的庆祝活动一般在清真寺举行，由阿訇诵经，讲述穆罕默德的生平事迹，盛赞其功绩。

3) 现代节庆文化

节庆从古至今都与旅游有着紧密的联系，节庆旅游也是旅游的一个重要分支。在古代，人们并无“旅游”的概念，但都会不自觉地把旅游当作节庆中的一项重要活动。例如，清明节虽然是一个重要的祭祖节日，但也是人们出外踏青、放松心情的一个好机会，以致后来踏青演变成清明节的重要活动之一。今天，节庆与旅游的关系更为紧密，旅游已成为人们举办节庆活动的主要目的。节庆活动推动了旅游地经济的发展，提高了旅游地的知名度；旅游也为传统节庆活动增添了新的内容，注入了新的活力，使一些传统的节庆活动重新进入大众的视野，获得新的生命。现代节庆文化已经成为旅游文化的一项重要内容。

现代节庆文化大致可以分为三类：第一类是对传统节庆文化进行挖掘，在延续的基础上进行提升而形成的节庆文化，如傣族的泼水节等。第二类是根据时代特色创造出具有现代气息的节庆活动，并由此形成的节庆文化，如五一国际劳动节、十一国庆节等。第三类是人们利用当地浓郁的自然、人文、历史和文化特色，有目的地策划节庆活动，这类节庆活动的重要目的之一是吸引旅游者，塑造旅游目的地形象，并从节庆活动所带来的一系列效应中获益，如中国曲阜国际孔子文化节等。

拓展阅读5-3

中国曲阜国际孔子文化节

我国每年举办的节庆活动众多，其中有影响力的节庆活动有：北京国际旅游文化节、中国上海国际艺术节、中国吴桥国际杂技艺术节、宁波国际服装节、中国金鹰电视艺术节、青岛国际啤酒节、潍坊国际风筝节、南宁国际民歌艺术节和平遥国际摄影大展等。

国外有影响力的节庆活动有：德国慕尼黑啤酒节、法国戛纳国际电影节、西班牙斗牛节、英国爱丁堡国际艺术节、日本樱花节等。

小资料5-3　乡村文化出现了“庸俗化”现象

我国个别地方在乡村旅游开发过程中，为了迎合一小部分游客低俗的娱乐心理，开发出了一些庸俗的乡村文化。例如，安徽黄山市一乡村旅游景区重现“鬼子进村”场景，在这个集体参与的旅游项目中，游客分别假扮成鬼子、汉奸等。“鬼子进村”旅游项目让历史失去了应有的严肃性，歪曲了乡村淳朴的民风，降低了乡村文化的品位，是乡村文化“庸俗化”的表现。此项目引发了大多数游客的反感与愤慨，项目开发不到1个月就在强烈的质疑声中被叫停。另外，在经济利益的驱使下，我国乡村旅游开发还出现了旅游商品以假乱真、滥竽充数的现象，这也是乡村文化“庸俗化”的表现。一些乡村旅游接待点还用以饲料喂养生产的鸡场鸡冒充“自产自销”“纯谷物喂养”的土鸡，高价销售给游客。这种行为一旦被游客发现，必定会引发游客的不信任，导致游客对乡村文化的情感疏离。

资料来源　翟向坤，郭凌. 乡村旅游开发中乡村文化生态建设研究 [J]. 农业现代化研究，2016（4）.

小思考5-3

分析提示

小思考5-3

谈谈我国乡村旅游发展过程中文化生态建设的路径。

5.3.2　婚丧文化

1）婚俗文化

婚俗文化伴随着婚姻的产生而产生，它展现了民族群体的社会生活面貌，以及审美观、伦理观、价值观、宗教观和民族心理的发展态势，是人类创造的文化积累和精神财富。

（1）传统婚姻观念

传统婚姻观念从古至今一直影响着人们的价值观。概括来说，传统婚姻观念主要包括以下内容：

第一，父母之命、媒妁之言。中国古代婚姻的主要形式为带有包办性质的聘娶婚，从择偶到成婚，均由媒人与父母参与或做主，即古书所云“取（娶）妻如之何？匪媒不得”。只有经过明媒正娶、循礼而嫁的婚姻才是合理合法的。这种重视婚姻礼仪的价值观造成婚姻中最本质的内容，即情感和性爱被忽视，女子在家庭生活中缺少或没有独立的人格，处处显示出男尊女卑。

第二，门当户对。“门当”与“户对”最初是指古代大门建筑中的两个重要组成部分。门当原本是指在大门前左右两侧相对而置的一对呈扁形的石墩或石鼓；户对则是指位于门楣上方或门楣两侧的短圆柱形木雕或砖雕，由于这种木雕或砖雕位于门户之上，且为双数，有的是一对两个，有的是两对四个，所以称为户对。后来，“门当户对”演变成社会观念中衡量男婚女嫁条件的一个成语。在中国的婚俗文化中，门当户对的婚姻观念源远流长，具体来说，主要有三种意义上的门当户对：一是门第相当，即有权且贵的人相互结合。二是有财的家庭与有权的家庭相结合，除了门第，“财聘厚薄”成为另一个可选择的标准。三是我们常说的“郎才女貌”。男子以才体现自身价值，女子以貌作为进入男性世界的资本。在中国传统婚俗文化中，人们最称颂的良缘佳配就是郎才女貌，才子配佳人，至今我国仍流传着许多郎才女貌的故事。

第三，贞节观念。贞节是伦理道德的产物，它包括婚前贞节、婚后贞节、寡妇节操和妻妾殉葬制度等。贞节观念主要针对女子而言，自先秦以来，儒家和历代统治者一直倡导一女不嫁二夫、从一而终的贞节观，并将其作为道德规范。到宋代，贞节观念逐步形成系统。贞节观念也从一个侧面反映了古代女子在家庭、社会中地位低下的状况。

第四，生育观念。中国传统家庭伦理崇尚子孙满堂、人丁兴旺，认为有子万事福，多子多福。传宗接代是婚姻的主要目的之一，在古代中国受到高度重视，这也引发了一系列社会现象：为了传宗接代，男子可以休掉不能生育的妻子，可以娶很多妾室等。

随着社会的发展和进步，传统婚姻观念逐渐被重新审视，并且已经发生了巨大的变化。社会更加强调男女平等，女性获得了更多的自由和权利。

（2）婚礼仪式文化

婚姻是人生的一个重大转折，最为人们所重视，在中国这个崇尚礼仪的国家，自然有一套完整而又繁杂的婚礼礼仪。汉族婚礼的基本仪式是“六礼”，即纳彩、问名、纳吉、纳征、请期、亲迎。

古时，纳彩是指男家请媒人提亲，必须用活雁作为礼物，象征顺乎阴阳；问名是双方交换姓名及出生年月日，请算命先生占卜吉凶，以决定是否适合成婚；纳吉是把问名的结果通知女方，这个仪式在今天被称为“订婚”；纳征是男方向女方家下聘礼，古时用皮、帛作聘礼，到汉代用聘金，再后来则财物俱全，聘礼多少视家境而定；请期是男方选择好结婚的日子，征求女方意见，民间俗称“定日子”；亲迎是男方到女方家迎娶新娘的仪式。

今天，婚礼已无古时的繁文缛节，各种简化的形式大大提高了效率，也节省了时间。此外，还有很多人选择西方婚礼仪式，婚礼形式更加多样化，这也体现了东西方之间的文化交融。

小资料 5-4　　泸沽湖的"走婚"

泸沽湖位于云南省与四川省交界处，是摩梭人聚居的地方。摩梭人是我国唯一保留着母系家庭结构的族群，目前还沿袭着走婚的风俗。泸沽湖独特的原始文化和原生态的自然环境吸引着众多旅游者。然而，随着旅游业的发展，走婚这种传统的少数民族婚姻制度渐渐变了味，还有一些旅游项目打着体验走婚文化的幌子从事违法活动，严重破坏了泸沽湖的走婚文化。

资料来源　根据网络公开资料整理.

小思考 5-4

分析提示

小思考 5-4

旅游对摩梭文化有怎样的影响？

2）丧葬文化

（1）中国传统丧礼程序

我国的葬礼以汉族的葬礼为代表，是从周礼演变而来的。中国传统观念认为，死是灵魂进入了另一个世界，因而把丧葬看作重大庄严的事情。传统丧礼大致包括以下程序：停尸、招魂、吊丧、殡仪、送葬。

停尸是丧葬的第一个仪式，即把尸体安放在规定的地方。停尸过程中常举行的仪式有供饭和点灯。

在古代，专门进行招魂仪式的人叫作"复者"。在古代习俗中，"复者"手拿寿衣呼喊死者的名字，共叫三长声，以期取死者魂魄返归于衣，然后把衣服敷在死者身上。招魂这一古俗多被后世删减。

吊丧是指由死者家属报丧，汉族、满族多由死者的近亲晚辈到亲属家门口"叩报丧头"，通知死讯；西南少数民族有吹竹报丧的仪式，这是吊丧礼的准备。之后亲族穿丧服，设灵堂，孝男孝女守灵，只要有宾客至都要哭灵。吊丧期间，家属亲友禁忌很多，通常吃米粥淡饭，女忌脂粉，非丧事不谈，面垢禁洗，以示哀痛。吊丧是葬礼中社会往来的关键仪式。

殡仪又称"入殓"，从迁尸入棺到宾客拜奠，都属于殡仪。各民族有不同的殡仪习俗。

送葬是全部丧葬礼的最后程序。

（2）葬礼的形式

我国各民族古老的葬礼有很多种类型，大致可分为土葬、火葬、水葬等。

土葬是古代通用的葬礼形式。不仅汉族以土葬为主，古代匈奴、突厥等民族也以土葬为主要葬式。方法是用棺木盛尸，挖墓穴，将棺木深埋土中，以土丘为标记。

火葬最早盛行于少数民族，至今青海土族、藏族仍沿用火葬。中原地区早在宋代就有火葬的习俗。佛教僧侣多采用火葬。

水葬在我国并不多见，只在康藏古俗中有此形式。

小资料5-5 清明出游选择墓园

"为什么这个墓碑上写有'考'字，而其他墓碑上没有呢？"一天上午，一位游客在青龙岗长安墓园参观时，转身询问一位易学专家。当天，南宁一家公司组织的清明文化传统游吸引了不少市民参与，40多名游客在参观孔庙和墓园的过程中，学到了不少丧葬文化知识。时下，节假日里去游览风景区已经不是什么新鲜事，而把墓园作为参观旅游点倒是很少见。

资料来源 冯耀华. 游客在清明文化游里感受丧葬文化［N］. 当代生活报，2011-04-04.

小思考5-5

针对清明小长假，旅行社应如何开发具有特色的旅游线路？

小思考5-5

分析提示

5.4 制度文化

关于制度，不同的学科有不同的理解，即便是同一学科，学者也会根据研究需要进行不同的定义。因此，目前制度还没有一个被大多数学者共同认可的定义。根据产生方式的不同，制度可以分为两种类型：一种是由人类自身自发的行动和经验逐步演化而形成的制度；另一种是经人们的设计而产生的制度。前者也被称为"内在制度"，它循着习惯、习俗到惯例这一稳定的路径演变而成，是生活中约定俗成的规范；后者也被称为"外在制度"，它是人为设计出来并依靠政治力量强加于社会的规则，这一制度通常由国家来构建和执行，具有很强的强制性。对制度做这样的划分并不是将两者完全割裂，事实上，"外在制度"的设立深受"内在制度"的影响，其实施的有效性还取决于与作为社会传统的"内在制度"的相容性，相容性越高，越能为人们所接受和遵从。不管是"外在制度"还是"内在制度"，它们都包含了众多内容，本书选取国家制度作为"外在制度"的代表，其中又主要介绍政治、教育及选举制度，"内在制度"则以礼仪文化为代表。

5.4.1 国家制度

1）政治制度

政治制度是指通过权力机构、国家机器等对社会、群体或极端的政治活动进行协调、监督与控制的一套规范体系。

（1）中国传统政治制度

①专制的宗法制

宗法制是指以血缘关系为基础，以远近亲疏为标准，标榜尊崇共同的祖先，区分尊卑长幼，规定继承秩序，确定宗族成员不同的权利和义务的法则。宗法制的本质是十足的专制制度，其最初表现是氏族社会的父权制度。宗法制在夏朝开始形成，在周朝正式确立。宗法制的一个关键内容是严嫡庶之别，实行嫡长子继承制，其目的在于稳固贵族阶级的内部秩序。这一制度依靠自然形成的血缘亲疏关系划定贵族的等级地位，从而防止贵族间对权位和财产的争夺。在宗法制下，从始祖的嫡长子开始传宗继统，并且世代均由嫡长子承继。这一制度从纵向看，体现了中国人强烈的祖先崇拜，祖先崇拜是统治者用来同化被征服阶级的手段；这一制度从横向看，是“家”的观念的无穷放大，“溥天之下，莫非王土；率土之滨，莫非王臣”便是以天下为家的最好体现。

②官吏制

中国古代特有的官吏制与上述宗法制相适应，并为宗法制提供技术上的保证。官吏制在不同的朝代有不同的变化。

周代：周代的主要官职为三公，即太师、太傅、太保；三孤，即少师、少傅、少保。他们都是皇帝的顾问。卿士是最高政务官，总理行政、军事、外事；太宰总管王家事务。近侍称小臣，宦者称寺人。

秦朝：实行行政、军事、监察三权分立。设丞相掌管全国政务，太尉掌管军事，御史大夫掌管监察兼秘书（相当于副丞相），合称“三公”。“三公”之下有九卿：奉常掌管祭祀礼仪；郎中令掌管宫殿掖门户；卫尉掌管宫门警卫；太仆掌管车马；廷尉掌管刑罚；典客掌管周边少数民族及对外事务；宗正掌管皇族事务；治粟内史掌管谷货（粮食、货币）事务；少府掌管税收。秦朝官制对后世的影响十分深远。

两汉：基本沿袭秦朝官制，在“三公”之上设太师、太傅、太保，但只作为大官的荣誉头衔，而非实职。“三公”和“九卿”在具体名称上稍有不同。汉代还增设了一些官职，如大匠负责修建皇室宗庙等，水衡都尉主掌上林苑，詹事掌皇后、太子家中之事等。另设博士，主管教学并充当学术顾问，也参加朝政讨论。

魏晋南北朝：三国时期开始实行九品中正制。同时设三省，即尚书省（台）、中书省和门下省。尚书省（台）在两晋时成为最高政务机关，九卿渐渐成为闲散职位。这一时期的典型特征是形成了门阀士族势力，他们左右朝廷、控制经济、垄断文化，并且代代相传。

隋唐：隋朝建立了一套比较完备的官制，设有三师、三公、五省、三台、九寺等。唐朝承袭了隋朝的官制，但有所补充。其中，尚书省分为吏、户、礼、兵、刑、工六部，并一直沿用至清。六部每部都设尚书（部长）一人、侍郎（副部长）两人，每部辖四司。

宋辽金元：宋代官制最为复杂，其中最重要的两个部门是中书省和枢密院。前者掌管政权，后者掌管军权。宋代提高了翰林院的地位，还新增了若干殿阁学士，如龙图阁学士、观文殿学士等。辽代官制分为南北两大系统。北面官是契丹自立的制度，是统治契丹等族的行政机构；南面官是统治汉族人的行政机构。元代不设尚书省和门下省，只保留中书省，由左右丞相（以右为上）、枢密院与中书省共同掌管军务和政务。

明清：明清时亦设有三公（太师、太傅、太保）和三孤（少师、少傅、少保），这些都是荣誉性头衔，用来封赠大臣。明清两朝均废除了尚书省、中书省和门下省，内阁逐渐成为事实上的宰相，内阁成员都是大学士。清雍正以后设军机处，逐渐取代内阁的地位。明清时，六部直接对皇帝负责，吏部为六部之首，其次是户部、兵部、礼部、刑部、工部。清代设理藩院，负责处理少数民族事务，相当于元代的宣政院。

（2）国外政治制度

①政府体制

政府体制一般是指国家机关的机构设置、隶属关系和权限划分等方面的体系和组织原则，是政治制度的外在表现形式。不同的国家因国情、政治文化等的不同形成了不同的政府体制，下面介绍西方几种典型的政府体制。

英国：英国是最早进行资产阶级革命的国家，创立了君主立宪制。从政府体制上看，英国采用的是议会内阁制。国家最高权力机关为议会，行使国家的最高立法权。议会由君主、上院、下院共同组成。君主是国家“虚位元首”，君主任命在议会中占多数席位的政党党首出任首相并组阁。政府实行内阁制，并对议会负连带责任。

美国：美国是以联邦制为国家结构形式的总统制共和国。总统是国家元首、政府首脑兼武装部队总司令。国会是最高立法机构，由参、众两院组成，拥有立法、人事、监督、弹劾等重要权力。联邦最高法院拥有司法权。

法国：法国实行半总统半议会制。总统为国家元首和武装部队统帅。法国实行国民议会和参议院两院制，拥有制定法律、监督政府、通过预算、批准宣战等权力；以总理为首的内阁是最高行政机关，既受总统直接领导又向议会负责；司法方面设立普通法院和行政法院两个相对独立的司法管辖体系。

德国：德国是联邦制国家，实行议会民主制下的总理负责制。联邦总统为国家元首，没有独立行使权力的能力，是“虚位元首”。以联邦总理为首的联邦政府行使行政权力，联邦政府向议会负责，受议会监督。议会是德国最高立法机构，由联邦议院和联邦参议院组成。司法权由联邦宪法法院及联邦法院、联邦行政法院、联邦财政法院、联邦劳工法院、联邦社会法院等行使。其中，联邦宪法法院是最高司法机构，可以撤销其他法院的违宪判决。

②政党制度

政党制度是指一个国家通过政党进行政治活动的方式或状态。按照目前普遍的划分方法，政党制度可分为一党制、两党制和多党制。

一党制是指一个国家由一个政党长期执政的政党制度。发展中国家一般实行一党制。实行一党制后，执政党成为维系民族一体化的工具，是保证政局稳定的关键。

两党制是指一个国家存在两个或两个以上政党，但只有两个势均力敌的政党能通过取得议会多数席位或在总统选举中赢得胜利而单独执政的政党制度。两党制被看成较负责任的体制，因为它通过政府的和平更换，有效防止了一个政党或政党集团无限期地垄断行政权力。两党制最早出现在英国，后来影响到美国、加拿大、澳大利亚等国。英国的两大政党是保守党和工党。美国也是典型的两党制国家，自南北战争以后，共和党和民主党轮流执政，两党不仅控制着联邦政府，而且控制着几乎所有地方政府。虽然美国还存在着美国共产党、美国社会党等其他政党，但它们根本不能与共和党和民主党分庭抗礼。

多党制是指一个国家存在三个或三个以上政党，其中一些政党联合起来形成多数党联盟执掌政权的政党制度。多党制可以让社会各阶层更广泛地参与国家政治生活，但政局不稳也是多党制的一个显著特点。多党制源于法国，后来陆续被大多数西欧和北欧国家所采用。德国、意大利、俄罗斯、日本等国家都采用多党制。

2）教育及选举制度

（1）中国传统教育及选举制度

古往今来，学校有“校”“序”“庠”“学”“国子监”等名称。我国早在夏朝就有了学校，即养育与教育兼施的机构，这可谓学校的雏形。商代产生了正式的学校，学校由国家管理，教师由官吏担任，学生是贵族子弟，这也是最早的官学。西周时形成了“学在官府”的体制，主要有两大系统，即国学和乡学。国学设在王城和诸侯国都，乡学属地方官学。西周社会逐渐形成了以礼、乐、射、御、书、数为主体的“六艺”教育体制。其中，礼指等级伦理教育，乐指艺术教育，射和御指军事训练，书指书法练习，数指算术、天文历法知识。春秋以后，教学体制由“学在官府”发展到私学和官学并进。孔子是创办私学的第一人，墨子、孟子、荀子等都是民间私学大师。汉代官学的最高学府是太学，太学教师采取聘任制，称博士。太学学生主要有三种：第一种是仪表端庄的贵族子弟；第二种是因父亲所任职位而得以直接入学的青年；第三种是地方官吏推荐的德才兼备的青年。

唐朝时，我国的教育走向了另一个巅峰，建立了从中央到地方的完备学制体系。中央官学又分为普通性质教育、特殊性质教育和职业性质教育。普通性质教育以国子监为主体。特殊性质教育主要为贵族子弟而设，老师由著名学者担任，兼有教育和研究双重任务。职业性质教育采取实习教育制度，使学生的理论与实际相结合，从而培养了大批专业技术人才，推动了古代科技的发展。

拓展阅读5-4

宋代四大书院

宋以后出现了一种新的教育机构——书院。宋代理学促进了两宋书院的兴盛。理学也是书院的基本教学内容。书院的教学方法有教师讲授、学生自学以及师生之间辩驳三种形式。朱熹创立了讲会制度，以探讨、辩论的方式进行学术活动，从而推动了学术上的交流和发展。

清代的学塾教育比较发达，主要有三种形式：第一种是以家庭为单位，将老师请到家中教授家族子弟读书，称为“教管”或“坐馆”；第二种是教师自己在家中开设课堂，称为“家塾”或“私塾”；第三种是以族为单位，聘请老师在族中的公共房屋教授本族子弟知识，称为“义学”或“义塾”。

谈到中国传统教育制度，不得不说一说科举制度。科举制度是我国古代重要的教育制度之一，在培养人才、选拔人才方面起到了重要作用。

隋朝废除了魏晋以来形成的九品中正制，采取公开考试的方法，即通过科举制度选拔人才。唐朝时，科举制度逐渐完善成熟。唐朝规定了考试时间，考生既有官办学校的学生，也有自学者或民间私塾的学生。考试的内容涉及政治、经济、军事等，着重考查学生的综合知识水平。宋朝对科举制度进行了全面整顿和改革，使之更公平和趋于平民化。例如，取消了朝廷权贵向主考官推荐学生的传统，并采取回避制，使科举考试体系更加完善；范仲淹和欧阳修等人推行“庆历新政”，使科举考试更注重对考生素质的评价；王安石变法也推动了科举制度的改革，即采用散文形式阐述儒家经义，将太学依次分为外舍、内舍和上舍，学生以平时成绩为依据渐次上升，最后才能参加官府举办的考试。明清时的科举考试分为四个阶段：第一阶段是童试，通过后称“生员”，俗称“秀才”；第二阶段是乡试，属省一级考试，每三年举行一次，乡试通过者称为“举人”；第三阶段是会试，由礼部主持，通过者称为“贡士”；第四阶段是殿试，由皇帝亲自主持，殿试后分为三甲：一甲三名赐“进士及第”，分别为状元、榜眼、探花；二甲若干人，赐“进士出身”；三甲若干人，赐“同进士出身”。

科举制度对中国封建社会的发展有极大的促进作用，它使出身贫寒的有识之士有一个通畅的途径踏入仕途，在社会中形成了浓厚的文化氛围。但科举制度也有与生俱来的弊端，尤其是明清的八股取士，束缚了读书人的思想，而且科举制度中的腐败现象也给社会造成了不良影响。

（2）国外选举制度

选举制度是选举国家各级机关代表和其他公职人员的原则和制度的总称，它与代议制度、政党制度共同构成了现代西方国家民主政治制度的三大支柱。西方选举制度是随着议会制度的产生而产生的，不同国家的选举制度也存在差异。

①英国

英国最早实现资产阶级革命，其选举制度的产生也最为典型。在英国议会的三个组成部分中，君主是世袭的，上院议员由王室后裔、世袭贵族、终身贵族、教会大主教及主教等组成，下院议员由普选产生。下院议员全部按“单名选区制”选出，即每个选区选一名议员，选民一人一票，得票多者当选。

②法国

法国的议会两院是经过两种不同的选举方式产生的，国民议会议员由选民直接选举产生，参议院议员则由国民议会和地方各级议会议员组成选举团间接选举产生。国民议会议员的选举也称“大选”，采用两轮多数投票制，议员任期5年。政府根据国民议会议员的数目把全国划分为相应数目的选区，每个选区选出一名议员；在第一轮投票中，只有获得有效选票半数以上或有效选票占登记选民人数1/4以上者才能当选。

③美国

美国两院议员由各州选民直接选举产生。参议员每州两名，任期6年，每两年改选1/3。众议员按各州的人口比例分配名额选出，任期2年，期满全部改选。

（3）中西方选举的差异

中国古代的“选举”包括两方面的内容，即“选”和“举”。“选”即根据候选者的才能，量才授官。“举”是推荐选用，即通过推荐或选拔的方式向君主提供可出任官职的候选人。但无论是“荐举”还是“科举”，都是由少数人（地方官员、考官等）通过一定的程序，从多数人中挑选出一些具备担任官职能力的候选者。西方国家的“选举”则是根据公认的程序形式，由多数人挑选少数人来担任一定的职务。

5.4.2 礼仪文化

《周礼》中有言：“礼俗，以驭其民。”这就是说，礼俗的作用在于控制和引导人们走向正常的社会规范和行为规范。礼仪作为“隐形”的制度，与国家制度共同规范着人们的行为。

启智润心 5-2　　**中国优秀传统礼仪文化**

礼仪文化是古代中国的核心文化。在古代中国人的核心价值观“修身、齐家、治国、平天下”中，每个层次都与礼仪息息相关。“修身”要做到内外兼修，而礼仪就是由内向外的个人修养，从而造就了彬彬有礼的谦谦君子；“齐家”讲究家庭和谐，家庭成员各自归位、长幼有序，其中“孝”文化就是礼仪文化的重要内容；“治国”要重视对百姓进行礼仪文化的教育熏陶，实现以礼治国；“平天下”更要以礼服人，才能实现天下太平。在古代中国，礼仪文化是一种最普遍、最生活化、最实用的文化。

礼仪文化是古代中国的标志性文化。经过几千年的发展和历代礼学家的探索、完善，传统礼仪文化体系完备、思想深刻、内容丰富、形式生动，已经成为一门极其成熟的学科，这在世界文化史上也是难能可贵的。这种独特的历史文化代代相传，深深印在每个中国人的心里，将中国各民族凝聚起来。礼仪文化就像标签一样贴在中华民族的身上，成为中华民族的代表与象征。

礼仪文化是中华民族的共同价值追求。在古代，从启蒙教育开始，青少年就被灌输礼仪文化，各种典籍中充满了具有教育意义的礼仪故事；在日常生活中，人们用礼仪来衡量人的善恶是非和得失成败，又根据逝者一生的德行与业绩给予逝者适当的礼仪待遇。一个人只有聪明才智是不够的，礼仪也是不可缺少的修养。古人用“仁义礼智信”来衡量一个人的综合素质，这无疑引导了社会成员的人格成长。

资料来源　于丽萍，周向军. 论中国优秀传统礼仪文化的当代价值［J］. 学术交流，2015（10）.

1）礼仪的起源

关于礼的起源，人们说法不一。有人认为礼起源于原始社会的巫术，有人认为礼起源于俗，还有人认为礼起源于阶级压迫等，但最为人们所接受的，还是礼起源于祭祀。《说文解字》中说，礼者，“所以事神致福也”，指明礼起源于祭祀。在原始社会，人们对“天”的祭祀极为隆重和崇敬，慢慢开始注重运用某种程序和形式，最后逐渐发展为一套较固定的仪式，这便是我国最早的礼仪。郭沫若认为，“礼之起，起于祀神，其后扩展而为对人”，礼仪从最初的祭祀即人对“天”，慢慢扩展到人对人，后来逐渐成为人们日常生活、交际交往的规范。中国素有“礼仪之邦”的美称，古代便有多部关于礼仪的专著。例如，《周礼》《仪礼》《礼记》合称“三礼”，书中对礼法、礼义做出了最权威的记载和解释，并扩展成早期的社会习惯法规。这些礼仪至今还影响着人们的行为方式和道德观念。

2）中西方礼仪文化的差异

受中国古代宗法制的影响，中国礼仪文化重视血缘亲情，家庭观念很重。受儒家思想的影响，中国礼仪文化强调共性，人们在人际交往中注重他人对自己的评价而淡泊自身的感受，中国人性格上的谦虚、含蓄使得中国礼仪文化也具有相似的特点。礼尚往来是渗透到中国人骨子里的观念，它使得中国礼仪文化更富有人情味和感情色彩。虽然西方各国由于社会文化的差异，礼仪文化也多有不同，但从整体上看，西方礼仪文化强调个性、崇尚自由，这与中国礼仪文化强调的共性恰恰相反。

3）世界各国礼仪文化概览

（1）日本

日本位于亚洲东部，主要民族为大和族，居民主要信仰神道教和佛教。日本深受我国唐朝礼仪的影响，至今仍保留着部分唐朝的礼仪，日本目前是我国主要的客源国之一。

日本人讲究礼貌，注重礼节，家庭观念重；对长者、客人和上级都要用敬语讲话，以示尊重；见面要鞠躬，并且要脱帽，眼睛向下看。日本人一般不用香烟招待客人，并认为让客人自己斟酒是失礼的，应由主人或侍者斟酒。在日本，初次见面互递名片是日常礼节，通常由主人、晚辈或身份较低者向客人、长辈或身份较高者递名片，递送时用双手托着名片，将名字朝向对方，以便阅读。

日本人忌讳荷花以及荷花图案，荷花在日本多用于纪念死者，菊花则是日本皇族的象征。和中国人一样，日本人也喜欢鹤和龟，认为它们是长寿的象征。

（2）韩国

韩国人多信奉佛教和基督教。韩国受我国明朝文化的影响比较深，与我国的经济、文化交流频繁，韩国也是我国主要的客源国之一。

韩国人见面必互相问候，男子见面微鞠躬，与长辈见面握手时必须把左手放在对方的右手上，以示恭敬；进门或出席活动时，让客人或长辈先行，用餐时也是客人或长辈先入座，并在客人或长辈动筷之后自己才能开始用餐。韩国人在公共场所一般不大声说笑，古时妇女在笑时还要用手帕捂住嘴。在韩国的传统文化中，男子具有绝对权威。

韩国人一般用咖啡、不含酒精的饮料或大麦茶招待客人；如果应邀去韩国家庭做客，应带上一束鲜花或一份小礼物，并双手奉上。

（3）新加坡

新加坡是东南亚的一个岛国，新加坡华人约占新加坡总人口的74%（截至2023年7月）。新加坡的旅游业发达，是我国出境旅游的主要目的地之一。

新加坡人的礼貌口号是“真诚微笑”。新加坡华人保留了许多中国传统习俗，如两人见面时互相作揖等。信奉不同宗教的新加坡人有不同的礼仪习俗，如印度血统的新加坡人仍保留了印度的礼节，妇女额上点红点，男人腰扎白带，见面行合十礼等。新加坡的国服是一种以胡姬花为图案的服装，在国家庆典和一些隆重的场合，新加坡人常穿国服。

新加坡人视紫色和黑色为不吉利，忌讳龟，忌讳用食指指人，双手不能随便叉腰。

（4）英国

英国是大不列颠及北爱尔兰联合王国的简称，位于欧洲西部，由大不列颠岛（包括英格兰、苏格兰、威尔士）、爱尔兰岛东北部和一些小岛组成。大多数居民信奉基督教。英国是经济强国，旅游业发达。

英国人重视礼节，追求绅士和淑女风度，他们谨慎、礼貌，遵守纪律，衣着讲究；见面时习惯握手以示友谊，并且一定要脱掉手套，以示对对方的尊重；谈话时要保持一定的距离，以50厘米为宜，公众场合忌讳耳语；作介绍时，要按照先少后老、先低后高、先宾后主的顺序。英国人的时间观念很强，约会不可迟到。宴请英国人吃饭必须提前通知，不可临时通知。去英国人家里做客，不能早到，最好带点价值较低的礼品，因为花费不多就不会有行贿之嫌。礼品一般有巧克力、鲜花等，但是忌送百合花和菊花。

“女士优先”的礼仪在英国体现得尤为明显。男士必须为女士开门，入座时要为女士拉椅，倒酒时也要先给女士斟满，乘车、乘电梯都要让女士先上；男女同行时，男士要走在道路外侧。诸多的礼节都体现了英国社会对女士的尊重与认可。

英国人对服饰尤其讲究，在重大场合男士必须穿西装，打领带或领结。苏格兰男子爱穿富有民族特色的花格短裙，这已成为一种特色。

（5）法国

法国位于欧洲西部，其人口成分复杂，相互间的文化差异很大，因而不同地区的礼仪习俗不同。法国的旅游业高度发达，是世界主要旅游目的地之一。

法国人谈吐文雅，热情幽默，有耸肩膀表示高兴的习惯。法国人与人交谈时，喜欢相互站得近一些，认为这样显得亲切。在社交场合与客人见面时，大都以握手为礼，一般是女子先向男子伸手，年长者先向年少者伸手，上级先向下级伸手。法国盛行亲吻礼，但不同身份的人，相互亲吻的部位不同。一般而言，夫妻、恋人之间，宜吻唇；长辈与晚辈之间，宜吻脸或额；平辈之间，宜贴面。在法国一定的社会阶层中，“吻手礼”也颇为流行，不过行吻手礼时，嘴不能接触到女士的手，也不能吻戴手套的手。法国人待人接物都彬彬有礼，礼貌语言从不离口，“请”“对不起”“谢谢”等都是常说的礼貌语。

在人际交往中，法国人对礼物十分看重，但又有特别的讲究。挑选礼物时，宜选择具有艺术品位和纪念意义的物品，不宜选刀、剑、剪、餐具或带有明显广告标志的物品。在接受礼品时，若不当着送礼者的面打开礼物包装，则会被认为是一种无礼的表现。

法国人和其他西方人一样，忌讳“13”这个数字，忌讳黄色的花，把“老太太”视为一种侮辱性称呼。

(6) 美国

美国是一个多民族的移民国家，世界上的重要教派在美国都有信徒，其中以信仰基督教的人居多。美国经济发达，是我国主要的旅游客源国之一。

美国人性格开朗，不拘小节，自由开放，反对保守，与人第一次见面不一定要握手，只要笑笑打个招呼就可以了，但在正式社交场合则很讲究礼节。初次见面时，要把客人介绍给主人、男士介绍给女士、下级介绍给上级，介绍完后行握手礼。

本章小结

- 价值观对旅游行为的影响相当深刻，不仅影响个人旅游态度的形成、旅游方式的选择、旅游目的地的选择，而且直接影响旅游者对满意度的感知。旅游社会文化价值观主要有两种：一种是追求信仰的价值观；另一种是约定俗成的价值观。
- 宗教文化也是重要的旅游资源之一。在中国，主要有四大宗教，分别是佛教、道教、基督教和伊斯兰教，它们的起源和发展方式各异，在漫长的发展过程中也形成了迥异的宗教文化。了解宗教文化对我们理解旅游文化甚至中西方传统文化都具有重要意义。
- 民俗反映了不同民族、不同国家的政治、经济、文化、生活。民俗相对于法律来说，是一种软性的控制，被人们称为“不成文习惯法”。具有代表性的民俗文化是节庆文化和婚丧文化。
- 制度有两种类型：一种是由人类自身自发的行动和经验逐步演化而形成的制度；另一种是经人们的设计而产生的制度。前者也被称为“内在制度”，它循着习惯、习俗到惯例这一稳定的路径演变而成，是生活中约定俗成的规范；后者也被称为“外在制度”，它是人为设计出来并依靠政治力量强加于社会的规则，这一制度通常由国家来构建和执行，具有很强的强制性。两种制度互为补充，共同维护社会的稳定和发展。

主要概念

价值观　信仰　民俗文化　宗法制度

基础训练

5.1 选择题

1）被称为“海天佛国”的是（　　）。

A.五台山　　B.普陀山　　C.峨眉山　　D.九华山

2）中国传统节日中，（　　）是祭祀类节日。

A.春节　　B.端午节　　C.中秋节　　D.清明节

3）（　　）创立了君主立宪制的国家制度。

A.英国　　B.法国　　C.德国　　D.美国

随堂测验5-1

选择题

4）嵩岳寺塔是（　　）。

A.阁楼式塔　B.密檐式塔　C.金刚宝座式塔　D.花塔

5）圣索菲亚大教堂是（　　）风格的教堂。

A.罗马式　B.拜占庭式　C.哥特式　D.巴洛克式

5.2 判断题

1）东西方宗教信仰的一个分歧在于中国宗教是一神信仰，西方宗教则是多神信仰。（　　）

2）基督教在历史发展过程中形成了三大派系，其中传入中国后被称为“天主教”的是东正教。（　　）

3）我们常说的“郎才女貌”体现了门当户对的婚姻观念。（　　）

4）在人际交往中，法国人对礼物十分看重，但又有特别的讲究，宜选择具有艺术品位和纪念意义的物品作为礼物。（　　）

随堂测验 5-2

判断题

随堂测验 5-3

简答题

5.3 简答题

1）简述中西方宗教信仰的差异。

2）简述中国传统节日文化的起源及分类。

案例分析

中国非遗旅游文化传播

在产业化发展的背景下，非遗与旅游融合是实现文化发展的有效手段，国家、地方政府、社区等不同层面都将非遗文化资源与旅游业有机融合，丰富的旅游商品能够不断满足人民日益增长的精神文化需求，同时旅游收益也对当地文化起到了进一步滋养和维护的作用，有利于推动非遗文化可持续发展。入选第一批国家级非物质文化遗产代表性项目名录的秦淮灯会，作为历代南京民众辞旧迎新、传承文化的重要载体，实现了旅游产业与文化传承活动的有机统一，已成为展现南京历史文化景观的重要活动。每年灯会期间，多达数千盏花灯的展览都会引来众多游客观赏，成为国内非遗旅游的代表之一。入选第一批国家级非物质文化遗产代表性项目名录的女书习俗，作为世界上唯一的性别文字，是区域女性就共同感兴趣的话题进行交流的重要方式，靠母亲传给女儿、老人传给少女的方式代代沿袭。女书蕴含着女性独立自信的精神，承载着丰厚的历史文化底蕴，当地建立女书文化村、女书生态博物馆等作为保护和传承的重要场所。女书文化与旅游融合不仅能够展示女书的形式形态，而且能让人们在观赏浏览时，共享这一区域女性特有的精神内涵。

每到清明节、端午节、中秋节等传统节日，官方或民间将举办各种“仪式”“典礼”进行庆祝。清明节，各地通过不同的仪式和祭祀风俗，寄托对逝去亲人的哀思；端午节的庆祝方式多种多样，其中最具代表性的莫过于赛龙舟、吃粽子和挂艾草。这些各具特色的传统节日，通过仪式和庆典凝结精神价值，跨越地域区隔成为人们共同的文化信仰。当前，非遗旅游需要进一步挖掘文化符号，创新再现传统仪式和典礼，这样才能坚定文化自信，更好地弘扬中华优秀传统文化。

随堂测验 5-4

案例分析

资料来源　周凯，张燕. 仪式观视阈下非遗旅游文化传播的功能与路径［J］. 山东大学学报（哲学社会科学版），2022（4）.

问题：结合案例中的现象，谈谈如何进行非遗旅游文化传播。

实践训练

1. 诞生在2 000年前的皮影戏是我国宝贵的非物质文化遗产，但今天在传承人的培养方面仍有待加强。假如你是保护皮影戏的负责人，应实施哪些具体措施来保护皮影戏？

2. 调查你的家乡有哪些宗教旅游资源，在开发这些资源时有哪些值得借鉴的地方？

3. 调查某一个区域（某一个省或城市）节庆旅游资源的开发情况，分析节庆旅游资源开发中存在的问题。

4. 你的家乡有哪些民俗？与其他地区相比有什么差异？分析差异形成的原因。

本章参考文献

❶周敦源. 旅游文化［M］. 杭州：浙江大学出版社，2005.

❷王元海，黎美洋，陶华举. 旅游宗教文化［M］. 成都：四川大学出版社，2005.

❸马新，杨朝明，刘德增，等. 中国传统文化要论［M］. 北京：高等教育出版社，2003.

❹王曾才. 西方文化要义［M］. 南京：江苏教育出版社，2006.

❺王娟. 民俗学概论［M］. 北京：北京大学出版社，2002.

❻胡静. 实用礼仪教程［M］. 武汉：武汉大学出版社，2007.

❼张晓萍，李伟. 旅游人类学［M］. 天津：南开大学出版社，2008.

❽胡同庆. 品味敦煌［M］. 北京：中国旅游出版社，2008.

❾孟慧英. 中国原始信仰研究［M］. 北京：中国社会科学出版社，2010.

❿冯天策. 略论信仰本体的起源、分类和本质［J］. 东岳论丛，2007，28（1）.

⓫张军. 对民俗旅游文化本真性的多维度思考［J］. 旅游学刊，2005，20（5）.

⓬郭善兵. 二十世纪八十年代以来魏晋南北朝时期婚丧礼俗研究概述［J］. 贵州文史丛刊，2001（4）.

⓭黄翔，连建功. 中国节庆旅游研究进展［J］. 旅游科学，2006，20（1）.

⓮高飞卫，李亚梅. 礼仪与中国传统文化［J］. 延安大学学报（社会科学版），2001，23（4）.

本章推荐阅读文献

❶朱耀廷. 中国传统文化通论［M］. 北京：北京大学出版社，2005.

❷喻学才. 中国旅游文化传统［M］. 南京：东南大学出版社，1995.

❸许行言. 中西文化比较［M］. 北京：北京大学出版社，2004.

❹孙时进. 社会心理学［M］. 上海：复旦大学出版社，2003.

❺郑杭生. 社会学概论新修［M］. 3版. 北京：中国人民大学出版社，2003.

❻戴光全，保继刚. 西方事件及事件旅游研究的概念、内容、方法与启发［J］. 旅游学刊，2003，18（6）.

❼曹建敦，郭江珍. 近代以来礼制起源研究的回顾与展望［J］. 平顶山学院学报，2005，20（6）.

本章推荐网站

❶http://travel.people.com.cn，人民网旅游频道

❷http://www.taoist.org.cn，中国道教协会网站

第6章

旅游业文化

【学习目标】

1. 了解旅游业文化的构成以及各部分文化的发展趋势。
2. 熟悉各种旅游组织及其在旅游业中所起的作用、交通工具的各种形式及其优缺点、住宿业的各种形式以及在线旅游的参与主体。
3. 掌握旅游行政组织的类型、旅游经营商和销售商的分工及其发展趋势、交通与旅游文化的互动关系以及网络给旅游文化带来的影响。
4. 具有创新精神，强化职业热爱。

【知识导图】

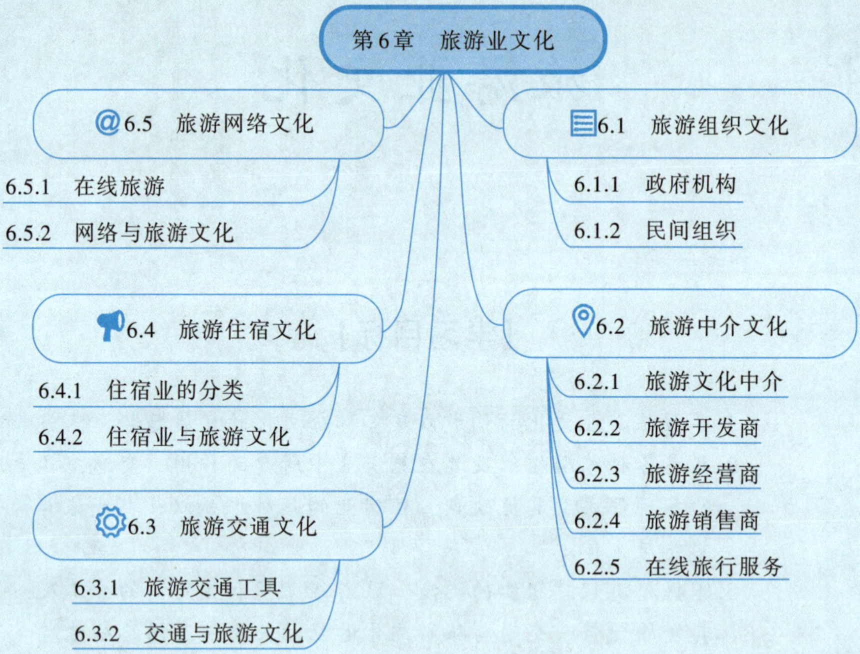
第6章 旅游业文化
6.1 旅游组织文化
6.1.1 政府机构
6.1.2 民间组织
6.2 旅游中介文化
6.2.1 旅游文化中介
6.2.2 旅游开发商
6.2.3 旅游经营商
6.2.4 旅游销售商
6.2.5 在线旅行服务
6.3 旅游交通文化
6.3.1 旅游交通工具
6.3.2 交通与旅游文化
6.4 旅游住宿文化
6.4.1 住宿业的分类
6.4.2 住宿业与旅游文化
6.5 旅游网络文化
6.5.1 在线旅游
6.5.2 网络与旅游文化

引例

墨江哈尼族自治县旅游文化开发

少数民族文化依托得天独厚的地域风光、异彩纷呈的风土人情和历史悠久的民族文化，在文旅融合的大环境下加以利用和开发，便可成为一种旅游资源。在云南省墨江哈尼族自治县，由于北回归线穿县城而过，当地政府遂以北回归线为中轴，创建了一个北回归线标志园，打造“回归之城”。北回归线经过的国家或地区不仅仅只有中国墨江哈尼族自治县，还有毛里塔尼亚、马里、阿尔及利亚、利比亚、埃及、沙特阿拉伯、阿曼、印度、孟加拉国、缅甸、墨西哥、巴哈马、阿布扎比、西撒哈拉。但是这些国家或地区很少以“北回归线”为主题开发旅游资源。自从打造了“回归之城”的地域名片，再经过哈尼太阳节的推动，北回归线标志园的旅游文化逐步丰富起来，融天文、地理、园林、园艺、雕塑、民族文化等旅游资源于一体，表达了人类对自然、阳光、生命的敬畏，来此参观学习的游客也越来越多，经济效益显著。此后，墨江哈尼族自治县的文旅产业不断壮大，还开发了回归酒店，甚至新修建了月亮广场接壤北回归线。

资料来源 吕颖. 旅游文化的资本化践行及意义——以墨江哈尼族自治县为例 [J]. 社会科学家，2021（5）.

6.1 旅游组织文化

旅游组织是各国家、地区旅游业发展到一定程度的必然产物，不管是政府旅游组织，还是民间旅游组织，都为旅游业的发展做出了巨大贡献。

6.1.1 政府机构

1）旅游行政组织

旅游行政组织是根据一个国家或地区旅游业发展的需要，按照一定的法律程序所建立的统一管理国家或地区旅游业的政府专门职能机构。旅游行政组织的职能包括：负责旅游业的宏观调控，进行行业立法、监督和检查，制定行业标准，制定行业发展目标，维护旅游者的合法权益等。

旅游行政组织按其设立模式可分为两大类：

第一类是由中央政府直接设立，在编制上作为中央政府的一个部门或机构。具体来讲，这类旅游行政组织又有三种形式：一是作为一个完整且独立的旅游行政管理机构，名称多为国家旅游部或旅游局，在政府部门中的地位与其他部门的地位相同。二是与其他部门合并成为一个部门。这种混合型的旅游行政组织多是平行混合机构，即设立一个综合管理部门管理旅游及与旅游相关的两三个领域。三是在某些与旅游相关的部门下设旅游行政组织，名称通常为旅游局、旅游司、旅游处等。

第二类是经中央政府承认，代表国家执行全国性旅游行政事务的半官方组织。这类旅游行政组织不属于政府机构，其人员也不属于政府公务员编制，但其主要负责人必须由国家分管旅游的部门来任命，该组织的部分经费也由中央政府承担。

事实上，旅游行政组织的设立模式与国家的经济发展水平相关。经济发达国家较少设立独立的旅游行政组织；经济欠发达国家大多设立独立的旅游行政组织。在经济欠发达国家，交通成为制约旅游业发展的重要因素，因此即使没有设立独立的旅游行政组织，这些国家也往往考虑将旅游与交通结合成一个部门，以便相互协调发展。

小资料6-1　　奥地利旅游管理体制的变化

奥地利旅游管理体制的发展主要有以下几个阶段：1890年，政府授权国家铁路局负责旅游促销，国家铁路局是奥地利第一个负责旅游事务的政府部门，但政府并没有实质性参与管理。1908年，在铁道部下设置了旅游办公室，制定相关旅游政策。1917年，成立奥地利旅游署，各州成立旅游局。1923年，组建了一个股份公司，负责整个国家的旅游促销，并在多个国家设置办事处。1934年，旅游局取代旅游署，作为“联邦商业与运输部的促销机构”，旅游局同时负责奥地利国内外的所有旅游促销活动。第二次世界大战期间，奥地利旅游局及办事处相继关闭。1946—1950年，联邦政府的贸易与重建部负责旅游政策的制定，并设置了奥地利旅游业重建署，为非营利机构。1955年1月，奥地利国家旅游局成立，但其只是一个协会组织，而不再是政府机构。组织的成员包括联邦政府、9个州政府和联邦商会。2001年，地方各州政府从这个机构撤出，国家旅游局也不再免费向各州提供服务，它们成为商业上的合作伙伴或竞争对手。

资料来源　根据人民网公开资料整理.

小思考6-1

分析提示

小思考6-1

奥地利旅游管理体制的变化反映了什么？

2）我国旅游行政组织

我国旅游行政组织分三个层次：第一个层次是中华人民共和国文化和旅游部，它面对全行业，统管全国旅游事务；第二个层次是各省、自治区、直辖市文化和旅游厅，它们主管所在省、自治区、直辖市的旅游行政工作，组织上属地方政府部门编制，业务上接受文化和旅游部、当地政府的指导；第三个层次是省级以下很多市、县设立的文化和旅游局，负责管辖区域内的旅游行政管理工作。中华人民共和国文化和旅游部作为我国最高层次的旅游行政组织，对我国旅游业的发展起着关键作用，下面单独对其进行介绍。

1964年，我国成立了中国旅行游览事业管理局，直属国务院，虽然它名义上是旅行游览事业管理局，但实际上是由中国国际旅行社总社改组和扩大而成的，同一班人马、两块牌子，其性质是政企合一，职能也相当有限。1978年，中国旅行游览事业管理局改为中国旅行游览事业管理总局，直属国务院领导。1982年，中国旅行游览事业管理总局与中国国际旅行社总社分开，更名为“中华人民共和国国家旅游局”，它是国务院管理全国国际、国内旅游事业的职能部门。2018年3月，根据第十三届全国人民代表大会第一次会议批准的国务院机构改革方案，设立中华人民共和国文化和旅游部，不再保留国家旅游局。

文化和旅游部内设15个机构：办公厅、政策法规司、人事司、财务司、艺术司、公共服务司、科技教育司、非物质文化遗产司、产业发展司、资源开发司、市场管理司、文化市场综合执法监督局、国际交流与合作局（港澳台办公室）、机关党委（党组巡视工作领导小组办公室）、离退休干部局。其主要职能有：

①贯彻落实党的文化工作方针政策，研究拟订文化和旅游政策措施，起草文化和旅游法律法规草案。

②统筹规划文化事业、文化产业和旅游业发展，拟订发展规划并组织实施，推进文化和旅游融合发展，推进文化和旅游体制机制改革。

③管理全国性重大文化活动，指导国家重点文化设施建设，组织国家旅游整体形象推广，促进文化产业和旅游产业对外合作和国际市场推广，制定旅游市场开发战略并组织实施，指导、推进全域旅游。

④指导、管理文艺事业，指导艺术创作生产，扶持体现社会主义核心价值观、具有导向性、代表性、示范性的文艺作品，推动各门类艺术、各艺术品种发展。

⑤负责公共文化事业发展，推进国家公共文化服务体系建设和旅游公共服务建设，深入实施文化惠民工程，统筹推进基本公共文化服务标准化、均等化。

⑥指导、推进文化和旅游科技创新发展，推进文化和旅游行业信息化、标准化建设。

⑦负责非物质文化遗产保护，推动非物质文化遗产的保护、传承、普及、弘扬和振兴。

⑧统筹规划文化产业和旅游产业，组织实施文化和旅游资源普查、挖掘、保护和利用工作，促进文化产业和旅游产业发展。

⑨指导文化和旅游市场发展，对文化和旅游市场经营进行行业监管，推进文化和旅游行业信用体系建设，依法规范文化和旅游市场。

⑩指导全国文化市场综合执法，组织查处全国性、跨区域文化、文物、出版、广播电视、电影、旅游等市场的违法行为，督查督办大案要案，维护市场秩序。

⑪指导、管理文化和旅游对外及对港澳台交流、合作和宣传、推广工作，指导驻外及驻港澳台文化和旅游机构工作，代表国家签订中外文化和旅游合作协定，组织大型文化和旅游对外及对港澳台交流活动，推动中华文化走出去。

⑫管理国家文物局。

⑬完成党中央、国务院交办的其他任务。

拓展阅读6-1

文旅融合与文化传播

启智润心6-1 在更广范围、更深层次、更高水平上推进文旅融合

党的二十大报告提出，“坚持以文塑旅、以旅彰文，推进文化和旅游深度融合发

展”。文化和旅游业要以党的二十大精神为指引，在更广范围、更深层次、更高水平上推进文旅融合发展。

一是推进文化和旅游在更广范围融合，增强产业发展能力。深化文化资源、文化设施等与旅游的融合，完善文化要素的旅游功能，不断丰富文化和旅游产品及服务供给。整合各地文化资源、物质文化遗产和非物质文化遗产，增加其旅游属性，完善其旅游功能，拓展旅游业态和产品供给范围。推动博物馆、图书馆、美术馆等公共文化设施的旅游功能开发和旅游产品服务提供，完善文化设施的旅游功能，打造文化旅游新地标。将文化元素、文化符号、文化精神融入旅游资源、场所、设施和空间，提升旅游吸引物的文化内涵，增强旅游吸引力。将融合理念贯穿于旅游业发展全过程，推动文旅与教育、科技、体育、金融、农业、工业、娱乐等行业融合发展，不断拓宽旅游业的外延和边界，完善产业链条，营造旅游地的文化环境氛围，丰富发展模式。

二是推进文化和旅游在更深层次融合，坚定文化自信。文化是国家和民族的灵魂，旅游是文化的重要载体。旅游是中华优秀传统文化创造性转化和创新性发展的重要路径之一。文化遗产和资源的旅游开发过程也是其保护、传承和弘扬的过程，中华优秀传统文化借助旅游开发和传播，以可体验、可感知、可接触的形式为更多人民群众所了解，可以激发人民群众对文化的高度认同，有助于坚定文化自信。党的二十大报告提出，“加大文物和文化遗产保护力度，加强城乡建设中历史文化保护传承，建好用好国家文化公园”。国家文化公园是文旅深度融合的重要载体，其建设不仅开创了文物和文化遗产保护、传承和利用的新路径，也以老百姓所喜闻乐见的旅游方式向人民群众展示了我国优秀传统文化和社会主义先进文化，进一步坚定了全体国民的文化自信。文化和旅游的深度融合，为讲好中国故事、传播中国声音，展现可信、可爱、可敬的中国形象，推动中华文化更好走向世界，提供了全新路径。

三是推进文化和旅游在更高水平融合，提升产业竞争力。文化和旅游更高水平的融合，体现在文化和旅游品牌的培育和壮大，高品质文化和旅游产品、服务、项目的打造，文化和旅游市场主体的做大做强等方面，以及更多高品质产品、服务和项目的供给上。要优化市场驱动的文旅融合体制机制，通过价值共创放大文旅融合效应，培育、壮大文化和旅游市场主体，推动文化和旅游企业做大做强，不断增强产业竞争力。

资料来源　吴丽云．在更广范围、更深层次、更高水平上推进文旅融合［N］．中国旅游报，2022-11-03（3）．

3）国际性政府间旅游组织——世界旅游组织

（1）历史沿革

1925年5月，国际官方旅游协会大会在荷兰海牙召开，1934年在海牙成立国际官方旅游宣传组织联盟。虽然该组织名义上是一个官方机构，但实际上它只是一个民间协会。1947年10月，该组织重新命名为官方旅游组织国际联盟，成为联合国附属机构，总部设在伦敦，1951年总部迁至日内瓦。1975年，该组织正式定名为世界旅游组织（UNWTO），总部设在西班牙首都马德里，2003年11月成为联合国专门机构。

(2) 宗旨及职责

世界旅游组织的宗旨是促进和发展旅游事业，使之有利于经济发展、各国间相互了解、和平与繁荣，以及不分种族、性别、语言或宗教信仰，尊重人权和人的基本自由，并强调在贯彻这一宗旨时要特别注意发展中国家在旅游事业方面的利益。其主要职责是收集和分析旅游数据，定期向成员提供统计资料、研究报告，制定国际性旅游公约、宣言、规则、范本，研究全球旅游政策。

(3) 成员构成

世界旅游组织成员分为正式成员、联系成员以及附属成员。正式成员是指主权国家政府旅游部门。联系成员是指无外交实权的领地。附属成员的范围十分广泛，包括直接从事旅游业或与旅游业有关的组织、企业和机构。只有正式成员才有决策权，联系成员和附属成员对世界旅游组织事务无决策权。

中国于1983年加入该组织，并出席了此后历届全体大会。

(4) 世界旅游组织的组织机构

世界旅游组织的组织机构包括全体大会、执行委员会、秘书处、地区委员会。

全体大会是最高权力机构，每两年召开一次，负责批准预算和工作方案，以及审议该组织的重大问题等。

执行委员会每年至少召开两次会议。成员数量为该组织正式成员总数的1/5。成员由地区委员会推选，执行委员会提名，全体大会通过。执行委员会下设5个委员会：计划和协调技术委员会、预算和财政委员会、环境保护委员会、简化手续委员会、旅游安全委员会。

秘书处负责日常工作，秘书长是世界旅游组织的主要负责人，由执行委员会推荐，全体大会选举产生，任期4年。

地区委员会是非常设机构，负责协调、组织本地区的研讨会、工作项目和地区性活动，每年召开一次会议。地区委员会有6个，即欧洲委员会、非洲委员会、中东委员会、南亚委员会、东亚和太平洋委员会、美洲委员会。

(5) 世界旅游日

1970年9月27日，世界旅游组织章程通过。为了纪念这个日子，1979年9月世界旅游组织第三次代表大会正式把9月27日定为世界旅游日。为普及旅游理念，阐明旅游的作用和意义，促进世界旅游业的发展，世界旅游组织从1980年起，每年都为世界旅游日确定一个主题，并要求每个成员按照当年的主题和各自的文化传统开展庆祝活动。自1985年起，我国每年都确定一个省（自治区、直辖市）为世界旅游日庆祝活动的主会场。

拓展阅读6-2

历年世界旅游日主题

6.1.2 民间组织

1) 国际民间旅游组织

(1) 世界旅游联盟

世界旅游联盟（World Tourism Alliance，WTA）由中国发起，是中国第一个全球性、综合性、非政府间、非营利性国际旅游组织。2017年9月11日，世界旅游联盟在成都举行成立仪式。2017年12月17日，世界旅游联盟总部正式落户杭州萧山湘湖。作为重要的国际旅游组织、全球旅游治理体系的重要力量，世界旅游联盟的成立是国际旅游界的一大盛事，是世界旅游发展史上的重要里程碑之一，必将载入中国乃至世界旅游发展的史册。

世界旅游联盟以“旅游让世界和生活更美好”为核心理念，以旅游促进发展、旅游促进减贫、旅游促进和平为目标，旨在增进共识、分享经验、深化合作，推动全球旅游业可持续、包容性发展。世界旅游联盟与联合国世界旅游组织相得益彰、双轮驱动，在非政府和政府层面联合促进全球旅游界的交流与合作。

世界旅游联盟的主要机构包括会员大会、理事会和秘书处。会员大会是联盟的最高权力机构，由全体会员组成；理事会是会员大会的执行机构，在闭会期间领导联盟开展日常工作，对会员大会负责；秘书处是日常行政管理机构，由秘书长及其所聘职员组成。世界旅游联盟的工作语言为汉语、英语、法语、俄语、阿拉伯语与西班牙语。世界旅游联盟会员包括单位会员和个人会员。单位会员包括各国全国性旅游协会、有影响力的旅游企业、智库和研究院所等；个人会员包括旅游领域专家学者等。

世界旅游联盟的业务范围包括：为全体会员提供专业服务，搭建会员之间对话、交流与合作平台，促进会员间的业务合作与经验分享；与重要国际旅游组织加强沟通协作，收集、分析旅游数据，研究全球旅游发展趋势，提供统计资料、研究报告；及时关注旅游业发展中遇到的困境与挑战，为各国政府发展旅游业提供政策咨询、建言献策；主办联盟年会、峰会、博览会等旅游宣传推广活动，为民间和政府搭建交流与合作的平台；开展教育、培训、咨询、规划服务，促进资源共享，提升旅游业界可持续发展能力。

（2）亚太旅游协会

亚太旅游协会（Pacific Asia Travel Association，PATA）成立于1951年，原名太平洋地区旅游协会，1986年改为现名。亚太旅游协会是一个地区性、非政府间的国际旅游组织，现为亚太地区最具影响力的旅游组织之一，总部设在泰国曼谷。

亚太旅游协会的宗旨是发展、促进和便利世界各国的旅游者到本地区旅游，以及本地区各国居民在本地区内开展国际旅游。

亚太旅游协会的成员不仅包括亚太地区的，而且包括如欧洲各重要客源国在内的政府旅游部门，以及空运、海运、陆运、旅行社、酒店等与旅游有关的协会和企业。我国于1993年加入该协会。

亚太旅游协会每年召开一次年会，并举办旅游交易会。该协会的管理机构是理事会。该协会下设3个委员会：管理委员会、企业委员会、咨询委员会。

（3）世界旅行社协会联合会

世界旅行社协会联合会（United Federation of Travel Agents' Associations，UFTAA）由1919年在巴黎成立的欧洲旅行社和1964年在纽约成立的美洲旅行社合并而成，1966年11月22日在意大利罗马正式成立，是一个非政府间国际旅游组织，总部设在比利时布鲁塞尔。

世界旅行社协会联合会的宗旨是对国家级的旅游协会以及其他旅游局、旅行社联合会或旅游联盟给予职业上的指导和技术上的援助，尽一切努力联合、巩固和发展这些组织，团结和加强各国全国性旅行社协会和组织，协助解决会员在专业问题上可能发生的纠纷；在国际上代表旅行社行业同有关的各种旅游组织和企业（运输业、旅馆业和官方机构等）建立联系，进行合作；确保旅行社业务在经济、法律和社会领域里最大限度得到协调、赢得信誉、受到保护和发展；向会员提供必要的物质上、业务上、技术上的指导和帮助，使其在世界旅游业中占有适当的地位。

世界旅行社协会联合会与世界旅游组织、国际航空运输协会等组织有密切的业务联系。世界旅行社协会联合会下设拉美、北美、加勒比、欧洲、非洲、中东、北非、南亚、亚太9个地区联盟，另有许多国家的旅游企业、与旅游业有关的企业（如航空公司、游船公司、旅馆等）加入世界旅行社协会联合会作为联系会员。

中国旅游协会于1995年8月1日正式加入世界旅行社协会联合会，作为国家级会员，属于亚太地区联盟。

(4) 国际旅馆协会

国际旅馆协会（International Hotel Association，IHA）是旅馆和饭店业的国际性组织，总部设在法国巴黎。该协会的宗旨是联络各国旅馆协会，并研究国际旅馆业和国际旅游者交往的有关问题；促进会员间的交流和技术合作；协调旅馆业和有关行业的关系；维护本行业的利益。

国际旅馆协会的会员分为正式会员和联系会员。正式会员是世界各国的全国性的旅馆协会或类似组织；联系会员是各国旅馆业的其他组织、旅馆院校、旅馆和个人。

国际旅馆协会每两年举行一次会员大会，商讨旅游业发展中的重大问题，修改和制定有关政策和法规，选举下届主席、副主席和秘书长。国际旅馆协会设有9个委员会：财务委员会、法律委员会、经济政策研究委员会、出版发行委员会、宣传推销委员会、旅行社事务委员会、旅馆专业培训委员会、季节性旅馆和旅游胜地旅馆事务委员会、会员联系事务委员会。

国际旅馆协会的主要任务是：与各国政府对话，促使各国政府实行有利于旅馆业发展的政策，并给予旅馆业支持；参与联合国跨国公司委员会有关国际旅馆跨国企业方面的工作；制定和修改完善有关的经济法律文件，协调旅馆与其他行业的关系；调研、汇集和传播市场信息，提供咨询服务；为各会员提供培训旅馆从业人员的条件和机会。

(5) 其他国际旅游组织

其他国际旅游组织有：

世界旅行社协会：World Association of Travel Agencies（WATA）

国际旅游联盟：Alliance International de Tourisme（AIT）

国际妇女旅游组织联合会：International Federation of Women's Travel Organization（IFWTO）

国际山地旅游联盟：International Mountain Tourism Alliance（IMTA）

世界旅游城市联合会：World Tourism Cities Federation（WTCF）

2）我国的旅游组织

（1）中国旅游协会

中国旅游协会（China Tourism Association，CTA）是由中国旅游行业相关的企事业单位、社会团体自愿结成的全国性、行业性社会团体，具有独立的社团法人资格。中国旅游协会是1986年1月30日经国务院批准正式宣布成立的第一个旅游全行业组织，1999年3月24日经民政部核准重新登记。中国旅游协会接受文化和旅游部的领导、民政部的业务指导和监督管理。

中国旅游协会以“依法设立、自主办会、服务为本、治理规范、行为自律”为宗旨，遵守国家的宪法、法律、法规和有关政策，遵守社会道德风尚，代表和维护全行业的共同利益和会员的合法权益；致力于为会员服务、为行业服务、为政府服务，充分发挥桥梁纽带作用；与政府相关部门、其他社会团体以及会员单位协作，为促进我国旅游市场的繁荣、稳定，旅游业高质量发展做出积极贡献。

（2）中国旅游饭店业协会

中国旅游饭店业协会（China Tourist Hotel Association，CTHA）成立于1986年2月，经民政部登记注册，具有独立的法人资格，主管单位为文化和旅游部。中国旅游饭店业协会是由中国境内的旅游饭店、饭店管理公司（集团）、饭店业主公司、为饭店提供服务或与饭店主营业务紧密相关的企事业单位及各级相关社会团体自愿结成的全国性、行业性社会团体，是非营利性社会组织。

中国旅游饭店业协会的宗旨是代表和维护中国旅游饭店行业的共同利益，维护会员的合法权益，为会员服务，为行业服务，在政府与会员之间发挥桥梁和纽带作用，为促进我国旅游饭店业的健康发展作出积极贡献。本协会遵守宪法、法律、法规和国家政策，践行社会主义核心价值观，弘扬爱国主义精神，遵守社会道德风尚，自觉加强诚信自律建设。

（3）中国旅行社协会

中国旅行社协会（China Association of Travel Services，CATS）成立于1997年10月，是由中国境内依法设立、守法经营、无不良信誉的旅行社、为旅行社提供服务的企事业单位，以及与旅行社相关的社会团体等单位，按照平等自愿的原则结成的全国性、行业性社会团体，是非营利性社会组织，具有独立的社团法人资格。中国旅行社协会接受文化和旅游部的领导、民政部的监督管理和中国旅游协会的业务指导。中国旅行社协会会址设在北京。

中国旅行社协会的宗旨是为政府提供咨询、服务企业发展、优化资源配置、加强行业自律、创新社会治理、履行社会责任，代表和维护旅行社行业的共同利益和会员的合法权益，努力为会员服务，为行业服务，为政府服务，充分发挥桥梁和纽带作用，与政府相关部门、其他社会团体以及会员单位协作，为促进我国旅游市场繁荣、稳定，旅行社行业持续、快速、健康发展做出积极贡献。本协会遵守宪法、法律、法规和国家政策，践行社会主义核心价值观，弘扬爱国主义精神，遵守社会道德风尚，自觉加强诚信自律建设。

小资料 6-2　　**福建省首个导游之家诞生**

2010年4月，福建省首个导游之家——厦门市导游协会宣告诞生。据了解，首批加入厦门市导游协会的有26家单位会员和500多名个人会员，个人会员人数接近厦门导游总人数的1/6。厦门市导游员之间的联系和沟通相对松散，迫切需要一个实现导游员之间相互交流、保障自身权益、传达导游群体各种意见和呼声的社团组织，厦门市导游协会的成立适应了厦门旅游业发展的现状。

资料来源　黄菱．省内首家导游协会成立　3 000多名厦门导游有“归属”[EB/OL].[2010-04-09]. http://news.sina.com.cn/c/2010-04-09/173817348398s.shtml.

小思考 6-2

福建省首个导游之家的诞生对当地导游行业有什么影响？

小思考 6-2
分析提示

6.2 旅游中介文化

启智润心 6-2　　**新时代文化和旅游发展的主体功能**

一是对政治建设具有重要作用，可以更好地解决文化旅游业的经济效益和社会效益相矛盾的问题。二是对经济建设具有重要作用，可以通过文化和旅游消费升级带动消费经济发展，促进经济社会均衡发展。三是对社会建设具有重要作用，能够为社会治理和国家治理能力现代化建设提供基本指引。四是对文化建设本身的作用，以文化旅游为平台弘扬和培育社会主义核心价值观，有助于促进中华优秀传统文化的创造性转化和创新性发展。五是对生态文明建设具有重要的推动作用，这既包括对自然景观和生态方面的保护，也包括对人文和精神生态方面的涵养。

资料来源　刘士林．以消费城市为中心促进文旅融合发展 [J]．人民论坛·学术前沿，2019 (11).

6.2.1 旅游文化中介

传统的旅游文化是旅游主体和旅游客体间直接发生关系的产物，但在现代旅游业中，中介发挥着重要作用。旅游资源和旅游者处于旅游产业链的两端，两者之间往往通过一系列的中介产生联系，那些在旅游资源和旅游者之间从事斡旋和协调活动的人，就是人们常说的旅游文化中介。根据《中国旅游百科全书》的界定，旅游文化中介是指“在目的地文化与旅游者文化之间往来沟通的中间人或协调人，他们承担着向旅游者解释或出售原住民文化的任务”。

在旅游业中，无论是传统意义上的旅游开发商、旅游经营商和旅游零售商，还是互联网时代的在线旅行服务商，都是重要的旅游文化中介。旅游文化中介不仅在旅游目的地形象构建中起着关键作用，而且对游客旅游体验的质量、停留时间的长短、东道主社区的经济效益具有重大影响。在专项旅游项目，特别是民族旅游、文化旅游、遗产旅游等项目的开发中，尤其需要具备特定知识和高水平协调能力的旅游文化中介，其任务就是选择值得旅游者关注的一切，为之提供相关信息，做解释，写故事。旅游文化中介将陌生的异域文化翻译成旅游者的习惯用语，使旅游者觉得自己的旅游体验物有所值。因此，旅游文化中介就是通过调度金钱、商品、服务、渠道和信息的流向，在不同群体之间牵线搭桥的人。

6.2.2 旅游开发商

旅游开发商处于旅游产业链的最上端，负责提供最初形态的旅游产品。旅游者有不同的需求，就会有不同类型的旅游开发商。例如，旅游者有住宿的需求，就有旅游酒店开发商；旅游者有游览的需求，就有旅游景点开发商等。从总体上看，旅游开发商主要包括旅游住宿开发商、旅游景点开发商、旅游餐饮服务开发商、娱乐服务开发商、航空公司等其他交通服务商、购物商店以及其他类型的旅游服务及旅游产品开发商。

1）旅游开发商开发旅游产品时应注意的问题

旅游开发商作为旅游产品的生产者，直接影响旅游者的旅游质量。旅游开发商在开发旅游产品时必须注意以下几个问题：

第一，根据市场需要开发旅游者所需的旅游产品。旅游开发商不管经过何种途径，最终都要面对旅游者，其开发的旅游产品最终也要经受旅游市场的考验。盲目开发几乎成为大部分旅游开发商的通病。例如，某一区域因为地理和历史的原因，往往存在许多相同或相似的自然资源和人文资源，一些旅游开发商依据这些旅游资源开发出相似的旅游产品，互相竞争，而旅游者绝不会在同一区域消费相似的旅游产品，这种盲目开发既浪费了资源，又不能产生经济效益。又如，旅游酒店开发商忽视市场需求，竞相开发高档酒店，结果造成众多高档酒店闲置，与此形成对比的是人们需要的中低档酒店却紧缺。

第二，在开发中注重文化因素。从古至今，文化求知都是人们旅游的重要动机之一。环球华品对欧洲旅游批发商的调查显示，在中国最有潜力的旅游类型中，文化游位列第一，欧洲旅游者希望在中国看到的也是原汁原味的中国文化旅游产品，他们对人为举办的一些旅游活动并不十分感兴趣。旅游开发商将旅游资源开发成旅游产品时，首先要关注产品的文化性。对于旅游纪念品的生产，旅游开发商也面临同样的问题。旅游纪念品这个本应最具文化性的旅游产品长期不为人们所重视，因此旅游者很难见到拥有丰富文化底蕴的旅游纪念品。

第三，注意保持特色。特色永远是旅游开发商在旅游市场中制胜的法宝。旅游业从总体上看仍是服务性行业，如何创造并保持服务特色是旅游服务商的生存之道。法国地中海俱乐部成功的秘诀在于独具特色的度假方式。俱乐部奉行逃避日常工作的度假哲学，每个度假村都由一群小屋组成，没有电视、闹钟、电话等现代化工具的“干扰”，人与人之间没有界限，设施简单、人际关系也简单，这对于已经厌倦现代城市快速生活节奏的人们来说非常具有吸引力。

第四，对旅游开发商而言，必须牢记开发与保护并重。开发与保护是人们长期讨论的问题，人们一直试图寻找两者之间的平衡点。大多数旅游资源一旦被破坏，就很难再生，因此旅游开发商应在可持续发展理念的指导下，使开发与保护和谐发展。

2）旅游开发商与下游旅游企业的关系

旅游开发商可以直接向旅游者提供旅游产品，如景点接待散客，酒店直接为商务旅游者服务，航空公司在大城市设立直接销售点等，也可以通过旅游中间商向旅游者提供旅游产品。但对于大多数旅游开发商而言，它们主要通过下游旅游企业与旅游者产生联系。从理论上看，旅游开发商与下游旅游企业应该是相互扶持、相互依存的关系，然而作为独立的实体，它们有各自的利益目标，当它们的利益发生冲突时，它们就会产生矛盾，因此这条通往旅游者的渠道也并不总是通畅的，常常存在一些问题。下面我们以酒店行业为例，探究旅游开发商与下游旅游企业之间的合作与矛盾，以及双方为解决矛盾所做的努力。

对于一些酒店而言，与旅游经营商合作是使其国际营销工作迅速得到回报的有效途径。双方互利互惠，旅游经营商为酒店解决包装和销售的问题，而酒店为一些旅游活动提供的帮助减少了旅游经营商的风险。国外旅游经营商在接受新产品时会比较犹豫，它们更容易接纳拥有知名品牌的酒店，因为对旅游经营商而言，旅游线路手册的每一页都意味着很大的资金投入，它们总是希望把销路最好的产品列入其中以降低风险。酒店参与旅游经营商的包价活动有利于酒店在淡季时获得利润并加快现金流动，但这并不适用于所有酒店。因为这些嘈杂的旅游团队可能会影响到酒店的忠实客户，从而使酒店失去这些忠实的客户。

酒店与旅游代理商之间的合作关系一直比较脆弱，其中最严重的问题就是佣金。酒店的佣金支付并没有统一的标准，酒店拒付旅游代理商佣金的现象时有发生，旅游代理商往往需要花费很大的精力来取得佣金。某些情况下，佣金是以外币形式支付的，外币兑换和汇率波动带来的损失有时甚至比佣金本身还要高。此外，不同地区的酒店对支付方式的偏好不同，如亚洲酒店偏好刷信用卡预付订金，欧洲许多酒店则要求使用支票或当地货币，这使得旅游代理商很难建立统一的支付系统，从而大大增加了支付成本。

另外，可协商的房价也是一个问题。旅游者从旅游代理商处获得的房价是由酒店预订部事先规定的，但当旅游者到达酒店后，他可能会与酒店前台协商拿到更低的折扣，而根据酒店的规定，以折扣价格出售客房时，酒店不向旅游代理商支付佣金。因此，从世界范围来看，酒店实际支付给旅游代理商的佣金估计只有其应支付金额的40%～80%，这也是旅游代理商不愿意花费精力扩大酒店预订业务的原因。同时，酒店预订系统远远落后于机票预订系统，这也对旅游代理商形成了障碍。旅游代理商经常不能及时获得预订房间的确认，在预订房间后，如果旅游代理商要尽快确认，还需要拨打800免费电话，这意味着一个预订要通过电脑和电话两种方式，无疑增加了双方的成本。

虽然酒店和旅游代理商之间存在很多问题，但一些预订业务主要依赖旅游代理商的酒店已经致力于解决上述问题。例如，假日酒店的营销工作主要针对旅游批发商和零售商，它建立了有效的佣金支付系统，将支付给每个旅游代理商的佣金都集中在一张支票上，由公司总部按月支付。一些欧洲酒店开始放下高傲的姿态，重新审视自己对待旅游代理商的政策。为了改善同旅游代理商的关系，它们调整了佣金支付政策，使预订变得更加快捷，同时也使旅游代理商可以获得更多利润。

小资料6-3　　露营产品开发

“露营”（camping）一词可以追溯到早期人类在游牧、狩猎、迁徙、军事等活动中临时搭建的野外住宿场所和设施。露营与旅行是紧密关联的，是人们在野外各种目的的活动中必不可少的组成部分。人类社会早期的露营是以生产活动或军事活动为目的的被动露营，而我们所说的露营是指近代开始出现的娱乐休闲露营。露营产业是社会发展到一定阶段的必然产物。艾媒咨询的数据显示，中国露营经济核心市场规模和带动市场规模均呈现逐年上升的趋势。2021年，中国露营经济核心市场规模达到747.5亿元，同比增长62.5%；带动市场规模为3 812.3亿元，同比增长58.5%。预计2025年中国露营经济核心市场规模将上升至2 483.2亿元，带动市场规模将达到14 402.8亿元，露营及其相关产业在中国有着较大的发展空间。隐札迹是露营品牌中的佼佼者。隐札迹的露营理念是隐入山野之中，用心记录美好时光，离开时只留下探索的足迹。隐札迹拥有自有品牌的露营装备，探索出了一套适合营地发展的运营管理模式，建立了稳定成熟的餐饮供应体系，研发了一套营地管理软件系统，打造了一支专业的运营团队。

资料来源　根据网络公开资料整理.

小思考6-3

分析提示

小思考6-3

露营产品的合作流程是什么？

6.2.3　旅游经营商

旅游经营商是指将航空运输或其他交通运输服务与地面接待服务组合成一项旅游产品，并通过一系列的渠道向公众销售的商业实体，通俗地讲就是主要经营批发业务的旅行社或旅游公司。旅游经营商首先必须了解市场需求信息，对市场需求进行有效预测，然后大批量地预订或购买交通运输公司、饭店、目的地经营接待业务的旅行社、旅游景区等相关旅游企业的产品和服务，并将这些单项产品组合成不同的包价旅游线路产品或包价度假集合产品，最后通过一定的渠道出售给旅游者。

1）旅游经营商与旅游供应商的购买关系

旅游经营商与旅游供应商的购买关系主要有以下两种：

第一种是批量预订。在美国，旅游经营商通常提前一年与供应商洽谈，提出预订数量。旅游经营商取得的折扣价格主要取决于供应商预期的出租率或使用率，以及旅游经营商根据往年经营情况预测的需求量。

第二种是批量购买。通常是旅游经营商向航空公司承诺购买一定数量的机位或包租一架飞机。虽然旅游经营商通过此种方式可以获得相当低廉的价格，但无论旅游经营商销售多少产品，都必须按照当初的承诺向航空公司付款，因此旅游经营商只有在有把握销售足够数量产品的情况下才会采用这种方式。

2）旅游经营商存在的意义

旅游经营商作为旅游业的重要中介之一，对旅游者和旅游上游企业都具有重要意义。

对旅游者而言，旅游经营商从上游企业批量购入产品可以获得价格折扣，使包价旅游产品的价格低于各单项旅游产品的价格之和，从而帮助旅游者节约了费用支出。旅游经营商利用专业知识和专业经验对纷繁众多的上游产品进行有效的组合，简化了旅游者的购买活动，为旅游者节省了时间成本和精力成本。旅游是一次经历，不能事先检验质量，同时旅游服务的供应企业大部分远离旅游者的居住地，因此旅游产品的购买风险较大，而旅游经营商的存在减少了产品的不确定性，降低了旅游者的购买风险。

对旅游上游企业而言，旅游经营商可以改善其供求状况，降低风险。旅游上游企业如饭店、航空公司等的固定资产比例一般较高，市场应变性差，旅游经营商与这些企业签订长期合作契约，在需求淡季时为之补充大量的客源，从而有效降低了这些企业在淡季的经营风险。旅游经营商还可以帮助住宿业在异地开辟新的市场，帮助交通运输业创造出新的需求。

3）旅游经营商的一体化

旅游行业的发展使旅游经营商之间的竞争加剧，在竞争中强者生存，很多独立经营的旅行社由于经营不善而被迫倒闭，有些旅行社则选择了横向一体化的发展道路，通过横向扩张扩大企业的经营规模，提高企业的市场竞争力。

在国外，旅游经营商和旅游批发商两个概念经常混用，两者唯一的区别是旅游批发商并不直接向消费者出售自己组合的包价旅游产品，而是通过第三方即旅游销售商来出售旅游产品。旅游经营商则往往通过自己的零售网络直接向旅游消费者出售旅游产品。虽然旅游经营商和旅游批发商在理论上存在区别，但在实际操作中，随着企业规模和经营实力的变化，旅游批发商也逐渐开始组建自己的销售网络，向旅游经营商转变。因此，在欧美国家，旅行社行业内人士通常将旅游批发商和旅游经营商视为同一类型的企业。

6.2.4　旅游销售商

旅游销售商即主要经营零售业务的旅行社。

1）旅游销售商与旅游批发商的关系

旅游销售商在旅游者和旅游产品供应商之间扮演双重角色，既代表旅游者向旅游经营商购买旅游产品，又代表旅游经营商将旅游产品直接出售给旅游者，其收入不是靠向旅游者收取费用，而是来自旅游经营商所支付的佣金。在美国，旅游销售商销售轮船舱位的佣金为7%～7.5%，销售航空机位的佣金为9%～10%，销售包价旅游的佣金为10%。如果说旅游经营商经营的成败取决于其能否设计出适合旅游大众需要的包价旅游产品并进行成功的促销，旅游销售商经营的成败则取决于其销售能力和销售数量。旅游销售商的主要业务包括：为旅游者提供各类咨询服务、预订服务，售发旅行票据，宣传旅游产品，收集顾客的反馈意见等。

2）旅游销售商存在的意义

旅游销售商一般规模小，数量多，在美国大多以夫妻店的形式出现。旅游销售商的存在对旅游经营商和旅游者都具有重要意义。

对旅游经营商来说，首先，旅游销售商的存在使旅游经营商有更多的时间和精力从事旅游产品的组合设计，这种垂直分工使旅游行业更加规范，并且能够以更健康的方式发展。其次，旅游经营商在市场上自行设立销售网络需要固定的支持费用（包括固定资产的投入、专业人员的聘用、巨额的广告宣传费用和因此而增加的整个企业的管理费用等），而委托旅游销售商进行销售只需按照实际销售量支付佣金，在旅游产品的销售量没有达到一定规模之前，利用旅游销售商销售旅游产品有助于节约销售费用。

对旅游者来说，上游旅游企业的产品复杂多样，这让他们感到无所适从，而旅游销售商具有专业的知识和丰富的经验，能够为旅游者提供专业的旅游咨询和合理的建议，可以节省旅游者在搜寻信息、做出判断时耗费的时间成本和精力成本，提高旅游者出游的效率，同时也有助于提高旅游者的旅游质量。

3）旅游销售商的一体化

航空交通运输的发展，促进了旅游销售商的发展。航空公司发现，利用零售代理商进行票务销售，有助于节约成本、提高销售效率，因此航空公司大量采用代理销售方式，根据销售数量向零售代理商支付佣金。同时，航空技术的发展所引起的包价旅游的兴起，使旅游经营商在市场上出现，旅游经营商也通过旅游销售商销售产品，从而使旅游销售商的业务范围得以拓宽，旅游销售商的数量也迅速增加。20世纪80年代中期，出现了一批“巨型旅行代理商”。这些代理商布点广泛，有能力与供应商谈判并得到较低的价格，能够向客户提供最优的服务，保证通过全面管理来节约客户的费用支出，因此越来越多的大公司开始将公司的全部旅行业务委托给一家“巨型旅行代理商”负责。在后来的发展中，巨型旅行代理商渐渐将触角伸到了休闲市场上。20世纪80年代末，代理商的大部分业务集中于少数大规模旅行社的形势已经十分明显。为了与巨型旅行代理商日益增长的市场力量相抗衡，以维持自己的生存，规模较小的旅行社走上了横向联合的道路。通过联合，这些小旅行社可以获得批量购买的优势，扩大市场覆盖面，提高与供应商讨价还价的能力，从而增强对顾客的吸引力。欧洲的情况与美国的情况类似。在英国，连锁经营成为主要发展趋势。英国旅行代理商最初的扩张方式为“地区一体化”，进入20世纪80年代后，旅行代理商开始了“国家化扩张”，表现为大型连锁企业买断小企业，旅行代理商的市场越来越集中于少数多分支机构的大代理商手中。有些旅行代理商没有进行连锁经营，而是加入了由独立代理商组成的联营组织，或者申请连锁店的特许经营权，但是它们在竞争实力上都不能与大型连锁企业相匹敌。

4）传统旅游销售商面临的挑战

随着科技的发展和网络的广泛应用，传统旅游销售商受到了许多冲击。

首先是旅游经营商的冲击。中央预订系统（CRS）及全球分销系统（GDS）的普遍采用，使旅游供应商在所需范围内直接同终端消费者对话成为可能，并且不必因支付高昂的佣金而削弱自己的产品在价格方面的竞争力，从而更具成本优势。很早以前，托马斯·库克公司就已决定在英国市场上取消部分独立旅行代理商对该公司产品的销售代理权，产品完全由该公司利用电子计算机预订系统和在英国各地自设的零售点进行直销。此举不但使该公司每年节省了300万~400万英镑的佣金，而且使该公司能够以较低的“出厂价”面向大众直销其产品。20世纪90年代初，一项针对美国旅游经营商的调查表明，美国近60%的旅游经营商都已介入面向消费者的直销业务。这一调查结果说明，直接销售业务在美国旅游经营商中的发展是相当快的。

其次是新兴网络销售商的冲击。网络技术的发展使得网络销售商应运而生。在美国，像Travelocity（旅游城市）和Expedia（亿客行）这样的网络销售商已经取得成功。在很多方面，网络旅游销售商的角色与街头旅游销售商的角色没有很大区别。网络旅游销售商提供24小时方便接入、最新的内容、强大的聚合能力（简化在几个品牌和产品之间的选择）和理所当然的低价承诺（虽然有些时候这只是代表感觉而不是真实的情况）。

最后是大型公共卫生事件的冲击。新冠肺炎疫情倒逼旅游企业转型，传统旅游销售商被迫重新调整布局国内市场，重点开发定制游、房车游、红色旅游等旅游产品，通过打造一站式互联网旅游服务综合平台，为客户提供定制化、主题化、精品化的旅游服务；必须深挖细分市场，整合内外部资源，重点围绕生态旅游、亲子研学游、周边特色旅游等升级产品服务，同时持续加强精细化管理，严控成本费用。

6.2.5 在线旅行服务

1997年，我国第一家旅游网站——华夏旅游网成立，开启了中国旅游业网络化的新纪元。1999年，以全新的服务方式和商业模式亮相的携程旅行网开了中国在线旅行服务的先河，随后在线旅行服务平台如雨后春笋般层出不穷，如艺龙旅行网、穷游网、途牛旅游网、马蜂窝、驴妈妈旅游网等，淘宝、腾讯以及各类社交媒体也相继加入。至今，数以万计的在线旅行服务运营商活跃在市场中，形成了百花齐放、百家齐鸣的格局，成为推动旅游业从传统服务业向现代服务业转变的重要力量。

1）在线旅行服务的概念

在服务方式上，相对于传统的旅行服务商而言，在线旅行服务利用先进的网络技术、广阔的网络平台向旅游者提供了更为方便、快捷、多样与个性的旅行服务，创造了更多的服务价值，使得旅行服务发生了天翻地覆的变化。在服务内容上，在线旅行服务既可以是一项服务，也可以是一系列服务，主要由旅游者根据自己的旅行需求进行选择，因此在线旅行服务包括在线提供的单项服务、核心服务、全包价服务和附加服务。

在线旅行服务即基于互联网的旅行服务，是以互联网为平台，围绕需求链条满足旅游者全部或部分旅行需求的服务；在线旅行服务提供商是指以互联网为平台，以营利为目的，为旅游者提供在线旅行服务的企业；在线旅行服务商业模式是指基于网络环境和信息技术的一种新型的旅游企业运作方式，是在线旅行服务企业进行价值创造的内在机制，是在内外部资源和条件明确的前提下实现企业经营运作的结构体系，是在整合多方资源的情况下为顾客提供增值产品和服务，从而获取超额利润的战略创新。

2）在线旅行服务的商业模式

（1）基于产生条件的分类

在线旅行服务起步较晚，它是在旅游业发展相对成熟的阶段产生的，有的与传统的旅游业相结合，有的直接产生于新兴的互联网行业，由于产生条件多种多样，因此出现了不同的商业模式。

①传统旅行社自有的在线旅行网站

随着互联网的兴起与发展，传统旅行社现有资源遭遇瓶颈，于是它们开始运用自身优势注册域名建立网站。这类在线旅行网站主要为本旅行社服务，提供线路与景点信息、旅游咨询及附加服务等，一般规模不大，点击率不是很高，很少能够直接实现在线预订。

②传统旅行社所有的、自主经营的在线旅行网站

一些较大的传统旅行社资金充足，在服务本社业务的基础上为了分得在线旅行市场的一杯羹，建立了在线旅行网站。这类网站虽然最初由母社出资，但是独立核算、自主经营。这类网站最大的特点是背靠母社强大的实力和充足的客源，在市场竞争中占有一定的优势。它们提供的产品与服务多样，规模较大，点击率较高，在一定程度上可以实现在线预订与支付，可以与综合性在线旅行服务提供商相抗衡。

代表网站：中青旅遨游网。

③门户网站的旅游频道

随着在线旅行服务的出现与快速发展，巨大的市场空间和利润空间吸引了诸多人的眼球。门户网站也纷纷抢滩在线旅行服务，推出了旅游频道并迅速壮大。这类网站的主要优势在于其拥有大量忠实的客户。例如，淘宝网依托自身的平台战略及自有的支付工具——支付宝，使得旅游频道在开放初期，机票的预订量就大幅增加。

代表网站：搜狐旅游频道、新浪旅游频道。

④由市场需求推动的新兴在线旅行服务商

随着旅游市场的成熟、消费者需求的增长以及互联网技术的完善，资本市场的运

作催生了新兴的在线旅行服务商。这类网站有的以网上预订为主，除了提供旅游资讯，还在网上预订和销售机票、酒店、度假产品等；有的是搜索引擎，为旅游者提供搜索、比较服务；有的是旅游社区，为旅游者提供分享、评论的平台。

代表网站：携程旅行网、去哪儿网、马蜂窝。

（2）基于业态的分类

旅游业的综合性决定了旅游业涵盖了多个行业，主要包括食、住、行、游、购、娱。为了满足不同业态消费者的需求，人们开始依据业态划分在线旅行服务。

①酒店类在线旅行服务

酒店类在线旅行服务出现得较早，从20世纪70年代开始，全球主要的酒店集团陆续开发了自己的中央预订系统（CRS），全球分销系统（GDS）每年为全球各地的酒店输送大量的客源，好订网（Hotels.com）也是提供全球酒店预订的网站。除了综合性的酒店类在线旅行网站，还有大量酒店自建的网站在进行直销，这类网站为旅游者提供本酒店的咨询及预订服务，很多预订服务都是与呼叫中心共同完成的。

代表网站：安可达（Agoda）网站、爱彼迎（Airbnb）网站、7天酒店官网。

②旅行社类在线旅行服务

旅行社类在线旅行服务较多，以提供旅行社的旅游线路、景点门票、旅游度假、自由行等服务为主，现在越来越多的旅行社网站也开始为旅游者提供旅游攻略、点评、交流社区、照片或视频分享等服务。

代表网站：同程旅行网、中青旅遨游网、途牛旅游网。

③景区类在线旅行服务

景区类在线旅行服务起步较晚，与其他业态相比也是最不成熟的一类。景区类在线旅行服务主要有景区门票在线预订网站和景区自办的资讯类网站。前者以景区票务为切入点，拥有自己的预订平台，同时提供相关资讯与社区类服务，有的在线旅行服务商还根据自由行游客的行为特征，推出了个性化的自由行服务。后者以提供资讯为主。

代表网站：驴妈妈旅游网、三清山旅游官方网。

④票务类在线旅行服务

票务类在线旅行服务主要包括机票服务和火车票服务。其中，机票服务因其自身的标准化与规范化而成为目前发展最成熟的在线旅行服务，基本上实现了完全的线上搜索、预订与支付。机票预订占据了在线旅行服务代理商较多的市场份额，搜索类网站中的去哪儿网也以搜索机票起家，而后扩大到酒店与火车票预订业务。此外，航空公司也大力建设自己的直销网站，提供查询与预订服务。

代表网站：携程旅行网、去哪儿网、中国国际航空公司官网、中国南方航空官网、中国铁路12306网站。

⑤其他在线旅行服务

其他在线旅行服务的代表网站有大众点评网等。

(3) 基于服务内容的分类

不同的在线旅行服务商，其市场细分与目标客户不同，因此其提供的产品与服务也有所差异。

①综合性的“一站式”服务

综合性的“一站式”服务即全面的旅行资讯与在线预订服务，包括机票预订、酒店预订等。旅游线路服务主要是自由行的预订和商旅服务等，采取线上与线下呼叫中心相结合的方式，可以在线支付也可以线下支付。这类资讯+预订+交流的一站式服务目前在在线旅行市场中占据最大的份额，具有一定的垄断地位。

代表网站：亿客行（Expedia）网站、携程旅行网。

②垂直搜索服务

垂直搜索服务通过一套庞大的智能比价系统，让消费者在几千个网站中搜寻机票、酒店、度假、签证等最有效的旅行信息，用无形之手来推动所有行为的运转。垂直搜索在消费者和供应商之间搭建了一座桥梁，这种货比三家的做法吸引了大批对价格敏感的用户。同时，这类网站的初始页面简洁，巧妙运用“频道间切换”节省空间，采用“人工追踪”方式使信息更为准确、客观，所有设计都是为了优化用户的体验。

代表网站：客涯（KAYAK）网站、去哪儿网。

③旅游社区服务

现在是社交媒体的时代，旅游社交网站为旅游者提供了交流与分享的平台，具有很强的实用性。旅游者可以从拥有本地知识或者有过真实旅行体验的人们身上获得个性化的建议与旅行窍门，进而获得更有价值的出行信息。同时，分享与评论不仅使旅游者自身的旅行得以延续，而且为其他旅游者提供了出行参考。这类网站越来越受到旅游者的关注与好评。

代表网站：咨询旅游专家（Tripatini）网站、猫途鹰（Tripadvisor）网站。

④旅行衍生品服务

在互联网经济中，传统的产业价值链得以延伸与扩展，相关辅助服务必不可少。金融、保险、第三方支付网站与工具随着在线旅行服务的发展越来越多地被在线旅行服务商所应用，并为在线旅行服务提供了强有力的支持与保障，使在线旅行服务更为方便和快捷。

代表工具：支付宝、微信支付、云闪付。

(4) 基于经营模式的分类

不同类型的在线旅行服务商有不同的价值提供范围，也有不同的运作方式和价值实现方式。

①在线旅行服务代理商

在线旅行服务代理商以旅游代理为基础，它们没有属于自己的产品，而是通过代理的方式帮助供应商分销产品，从酒店和航空公司那里获取较低的折扣，交易完成后从中收取代理费或者佣金。例如，航空公司机票的代理费是3%～5%，虽然目前出现了下调和取消代理费的情况，但代理商仍有盈利空间。在酒店行业，代理商根据出售的客房收取佣金，一般为客房价格的15%~20%。代理商抓住了旅游行业中最能标准化的三个环节——机票、酒店和自由行，通过标准化流程的运作来提供较有竞争力的产品和价格。这类在线旅行服务代理商通常拥有大量的会员卡式的客户群和与消费者直接沟通的能力，并且有相应的团队为消费者服务。

代表网站：亿客行（Expedia）网站、携程旅行网、芒果网。

②在线旅行服务供应商

在线旅行服务供应商是直接生产旅游产品和服务的企业，涉及食、住、行、游、娱、购等方方面面。在线旅行服务供应商采取的销售模式多种多样，主要有以下几种：一是与在线旅行服务代理商合作，虽然成本较高，但是省心省力；二是将自己的产品放在在线旅行服务销售平台，这样不仅成本较低，而且能够达到品牌传播与产品销售的双重目的；三是自建在线旅行网站进行产品与服务的直销，虽然这种方式的成本较高，但是可以一劳永逸且不受代理商的盘剥与控制，这种形式比较适合集团化、有实力的供应商。目前，航空公司、高星级或连锁酒店都已经推出了自己的在线直销网站。

代表网站：中国国际航空公司官网、中国南方航空官网、洲际酒店集团官网、华住会（华住集团官网）。

③在线旅行服务销售平台

在线旅行服务销售平台即在线旅行服务商为供应商开辟的一个展示自己的平台，使其可以与消费者实现深入沟通。例如，淘宝网采用的就是平台战略，它为航空公司、票务代理公司以及旅行社提供机票销售的平台，并收取少量的服务费用。这类网站通常拥有庞大的客户群，除了本身收取的服务费较低外，其开放平台战略也为其积聚了大量的资源，其中不乏能够提供低价机票的资源。

代表网站：淘宝网。

④在线旅行服务搜索比价

与收取佣金和构建平台的方式不同，搜索比价网站借助庞大的智能比价系统，将数以千计的机票和酒店提供商网站的价格信息呈献给用户。当消费者需要对比多家旅游预订公司的价格时，搜索比价网站就成了很好的选择。这类网站收取的费用较低，在推广产品的时候也为供应商的网站提供了额外的流量。

代表网站：客涯（KAYAK）网站、去哪儿网。

⑤社交媒体

如今，社交媒体对旅游业的影响也越来越明显，从预订机票到挑选餐厅，社交媒体已经渗透到旅途的每一个环节。酒店、航空公司正在大举进军社交媒体领域，利用社交网站建立品牌忠诚度。酒店让微博、微信、抖音等用户帮助宣传，并利用社交网站来收集反馈信息、监控动态和提供礼宾服务。航空公司通过社交媒体渠道发布优惠产品信息、奖励通知和赠送礼品信息，以此来培养新客户。

代表网站：马蜂窝自由行、小红书。

6.3 旅游交通文化

在线课堂 6-1

旅游交通文化

旅游交通是旅游者利用交通工具，实现从一个地方到另一个地方的空间转移的过程，这既包括旅游者从客源地向目的地的转移，也包括旅游者在旅游目的地内部及不同旅游目的地之间的移动。旅游交通与旅游饭店、旅行社一起被称为旅游业的三大支柱，它既是旅游者完成旅游活动的先决条件，也是旅游业重要的收入来源，直接体现了当地经济及旅游业的发展程度。

6.3.1 旅游交通工具

在交通工具还不发达的古代，人们出游多采用步行的方式。不管是喜好名山游的南朝诗人谢灵运，还是不畏艰险西行取经的高僧玄奘，基本上都是靠步行的方式来完成出游的。随着科学技术的不断发展，人们发明了各种各样的交通工具。旅游者在选择交通工具时，主要受以下因素的影响：距离和时间；旅游者的身份和旅游目的；舒适程度；安全和效用；提供服务的性价比；目的地的地理位置和交通便利程度；提供服务的范围等。

不同的交通工具有不同的优缺点和适用范围。大多数时候，旅游者只有综合利用各种交通工具，才能完成整个旅游过程。例如，旅游者乘坐飞机后，还要乘坐汽车才能到达旅游目的地，有时候在旅游目的地内部还要利用一些特殊的交通工具。

下面介绍几种主要的交通工具：

1）马车

我国造车的历史可以追溯到黄帝时代，夏禹之时，奚仲发明了两轮马车，大大提高了运行速度，商代已经能够造出精美的两轮马车。《左传·昭公》中有“穆王欲肆其心，周行天下，将皆必有车辙马迹焉”的记载，不仅表明了周穆王出游的范围，而且说明了马车已经成为当时主要的旅游交通工具。秦朝修建了通往全国各地的驰道，可看作我国最早的高速公路。在汽船和火车发明之前，马车一直是西方主要的交通工具。特别是18世纪晚期，道路系统得到了很大程度的改善，马车的速度大大提高，人们对马车也越来越依赖。但马车自身也有不可克服的缺点，其将马作为动力，拉力和速度都受到很大的限制。随着资本主义工商业的发展，欧美各国深感马车已经不能适应时代的需要，因此开始大力提倡使用动力机车，马车于是告别了其黄金时代。

2）汽车

内燃机的发明为汽油汽车的出现提供了可能。自从第一辆汽车被生产出以来，汽车就成了旅游的重要交通工具之一。相对于其他交通工具而言，汽车具有不可比拟的优势。首先，公路交通网是覆盖面最广的交通网络，便利是汽车的首要优势。其次，汽车可以直接把旅游者送到想去的许多地方，甚至旅游景区内部，这种灵活性是人们选择汽车作为旅游交通工具的重要原因之一。最后，随着人们生活水平的提高，私家车的数量大大增加，驾车自助游成为当今流行的旅游方式。在质量极佳的高速公路上开车本身就是一种享受，是旅游的一部分。很多旅行社都看到了这一商机，纷纷推出专业的自驾游产品，汽车租赁公司也应运而生。汽车的缺点在于污染较大，对城市交通安全产生了威胁，而且长距离乘坐汽车会使人感到不适，因此长途旅行不适合乘坐汽车。

拓展阅读6-3

独库公路魅力绽放

小资料6-4　　云端上的“彩虹路”：山西太原再添“网红”旅游公路

王封一线天旅游公路是山西省太原市打造的又一条“网红公路”，全长13.93千米。

王封一线天景区位于山西省太原市万柏林区王封乡境内，是一处长约1 500米、深约100米的峡谷自然景观。这个峡谷平均宽3米，最深处仅宽0.3米，以奇幽、险怪著称。此前，通往景区的公路坡陡、弯急，会车困难。经过提质改造，路面铺装、路边绿化等均发生了改变。新路不仅串起了各处城乡美景，而且形成了一道“处处有景色，季季有颜色”的亮丽风景线。

太原市万柏林区公路养护所负责人说，这条公路被称为“彩虹路”，主色调采用蓝色，给人一种心静的感觉，红色提醒人们减速慢行，安全系数、舒适感都有提升。

资料来源　马志异，刘翔霄. 云端上的“彩虹路”：山西太原再添“网红”旅游公路［EB/OL］.［2020-06-27］. http://www.xinhuanet.com/local/2020-06/27/c_1126164828.htm.

小思考6-4

交通能成为旅游产品吗？

小思考6-4

分析提示

3）火车

1830年，英国利物浦到曼彻斯特之间的铁路正式开通，吸引了大批国内外旅游者，之后欧洲各国掀起了修建铁路的高潮。火车的优点在于安全性高、容量大、票价低廉、污染小。相对于乘坐汽车来说，旅游者乘坐火车时可以来回走动，欣赏沿途风景，因而更舒适。20世纪60年代以来，各国都大力发展高速列车。例如，法国巴黎到里昂的高速列车，设计时速达300千米；日本东京至大阪的高速列车，平均时速240～320千米。火车速度的不断提升大大提高了人们的出行效率，火车也成为人们出游的理想交通工具。

高速铁路（以下简称高铁）是中国乃至世界“交通革命”的重要标志，引领着新世纪交通方式的变革。高铁对旅游业的影响主要表现在以下几个方面：第一，高铁对旅游者行为的影响。旅游者的出行目的、出行费用、出行时间及对舒适度的要求都会对其选择交通工具产生重大影响，高铁具有快速、安全、高效的特点，所以旅游者对高铁有很高的选乘意向。第二，高铁对旅游流的影响。高铁对区域旅游流空间结构的影响主要表现为马太效应、过滤效应、同城效应、扩散效应、叠加效应。第三，高铁对旅游可达性的影响。高铁使得各大城市间的旅行时间成本大幅度降低，城市可达性的提高促进了城市商务旅游、休闲旅游的发展。第四，高铁对旅游经济的影响。高铁覆盖率提高后，地区的旅游收入将得到提高，同时还将创造更多的就业岗位，促进旅游经济的发展。第五，高铁对旅游市场需求的影响。高铁线路的建设极大地激发了人们的旅游需求，开通高铁地区的出游率明显上升。第六，高铁对旅游产业的影响。高铁开通地区集聚了大量的旅游企业，有利于降低生产成本，提高企业的经济效益；高铁线路的建设带动了沿线区域旅游休闲产业的发展，改善了投资环境，增强了旅游业对外资的吸引力。第七，高铁对旅游空间格局的影响。高铁将人们的居住、工作和休闲娱乐空间纳入一个整体的廊道系统，对人口分布和经济活动产生了明显的集聚效应，改变了区域地理要素的构成形式，形成了新的旅游休闲空间。

拓展阅读6-4

中国高铁成就

4）飞机

飞机是20世纪初最重大的发明之一，如今，飞机已经成为现代人不可或缺的一种交通工具。随着科学技术的发展，航空成本大大降低，飞机票价也逐渐为大众旅游者所接受。飞机的优点在于舒适、耗费时间短，适合中长距离旅游。在旅游者越来越追求旅游质量，要求“旅速游慢”的今天，飞机有着越来越大的发展空间。但为了使飞机的噪声污染降到最低，飞机场一般都建在远离市中心的地区，这给旅游者带来了一定的不便。

5）轮船

轮船是最传统的旅游交通方式之一，其优点是载客量大、投资少、耗能低，轮船从产生之日起一直到近现代都在交通中占有重要地位。17世纪和18世纪的海上探险加速了连接欧洲和美洲的跨大西洋班轮的发展。1838年，“天狼星号”和“大西部号”蒸汽轮船成功横渡大西洋，汽轮时代开始了。随着其他交通工具的出现，轮船作为主要交通工具的地位逐渐下降。虽然在内陆河、内陆湖、海洋等特定区域，轮船仍然是出游的主要交通工具，但在有其他交通工具可供选择的情况下，很少有人会选择乘坐轮船。此外，在飞机等其他交通工具出现以前，邮轮一直是豪华旅游的主要方式。虽然邮轮业曾一度没落，但如今形势已经发生了变化，乘邮轮出游已经成为休闲旅游的重要形式。现在的邮轮是高度先进的水上大都市，为乘客提供各种各样的设施，如健身房、儿童游乐区、游泳池、水疗中心和剧院等。

6.3.2 交通与旅游文化

交通与旅游自古便有着千丝万缕的联系，交通的发展使人们的旅游愿望得以实现，而出游的愿望又在客观上促使人们改进交通工具，改善道路交通，所以很难说是交通促进了旅游的发展，还是旅游促进了交通的发展。旅游交通工具的发展变化也在客观上见证了旅游文化发展的轨迹。

1）交通促进了旅游文化的传播与发展

首先，交通促进了旅游的发展，进而促进了旅游文化的发展。交通作为旅游业的支柱产业之一，对旅游业的促进作用是显而易见的。旅游是旅游者从一地到另一地的流动，没有交通作为媒介，旅游者的大规模移动几乎是不可能实现的，因此可以毫不夸张地说，没有交通就没有旅游业的发展。交通不仅解决了旅游者的流动问题，而且因为交通工具的现代化，旅游者的行动空间得以扩大，进而影响了旅游活动的规模、形式、内容和档次，促使旅游业向更高层次发展。火车的发明把旅游业带入到一片新的天地。火车低廉的票价和超大的容载量让越来越多的人加入到旅游的行列，使旅游者的范围从少数人扩展到普通大众，最终推动了大众旅游的兴起。铁路交通的发展也带动了沿线餐饮住宿业的发展。飞机则弥补了火车和汽车速度慢、耗费时间长的缺点，推动了国际旅游的发展。旅游文化是人们在旅游活动中创造的物质财富和精神财富的总和，其必然随着旅游的不断发展而发展。总之，交通在促进旅游发展的同时，也必然带来旅游文化的发展。

其次，交通促进了文化的发展，进而促进了旅游文化的发展。交通的发展加速了人和物的流动，也加速了文化的流动。不管是有目的的还是无意识的，人们在旅行过程中都会把各自的本土文化带到旅游目的地，从而促进了文化乃至旅游文化的交流。公元前2世纪，张骞出使西域并开通了丝绸之路。丝绸之路把中国的丝织文化、冶铁炼钢技术等东方文化带到西方的同时，也给中国开通了一条面向世界的大道，促进了中西方文明的互动与融合。丝绸之路的开通还促进了商贸旅游的发展，给旅游文化的发展带来了新的活力。

2）旅游文化促进了交通的发展

随着旅游文化的不断发展，人们对外面的世界更加好奇，探寻异域文化的冲动也更加强烈。这种冲动迫使人们不断改进交通工具，从原始的马车到火车、汽车再到飞机，人们了解不同地区的文化、寻求不同地区间文化交流和碰撞的欲望逐渐被满足。除了探求异域文化，追求经济利益也是人们发展交通的重要原因。因此，商贸旅游这种一直发展到今天的古老的旅游形式，在交通发展史上占有重要的地位。早在公元前3000年左右，从东欧到北非、从印度到中国的旅行路线就已经被商人率先开辟，当时的主要交通工具是骆驼。公元前1200年，腓尼基人的船队定期来往于地中海，沿着海上航线从英国到达非洲。如上文所说，丝绸之路的开通促进了东西方旅游文化的交流，但从另一个角度看，正是人们渴求了解西方文化以及获取经济利益的冲动才使人们不畏艰辛，在沙漠、戈壁、崇山峻岭中开辟了一条连接东西方的道路。丝绸之路的恶劣条件常人难以想象，沿途都是骆驼、马甚至是商人的骸骨，古代商人用自己的血和泪在无人之地开辟出了一条商贸旅行之路。可以说，没有商贸旅行，也就没有丝绸之路。茶马古道也是在商贸旅行的带动下产生的民间国际商贸通道，是中国西南民族经济文化交流的走廊。如今，茶马古道虽然早已荒废，但它的历史与价值却永远熠熠生辉，甚至成为旅游者的新宠。旅游者沿着当年商人走过的路线，探寻商人们留下的茶马文化。

“山不在高，有仙则名。水不在深，有龙则灵。”刘禹锡的这句话揭示了一个深刻的旅游规律：一个地方，无论多么平淡无奇，只要蕴含了文化，便会身价大增，成为旅游者追捧的对象。“孔子登东山而小鲁，登泰山而小天下”使人们不辞辛苦地爬上泰山，体验其中的意境；一句“烟花三月下扬州”让人们对扬州充满了想象。范仲淹的《岳阳楼记》让岳阳楼成为天下人皆知的名楼；名人故居也因留下了名人曾经生活的痕迹而成为人们探寻的对象。旅游文化刺激了人们的旅游欲望，在旅游开发商捕捉到人们的欲望之前，旅游者会自发地、小规模地前往目的地。正如鲁迅先生所说：“世上本没有路，走的人多了，也便成了路。”旅游的人多了，自然便有了通往目的地的路，即使有的地方偏远且陡峭，一旦旅游开发商捕捉到人们的欲望，发现旅游商机，便会大规模地发展交通，开创旅游新时代。

启智润心 6-3

推动交通与旅游“融”出新天地

在海南三亚市，绵延4 000米的太阳湾旅游公路，三面环山，一面向海。倚卧在海湾深处的最美海景公路，串联起海滩椰林、绿水青山，成为网红打卡地。在内蒙古额济纳旗，草原之星“额济纳号”旅游专列将蒙古包“搬”上列车，独具民族风情的乘车环境为游客提供了沉浸式旅游体验。在新疆阜康市，京新高速阜康服务区不仅集合了特产店和快餐厅，而且拥有一座新疆规模最大的航天陨石科普馆，让服务区变身热门景区。

一路一风景，一域一特色。近年来，“公路主体工程+旅游”“桥梁+旅游”“服务区+旅游”等交通旅游融合新业态竞相涌现，提升了人们的旅游体验，进一步丰富了交通基础设施的功能。

交通是旅游的基础支撑和先决条件，旅游是交通不可或缺的业务领域，交通与旅游的融合发展具有必然性。推进交旅融合发展，加快构建多元化、高品质、层次清晰、结构合理的旅游运输服务体系，将有效激发旅游消费潜力，更好地满足人们对美好生活的需要。

积极开发客运旅游融合服务产品，打造精品铁路旅游线路，发展海上邮轮旅游，建设低空旅游产业园……更加发达的交通运输体系正织就旅游新图景。实践证明，依托高铁、民航、高等级公路等构建“快进”交通网络，推进建设集食、住、行、游、购、娱于一体的“慢游”基础设施，将进一步增强交旅融合发展的协调性和有效性，更好助力交通强国建设和旅游业高质量发展。

交旅融合是一项系统性工程，既要因地制宜，把市场需求与各地的旅游资源、交通条件紧密结合，也要科学施策，统筹考虑设计、建设和运营等多个环节。例如，山西大同依托当地特有的古代长城景观，对长城环线公路进行优化升级，在拓宽原有路面的同时，建设与长城文化相匹配的观景台。一项项举措落地，促成当地成功举办多场国内外自行车赛事。

交通是经济发展的“开路先锋”，旅游业是国民经济战略性支柱产业。加快推进交旅融合，交通的基础性、先行性作用将日益放大，与旅游产业的融合性、互补性将逐步显现。

资料来源　韩鑫．推动交通与旅游“融”出新天地［EB/OL］．［2023-08-30］．http://gs.people.com.cn/n2/2023/0830/c183342-40550578.html.

6.4 旅游住宿文化

根据北美产业分类体系（NAICS）对住宿业的定义，住宿业是指为旅行者、度假者及其他人员提供住宿或短期住宿的行业。从定义可以看出，住宿业并非只为旅游者服务，但旅游者是住宿业的接待主体却是不争的事实。

客栈（inn）是最早的住宿设施，其设备简陋，分布在大道沿线，最初主要为朝廷官员及商旅者提供服务，大部分客栈只提供住宿服务，只有规模稍大的客栈才提供餐饮。除了客栈，修道院等一些为宗教朝觐者提供住宿的场所也是住宿业的重要组成部分。1760年，第五代德文郡公爵在伦敦命名一个住宿设施时，第一次使用“饭店”（hotel）这个词。饭店的出现虽然可以追溯到18世纪中叶，但其最初的兴盛是在罗马帝国时期。在罗马帝国最繁荣的时期，道路两旁每30英里就有一家饭店，这些饭店通常由政府管理。19世纪末20世纪初，欧洲工业革命的完成产生了大批暴富的资产阶级，他们迫切希望炫耀自己的财富以彰显其在社会中的地位，豪华饭店应运而生。豪华饭店极其注重装潢和服务，因此成为富裕阶层的社交场所。第二次世界大战以后，科学技术的快速发展推动了交通工具的发展，也带动了位于港口、交通要道、车站等与交通紧密相关区域的饭店、汽车旅馆、度假饭店等的发展。这一时期，饭店的数量和规模都迅速扩大，作为一个行业，饭店业的经营和管理日趋完善。如今，住宿业已经成为旅游业的支柱产业之一，并朝着集团化、连锁化经营的趋势发展，为世界旅游和经济的发展做出了新的贡献。

6.4.1 住宿业的分类

住宿业由饭店、度假饭店、汽车旅馆、客栈及其他一些形式构成。日本的住宿业大体上可分为两类：一类是不同级别和水准的传统饭店；另一类是带榻榻米和日式花园的传统日式旅馆（ryokan）。20世纪80年代后期，日本有约3 700家西式饭店和约80 000家日式旅馆。马来西亚的住宿业包括政府客栈、青年旅馆和私人住宅或乡村逗留店等类型。我国的住宿业存在多种称呼，如饭店、酒店、旅馆、旅店、旅社、客店、客栈、宾馆、招待所等。一般来说，饭店、酒店、宾馆是指高档的住宿企业，其他称呼则大多是指中低档的住宿企业。

饭店虽然不是住宿业的唯一类型，却是住宿业最主要的组成部分，很多资料都将住宿业称为饭店业，因此掌握饭店的分类对了解住宿业有很大帮助。

按照产品特色和客源等特点，饭店可分为：商务酒店（commercial hotel）；会议酒店（convention hotel）；度假酒店（resort hotel）；全套房酒店（all suite hotel）；延时居住酒店或公寓式酒店（extended stay hotel or condominium）；会议中心（conference center）；经济型酒店（economy/budget hotel）。

按照所处的位置，饭店可以分为：城市中心饭店；度假区饭店；郊区饭店；公路饭店；飞机场饭店。

按照价格、档次、提供的服务等，饭店可以分为：经济型酒店（economy/budget hotel）；中档酒店（提供有限餐饮服务）（mid-price hotel with limited food service）；中档酒店（提供全面餐饮服务）（mid-price hotel with full food service）；延时居住酒店或服务式公寓（extended stay hotel or service apartment）；高档酒店（upscale hotel）；豪华酒店（luxury hotel）。

按照所有权，饭店可以分为：独立所有和经营的饭店；由单独的实体或团体所有，但雇用一个饭店管理公司经营的饭店；由饭店连锁集团所有和经营的饭店；由独立的投资者或团体所有，但由一个饭店连锁集团经营的饭店；由个人或团体所有，并按特许经营模式经营的饭店，特许权的所有者可能是个人或管理公司。

如此多的划分标准从侧面反映了住宿业的复杂性，限于篇幅，本书仅介绍几种典型的住宿业类型：

1）商务酒店

商务酒店是以商务客人而非旅游度假客人为主的酒店，一般认为商务客人的比例不能低于70%。与度假客人相比，商务客人对酒店的选择更挑剔，但同时也愿意为服务支付高价格。一家好的商务酒店通常具备以下特点：档次高，地理位置优越，商务设施齐全，由酒店管理集团统一管理。

2）度假酒店

度假酒店通常建在适于度假的旅游目的地，主要服务度假旅游者。罗马人最早修建了以康乐为目的的饭店，这类饭店通常建在温泉附近。早期的美国度假区也建在温泉附近，但仅仅作为夏季的避暑地。欧洲的度假地最初也用于避暑，后来才拓展为冬季度假地。早期的度假酒店没有很多的娱乐设施和康乐设施，服务项目主要包括爬山、骑马、游泳等体育活动。现在的度假酒店设施更齐全，提供的服务也更全面，高尔夫球场、网球场、温泉等都是吸引旅游者前往的因素。

在度假酒店中，有一种类型往往被人们忽视，那就是邮轮。邮轮作为一种交通工具逐渐被旅游者忽视，但它作为一种住宿设施甚至度假目的地正在为人们所接受。当今邮轮业的三大巨头分别是嘉年华邮轮、皇家加勒比国际邮轮和丽星邮轮。

3）汽车旅馆

Motel中文译为“汽车旅馆”，是motor和hotel的合成词。最早的汽车旅馆是指没有房间的旅馆，可以停车，人在汽车内睡觉，后来的汽车旅馆演变成建在公路附近，既可以停车又可以为人提供住宿服务的旅馆。汽车旅馆与一般旅馆最大的不同点，在于其提供的停车位与房间相连，一楼为车库，二楼为房间，这种独门独户的设计成为汽车旅馆的典型特征。

世界上最早的汽车旅馆是1925年由美国人开办的，当时的名称为“汽车游客旅馆”。这座旅馆具有西班牙古典风格，建在交通量很大的国家公路上，生意兴隆。随着公路系统的发展，越来越多的汽车旅馆开始出现，但规模都比较小，通常在30间客房以下，环境比较差，设备、服务也比较简单。1951年，一位名叫凯蒙斯·威尔逊的建筑商在通向田纳西州孟菲斯城的主要通道——夏日大道上建成了一座拥有120个单元房的汽车旅馆，并起名为Holiday Inn（假日旅馆）。假日旅馆的重要意义在于其规模比以往的汽车旅馆要大得多，提供的服务更全面，从而提高了汽车旅馆的档次，并且开创了连锁经营的模式。在我国台湾地区，高速公路沿线、新开发的市镇或风景区附近分布着较多的汽车旅馆。由于竞争激烈，这些汽车旅馆的经营模式趋向休闲度假，装潢设计也达到甚至超越了高星级饭店的水平。

4）会议中心

虽然很多饭店都有会议设施，可以承办会议，但有一些饭店专门为举办会议而建，被称为会议中心或会议酒店。会议中心大多建在著名城市或风景区内交通比较便利的地方。

根据国际会议中心协会的标准，归为会议中心的酒店至少应该有60%的销售收入来自会议，60%的空间必须供会议专用。

根据用途的不同，会议中心可以分为四类：一是行政会议中心，主要承办高层次的会议和研讨会；二是公司会议中心，主要用于公司内部培训；三是度假会议中心，除会议设施外，还提供康乐和社交活动设施；四是大专院校会议中心，主要供学术团体使用，其设施既有宿舍式住宿，也有现代饭店。

5）分时度假酒店

“分时度假”（timeshare）的概念出现于20世纪60年代的法国，最初是指人们在度假地购买别墅时，只购买部分时段的产权，几户人家共同拥有一幢度假别墅，共同维护、分时使用的度假形式，后来逐渐演变成每户人家在每年只拥有某一时间段的度假地房产使用权，并且可以通过交换系统对不同房产的使用权进行交换。国际上的惯例是将一处住宿设施的住宿单元每年的使用期分为52周，将其中的51周分时销售给顾客。购买者可以选择自己需要的月份或星期，如果厌倦了每年去相同的地方度假，则可以加入分时度假交换公司。

分时度假酒店（timeshare hotel）是瑞士企业家亚历山大·耐首先提出的，即出售一定时期内使用酒店住宿或娱乐设施的权利。该权利可以在市场上转售、转让或交换。分时度假酒店从诞生到现在，经过不断完善和发展，已成为当今世界旅游住宿业中增长最快的部分。它吸引着越来越多的开发商投身其中，同时也吸引着越来越多的购买者。

小资料 6-5

民宿的特点

不同于酒店，有别于客栈，民宿近年来的兴起与乡村地域特色结合紧密。这也造就了民宿的几个特点：一是民宿承载着乡村田园的美丽风光和闲适的生活节奏，这对长期身处都市喧嚣和车水马龙的城市人来说具有较强的吸引力。二是民宿的发展能够与当地优势资源实现良性互动。民宿与当地的冰雪、温泉、年俗体验等特色资源结合，不仅在设计、装修方面彰显个性，而且以差异和特色打响了乡村旅游的名气。比如福建省霞浦县充分利用渔村特色文化发展民宿产业，四川省汉源县将老砖房等传统建筑改造成民宿，这些都是在“特”上下功夫，从“融”里挖资源。这些特点让民宿一经问世就受到不少游客欢迎，并成为乡村振兴的一个重要抓手。

和很多新生事物一样，民宿面临着同质化严重、商业化过浓等问题。为促进民宿健康发展，让其成为更多人“看得见山、望得见水、记得住乡愁”的诗和远方，文旅部等部门已开始对民宿进行评级认定，各地也陆续出台民宿管理规范，如在安全、卫生、环保以及硬件设施和软件服务等方面设置准入“门槛”，在满足基本要求的基础上发挥民宿从业者的创新创意。这些举措都有助于推动民宿行业标准的建立和完善，引导民宿行业健康发展。民宿运营者需要找准自身的核心竞争力，在服务和文化等方面具有创意思维，在硬件设施、地方承载能力等环节坚持底线思维。

资料来源　彭训文．让更多人在民宿里找到乡愁［EB/OL］．［2023-08-08］．http://www.ct-news.com.cn/jdzs/content/2023-08/08/content_147591.html.

小思考 6-5

分析提示

小思考 6-5

如何实现民宿的长远发展？

6.4.2 住宿业与旅游文化

住宿业对旅游文化的贡献首先得益于其对旅游业的贡献。与交通业一样，住宿业也是旅游业的三大支柱产业之一，住宿业获得的经济收入是旅游业收入的重要组成部分。这些收入像血液一样在旅游业这个巨人的身体里流淌，促进了旅游业的成长和发展。

住宿业在带动旅游业发展的同时，也促进了旅游文化的交流和发展。例如，酒店不仅可以满足旅游者的住宿需要，而且可以满足旅游者的文化交流需要，酒店已经从住宿场所转变为社交场所。酒店因其一流的设施、服务和环境而成为许多重要会议、仪式、讲座、新闻发布会、宴会的举办地。

住宿业发展至今已经形成了独特的住宿业文化，包括住宿建筑文化、住宿服务文化、住宿经营理念文化等。以住宿建筑文化为例，从最初的建在公路旁的小茅舍到今天遍布世界各地的豪华酒店建筑，住宿建筑文化随着住宿业的发展而发展。今天，住宿业的建筑形式多种多样，主要有两种趋势：一种是更多地与本地文化相结合，充分体现当地的传统文化。例如，日本传统小旅馆保留了日式典型花园和日本典型建筑风格，为旅游者提供了具有文化特色的住宿设施，成为旅游者理想的选择。在波利尼西亚群岛，开发商采用具有当地特色的以茅草覆顶的小棚作为膳宿接待设施。另一种是与现代文化相结合，有的住宿建筑形式甚至走在了现代文化的前端，成为后现代文化的标志。例如，位于阿联酋迪拜海湾的阿拉伯塔酒店是一个帆船形的塔状建筑，时尚前卫，是现代建筑业的标志性建筑之一。

近年来，随着消费者对旅游住宿产品需求的不断升级，在住宿功能之外，我国一大批内涵丰富多彩、特色突出的文化主题旅游饭店涌现出来。文化主题旅游饭店注重对产品整体品质和核心竞争力的塑造，重视将体验感与饭店基础性产品的舒适度、宾客满意度有效结合。在体验经济时代，消费趋势具有体验化、情感化、个性化、主动化、休闲化等特征，这也正是消费者对旅游住宿的新要求，文化主题旅游饭店充实和完善了产业形态，是旅游住宿业的重要组成部分。

拓展阅读6-5

精品旅游饭店

党的二十大报告指出，我们要“传承中华优秀传统文化，满足人民日益增长的精神文化需求”。住宿业是文化演绎的重要场所，进入新发展阶段，住宿业应积极承担起弘扬中华优秀传统文化的使命。2023年9月12日至13日，首届全国文化主题饭店高峰论坛在山东济南成功举办。本次论坛以“文化引领，民族品牌”为主题，通过发布宣言、主旨演讲、圆桌论坛、展示竞赛、专业培训等活动，为积极推动中华文化元素融入中国酒店品牌、推进单体酒店转型升级发挥了积极作用。

6.5 旅游网络文化

自20世纪90年代开始，互联网的应用开始普及。1993年，全球接入互联网的计算机数量约200万台。2010年以来，全球互联网行业进入高速发展期。互联网世界统计（IWS）数据显示，截至2022年6月30日，全球互联网行业用户数量达53.86亿人，全球互联网行业渗透率升至67.9%。中国互联网络信息中心（CNNIC）发布的第52次《中国互联网络发展状况统计报告》显示，截至2023年6月，我国网民规模达10.79亿人，互联网普及率达76.4%。以互联网为代表的信息通信技术与旅游业作为当前全球经济最具活力的两个行业，具有天然的结合性，它们为彼此的发展提供了契机。

在线课堂6-2

旅游网络文化

6.5.1 在线旅游

1）网络与旅游结合的天然适应性

在线旅游是在两大背景下产生的：一是旅游业的迅速发展；二是互联网应用的普及。从1950年开始，世界旅游业便以每年7.2%的速度增长，其间虽然有所回落，但旅游业已经在世界经济发展中占据了重要地位，越来越多的人把目光投向旅游业。互联网的发展更是势不可当，特别是互联网与移动通信网络的结合使人们上网更方便，人们可以通过手机、掌上电脑等能够装在口袋里的终端完成商务活动，这无疑会大大增加互联网用户数量。

网络与旅游的结合是由双方的特点决定的。首先，旅游业对信息具有依赖性。旅游产品具有典型的服务性，并且旅游者的消费行为主要发生在异地，这就决定了旅游者无法在旅游之前检验旅游产品的好坏，在这种情况下，信息就变得尤为重要。旅游者总是希望多了解旅游产品的相关情况，以减少不确定性因素，提高旅游质量。旅游是一项复杂的活动，综合了食、住、行、游、购、娱等多项元素，这种复杂性也提高了旅游对信息的依赖性。旅游产品受多种因素的影响，其特征和价格都会因时间的不同而发生变化，旅游业的这种动态性进一步增加了其对信息传递、加工、更新的日常性和持续性需求。网络的开放性、及时性以及丰富的信息量使旅游者在任何时间、任何地点都能详细了解旅游目的地的信息及旅游产品的情况，从而能够有效满足旅游者对信息的需求。其次，旅游业是跨国界合作和跨空间运作的产业。国际化的旅游业需要解决旅游产品信息和旅游交易信息的跨国传递及旅游资金跨国结算等问题，它涉及众多单位及相关业务，至少涉及两国语言和法律，传统的操作方式和技术已经无法满足需求。互联网不同于传统媒体，它是互动的、开放的、多媒体结合的、不受时空限制的，它不仅有效降低了跨地域信息交流的成本，而且提高了信息交流的效率，其广阔的操作平台有效解决了旅游者个性化需求与旅游业运作模式之间的矛盾，为旅游业的发展提供了动力。

2）参与主体

在线旅游的参与主体主要包括旅游目的地营销机构、旅游企业和旅游者。旅游目的地营销机构是目的地旅游形象的宣传者和旅游企业营销活动的统筹者；旅游企业包括旅游供应商和旅游中间商，它们共同为旅游者提供旅游产品；旅游者是旅游产品的最终消费者。在信息通信技术高速发展的今天，网络将在线旅游的参与主体联系得更紧密，也为其各自的活动提供了支持。

（1）旅游目的地营销机构

许多国家都从旅游行政管理机构中专门独立出旅游营销机构，主要负责目的地旅游促销事务，称为旅游目的地营销机构。旅游目的地营销机构一般是依法成立的法定机构或非营利组织，以公私合营的方式居多。旅游目的地营销机构扮演中间人角色，既为旅游者提供服务，也为旅游企业提供服务，同时努力促进旅游者与旅游企业的沟通。对旅游者来说，旅游目的地营销机构通过网络提供不具有任何偏见的目的地信息，包括旅游资源、旅游设施、旅游节庆活动、气象情况、交通、旅游企业、旅游产品及价格等。对旅游企业来说，旅游目的地营销机构打造的目的地整体形象无偿为旅游企业所使用，使旅游企业特别是中小企业的对外营销更为简单。旅游目的地营销机构还为各层次的旅游企业提供交流与合作的平台，使旅游企业之间的沟通更为方便。

随着旅游业全球化和品牌化竞争的日益加剧，目的地营销受到越来越多国家和城市的重视。与此同时，“目的地”的概念也从狭义的旅游目的地向融旅游、文化、会展、体育赛事和商务等于一体的综合目的地拓展。旅游目的地营销机构应根据目的地理念，设计和建立优质的集成式旅游门户网站，使访问者不仅能够一站式免费获取目的地城市的图片、视频、新闻等信息，了解目的地品牌形象及价值，而且能够依托VR、AR等先进技术与目的地进行互动，参与甚至共创目的地品牌。

（2）旅游企业

旅游企业与网络的结合主要有三个方面的动因：

首先，不管是旅游供应商还是旅游经营商，都尽量通过网络与旅游者产生直接联系，这样的好处有三点：一是可以减少中间环节的花费；二是可以提高为旅游者服务的效率，节省旅游者的时间成本和精力成本；三是可以直接与旅游者沟通，了解旅游者的需求，并根据旅游者的需求对企业战略进行调整。旅游者的需求越来越个性化、复杂化，对旅游企业而言，不断满足旅游者新的需求，为旅游者提供高质量的旅游体验才是成功之道。

其次，旅游企业不仅关注旅游者，而且关注旅游业体系中与之相关的横向及纵向企业。互联网的开放性使旅游企业能够更方便、更直接地与其他旅游企业进行沟通和交流。不同类型的旅游企业通过互联网结成联盟，共同为旅游者提供服务。

最后，旅游企业需要更广阔的空间来展示自己，传统的纸质宣传已经不能满足旅游企业和旅游者的需要，互联网给了旅游企业更广阔的营销空间，使旅游企业能够在互联网上向全世界展现自己。例如，旅游景区可以利用网络为旅游者提供与景区相关的信息，通过图文并茂的动态信息刺激旅游者的购买欲望。目前，我国大多数旅游景区都拥有自己的网站，网站上有大量的文字和图片信息，除了介绍景区的资源情况，还为旅游者提供附近的住宿信息以及交通信息。

网络的发展带来了旅游中间商的变革，首先是传统中间商开始利用网络拓展业务范围，提高运作效率；其次是网络催生了一批在线旅游中间商。在线旅游中间商利用互联网为旅游者提供以下服务：

•信息服务：提供基础旅游信息和目录服务，如旅游企业名录、旅游产品列表等，便于旅游者查询，提高了旅游信息的充分性和通达性。

•检索功能：帮助旅游者按地区查询旅游资源和旅游服务，通过关键字查询旅游企业和旅游产品等。

•咨询功能：帮助旅游者进行规划并推荐旅游产品，为旅游者提供产品和服务比较。

•促销功能：为旅游供应商提供网络广告服务。

•信誉评估：由于旅游供应商及旅游产品繁多，因此旅游者在网上选择旅游产品时往往无所适从。在线旅游中间商设立评估服务，展示以往旅游者对旅游企业或旅游产品的评价，可以为旅游者提供参考。

•虚拟交易市场：在虚拟的市场内展示和销售符合条件的旅游产品。旅游者可以在站点内任意选择旅游产品，并进行预订。在线旅游中间商负责客户管理、预订管理和支付管理等，并收取一定的费用。

在后疫情时代，运用线上平台与线下产品联动，在出游前做到数字化触达、出游中提供多元化产品服务与供应、提高景区智能化水平等将是旅游企业转型升级的关键。截至2023年6月，我国在线旅行预订用户规模达4.54亿人。随着用户在线预订需求的增加和多方主体的参与，未来在线旅行预订市场将继续保持快速增长的趋势。前瞻产业研究院数据显示，2026年我国在线旅游行业市场规模将突破2万亿元。在线旅游企业需要不断创新和探索，以满足用户需求和提高用户体验，从而在激烈的竞争中获得更多的市场份额和用户信赖。

（3）旅游者

随着旅游业的发展，旅游者的数量越来越多，而随着旅游次数的增多，旅游者也日趋成熟。中国互联网络信息中心（CNNIC）发布的统计数据显示，截至2023年6月，我国20～29岁网民占比为14.5%，30～39岁网民占比为20.3%，40～49岁网民占比为17.7%，互联网进一步向中年群体渗透。

旅游者不再满足于低价格、无差异的包价旅游，不再满足于被导游牵着鼻子走，而是追求更加开放、更加自由、更加灵活的旅游方式。旅游者希望选择自己喜欢的旅游项目（而不是被规定去哪儿玩），希望选择自己喜欢的住宿方式，希望选择与自己志同道合的人一起完成旅游过程（而不是被安排与一帮嘈杂的人一起旅游），互联网的交互性、实时性、丰富性和便捷性等优势正好满足了旅游者的这种需求。旅游者可以通过网络获得旅游目的地信息、旅游产品价格、旅游计划安排等内容，在线进行旅游咨询、旅游预订、旅游产品购买。特别是在线旅游企业的定制游产品，能够为旅游者提供更专业、更人性化的专属服务。

小资料6-6　典型在线旅游网站

◎马蜂窝，https://www.mafengwo.cn

◎途牛旅游网，https://www.tuniu.com

◎猫途鹰，https://www.tripadvisor.cn

◎穷游网，https://www.qyer.com

◎携程旅行网，https://www.ctrip.com

◎去哪儿网，https://www.qunar.com

◎驴妈妈旅游网，https://www.lvmama.com

◎飞猪旅行网，https://www.fliggy.com

◎同程旅行网，https://www.ly.com

◎欣欣旅游网，https://www.cncn.com

资料来源　根据网络资料整理.

小思考6-6

分析提示

小思考6-6

我国在线旅游预订的发展趋势是什么？

3）我国发展在线旅游存在的问题

在我国，在线旅游发展的主要瓶颈不是技术手段，而是旅游业的经营环境和社会经济发展水平。目前，我国的旅游市场仍存在信息不对称、透明度低、旅游产品价格混乱等问题。旅游者由于掌握的信息较少，因此在市场中处于相对弱势的地位，通过网络预订旅游产品，旅游者的信任度较低。同时，在线旅游代理商提供的价格往往并不具有竞争力。例如，旅游者到酒店后往往可以得到更低的折扣，这大大降低了旅游者对在线旅游代理商的信任度。此外，部分旅游企业创建网站后，没有对网站进行有效的宣传推广，后期更没有进行维护和更新，导致网络营销的效果大打折扣，这些都是制约我国在线旅游发展的因素。

6.5.2 网络与旅游文化

1）网络与旅游文化传播

（1）加快融合发展，促进旅游文化的整合传播

习近平总书记强调，要“坚定文化自信，坚持新闻立台，全面贴近受众，实施融合传播”。旅游文化传播在一定程度上属于思想宣传工作，需要从业者站在媒介受众的角度，把精准的、正面的文化思想真正建设在人们的心里，并由此确定旅游文化的宣传方向、关键点和突破点。具体而言，应对旅游文化的传播模式进行有效调整和重构，推动媒体融合发展。同时，通过大力推广台网一体化统筹机制，形成旅游文化信息交流共享模式，建立重要信息报道的“融媒体编辑部”，推动旅游文化信息的传播。比如，在G20杭州峰会召开期间，“北京时间”融媒体平台采用移动视频直播技术，同时充分利用其在重大事件深度报道上的优势，不但使得峰会传达的重要信息和精神得以及时、有效的传播，而且在报道期间充分展现了杭州地区的自然风貌和文化内涵，间接推动了区域旅游文化的有效传播，使苏杭地区在峰会前后迎来了一场文化旅游高潮。此外，还可以借助互联网技术实现旅游文化传播与媒体融合发展，合理利用一些已经在大众信息传播领域具有一定影响力的信息平台，如在微博、微信公众号上建立一个旅游文化信息交流板块，满足旅游者了解目的地旅游文化信息的需求。因此，在当今形势下旅游文化传播必须重视媒体融合发展，媒体融合是科学的选择，也是必然的选择。

（2）创新传播内容，打造特色传播模式

若想实现目的地旅游文化良好的传播效果，必须创新传播内容，打造特色传播模式。旅游文化内容的真实性是创新的基础。只有在传递真实文化内容的前提下注重对文化内核的深挖和全面观察，在理性分析真实信息的同时融入对中华文化的积极情感，才能体现旅游文化传播的独特性和人性化，才能让受众对旅游文化产生情感的共鸣，从而使传播的内容在旅游者中间产生积极的影响，充分发挥目的地文化内涵的最大价值。

能够反映旅游文化价值的信息报道尤为关键。例如，在微信公众号、旅游网站等平台上，将旅游文化的内容落脚在民俗文化等更接地气的话题上；在宣传标题上适当投入情感，让旅游文化的内容更加有血有肉，从而有效引导舆论。同时，应充分考虑大众的信息读取偏向，不但应结合当地传统文化和民族文化，而且应进一步融合当前党的重大主题和政策，让目的地旅游文化与时俱进，从而打造更具实用性的旅游文化传播内容。例如，将“中国式现代化”“文化自信自强”“全面依法治国”“人类命运共同体”的内涵和意义深刻融入旅游文化的内容中进行表达，打破了新闻报道本身的固化形象。

（3）充分利用各种新技术，加速智能化建设

移动互联网、大数据、云计算、物联网、智能终端等信息技术的快速发展，为旅

游文化传播带来了一个全方位、多形态的媒体方阵，实现了旅游文化传播方式的智能化拓展。例如，2017年九寨沟发生7.0级地震，机器人记者在25秒内完成了540字的内容报道并配发了4幅现场图片，在恶劣环境下快速完成了舆情数据的挖掘、分析和文字报道的自动生成。可以说，人工智能和大数据技术的发展使得旅游文化传播在内容的生产、用户信息的读取和反馈上都发生了巨大的变化。

旅游文化传播应充分利用现代科学技术，利用互联网思维指导传播方式的创新，打造高水平、系列化的宣传内容。例如，可以利用在线课程、虚拟博物馆等形式，让更多人接触到高质量的文化和艺术教育，从而拓宽人们的视野，提高人们对文化和艺术的鉴赏能力；可以利用虚拟现实（VR）和增强现实（AR）技术以逼真的视觉效果和沉浸式的体验，让人们足不出户就能够身临其境地感受各地的美景和风情，亲身体验历史文化的魅力，实现文化的传承与弘扬；还可以通过专门网站、客户端、公众号等打造不同形态的旅游文化产品，并创建专题内容，打造热门话题和形象标签，让旅游目的地和旅游者的互动更加持续且有效。

2）网络与旅游行为文化

第一，网络改变了旅游者的思维方式和行为方式。传统旅游者因为掌握的信息资源非常有限，独立安排旅行需要花费大量的时间成本和金钱成本，所以旅游者即使有个性化的旅游需求，也只能压抑。网络的开放性释放了旅游者个性化的旅游需求，旅游者从网络中窥见了更为精彩的旅行方式，从此不再局限于旅游中间商提供的“包价旅游产品”，而是积极探索更为个性化的旅游方式。网络使旅游者变得更独立，通过网络搜索旅游资源信息已经逐渐成为人们的习惯。

第二，网络为旅游者提供了全新的交流方式，在旅游者的交流中，旅游网络文化得以产生。以往旅游者之间的交流基本上靠口耳相传，而网络为全世界的旅游者提供了一个互相交流的平台。不同国家、不同肤色、具有不同价值观的旅游者可能因为相同的兴趣而相聚在一起。虽然网络不会消除不同价值观的差异，但会使不同价值观的人增加相互了解。旅游者可以在各种论坛上发表自己的旅游评论，还可以通过各种方式相互交流各自的旅行心得，在交流中建立友谊。网络为旅游者提供的种种开放式的交流方式诞生了一些新的旅游名词和旅游方式，如“旅居”“漫游”“义工旅行”等。

小资料 6-7　　南京城墙智慧文旅建设

南京城墙保护管理中心积极开展智慧旅游服务，通过智能化门票管理系统和微信分时预约小程序，实现线上预约售票，大幅提升了服务质量。打造南京城墙GPS旅游导览+AR体验项目，提供图片视频导览、互动拍照、语音导览、VR体验等功能，丰富游客的游览体验。南京城墙博物馆作为南京城墙文化展示的重要场所，借助微信平台和应用系统，为观众提供智慧化服务，为博物馆运营提供智能化支持，有效提升了博物馆的公共服务水平。

资料来源　根据南京城墙网站资料整理.

小思考6-7

博物馆应如何开展智慧服务？

小思考6-7

分析提示

本章小结

● 不同国家的旅游行政组织具有不同的形式，这是由所在国的旅游业发展程度和国情决定的。旅游行政组织和民间组织在旅游业中具有不同的作用，它们互为补充，共同为旅游业的发展提供支持。

● 旅游开发商、旅游经营商和旅游销售商具有不同的分工。简单地说，旅游开发商提供原始旅游产品，旅游经营商对原始旅游产品进行组合和包装，旅游销售商将经过组合和包装的原始旅游产品最终出售给旅游者。但这样的分工并不是绝对的，很多旅游企业都已向纵向一体化方向发展。在科技飞速发展的今天，旅游开发商、旅游经营商和旅游销售商都受到了信息技术的挑战，如何应对挑战是它们目前首先要解决的问题。

● 交通与旅游自古便有着千丝万缕的联系，不同的交通方式满足了不同旅游者的需要。交通与旅游文化是互动关系，二者相互促进，共同发展。

● 住宿业是旅游业的三大支柱产业之一，虽然住宿业并不全是为旅游者服务的，但旅游者已经成为住宿业的主要消费者。为了满足不同类型旅游者的需要，各种住宿形式相继出现。住宿业不仅促进了旅游文化的发展，其本身还衍生出了旅游住宿文化。

● 网络和旅游作为快速发展的两类新兴事物，具有天然的结合性。网络不但改变了旅游文化的传播方式和传播速度，而且影响了旅游者的思维方式和行为方式。网络为旅游者提供了全新的交流方式，在旅游者的交流中旅游网络文化得以产生。

主要概念

旅游行政组织　旅游经营商　旅游交通　在线旅游

基础训练

6.1　选择题

1）下列旅游组织中，属于行政组织的是（　　）。

A.世界旅游组织　　B.亚太旅游协会

C.世界旅行社协会联合会　　D.国际旅馆协会

2）主要经营批发业务的是（　　）。

A.旅游开发商　　B.旅游经营商　　C.旅游销售商　　D.旅游零售商

随堂测验6-1

选择题

3）最适合中长途旅行的交通工具是（　　）。

A.火车　　B.汽车　　C.飞机　　D.轮船

4）一般建在公路沿线，既提供住宿又提供车位的住宿形式是（　　）。

A.商务饭店　　B.度假饭店　　C.汽车旅馆　　D.会议中心

随堂测验 6-2

判断题

6.2 判断题

1）世界旅游组织决定把每年的9月27日定为世界旅游日。 （ ）

2）旅游经营商只经营批发业务而不从事零售业务。 （ ）

3）邮轮作为一种特殊的住宿形式逐渐受到人们的关注。 （ ）

4）在线旅游作为一种新的旅游形式还不为旅游者所接受。 （ ）

随堂测验 6-3

简答题

6.3 简答题

1）简述旅游经营商与旅游销售商的区别。

2）交通与旅游文化的关系是什么样的？

案例分析

中国国旅（江苏）国际旅行社有限公司目的地文旅共建合作模式

中国国旅（江苏）国际旅行社有限公司结合外部市场环境和企业自身情况，提出了目的地事业战略，围绕产业链整合创新、产品服务优化提升，建立文旅共建合作的商业模式，在目的地运营方面大胆尝试，服务了若干目的地项目，为行业创新做出了很好的实践探索。

目的地运营的主要内容是基于传统业务，通过文旅共建合作模式，从产业链下游的服务端进入产业链上游的资源端，围绕市场需求，全面打造体验感更好的产品和服务，建立全新的客户服务体系。一方面，整合上下游资源，为产业链资源端客户提供最佳的解决方案，共同打造可持续发展的有活力的旅游目的地，为游客呈现丰富的旅游体验；另一方面，打造国旅业务创新的流量入口平台，为内部产品、渠道、服务、营销等业务板块提供系统化支持。

中国国旅（江苏）国际旅行社有限公司与高邮市文旅集团通过文旅共建合作模式，以全域文旅发展运营商的角色深度参与到高邮目的地资源端文旅业务的开发和运营，使高邮的文旅产业得到了突破性的提升。2023年上半年，高邮湖上花海景区表现优异，圆满完成经营计划，总营收突破600万元，接待团队游客突破5万人次，客单价突破80元。公司为高邮打造了多类活动：举办“FUN肆音乐节”“七夕音乐节”“大虾节”“啤酒节”“伏羊节”等节庆活动，建设网红落日营地，都获得了非常好的市场反响；立足汪曾祺文化在高邮的影响力，建设“一汪情深”茶饮，改善了汪曾祺纪念馆的业态结构；创新餐饮模式，推出早茶中吃，较好地推广了高邮美食。在高邮项目顺利推进并且成效显著的基础上，公司又凭借自身经验助推扬州龙虬镇下属农文旅项目场景的优化提升及业态种类的丰富，提高了龙虬农文旅产业的知名度和美誉度。双方通过合作共建，塑造了一个融聚共建的乡村振兴实践样本。

中国国旅（江苏）国际旅行社有限公司和南京江宁旅游康养产业集团携手，通过合作共建，塑造了一个极具中国传统文化特色的现代文旅项目——“青蓝杉谷”。公司以项目为抓手，和南京江宁旅游康养产业集团共同打造文旅消费新业态，提升了江宁文旅产业的知名度和美誉度，促进了江宁文旅产业的高质量发展，有力推动了江宁“美丽乡村计划”的实施。2023年4月，南京文化旅游职业教育集团、中国国旅（江苏）国际旅行社有限公司、南京江宁旅游康养产业集团共同举办了江苏省首届大学生

（文旅专业）直播节暨大学生创意直播邀请赛。此次活动以“万物新生 种草我最行”为主题，共有来自省内8所高校的40支队伍参赛，他们以全新年轻的视角在现下流量火爆的抖音平台，通过景区走播的方式，用生动的语言向观众沉浸式介绍了江宁的人文特色与动人美景，从而吸引了更多游客在踏青出游的好季节选择来江宁体验桃源般的生活。

除了目的地运营，中国国旅（江苏）国际旅行社有限公司在2021年进入露营市场，为景区、度假区、美丽乡村等目的地打造露营业态。经过两年的探索和打磨，公司打造了“隐札迹”露营品牌，为业主方提供露营一站式建设、运营解决方案。到目前为止，公司已成功运营了江宁龙山赏心谷、六合平山森林公园、句容宝华山国家森林公园3家规模露营地，积累了丰富的运营经验，并积极参与由中国旅游协会休闲度假分会主办的“江宁周末露营计划”活动。公司参与制定了《帐篷露营地建设与服务规范》地方标准，引领了行业发展，自主研发了露营地管理软件，用技术手段提升了营地运营效率。现阶段，公司已经可以提供营地规划设计、营地建设施工、营地装备销售、供应链输出、露营活动策划、营地人员培训、软件系统输出、营销推广服务八大项系统性服务。

资料来源 根据中国国旅（江苏）国际旅行社有限公司提供的资料整理.

问题：谈谈中国国旅（江苏）国际旅行社有限公司目的地文旅共建合作模式的内涵。

随堂测验6-4

案例分析

实践训练

1.假如你是一家小型旅游产品代理机构的负责人，既有来自旅游经营商的压力，也有来自网络的压力，生存空间逐渐被挤压，你会如何面对？

2.做一份问卷调查，调查你身边的朋友或亲戚对在线旅游的参与状况。

3.调查你所在城市旅游住宿业的类型以及经营状况，并分析旅游住宿业的发展趋势。

本章参考文献

①周敦源. 旅游文化［M］. 杭州：浙江大学出版社，2005.

②王元海，黎美洋，陶华举. 旅游宗教文化［M］. 成都：四川大学出版社，2005.

③马新，杨朝明，刘德增，等. 中国传统文化要论［M］. 北京：高等教育出版社，2003.

④王曾才. 西方文化要义［M］. 南京：江苏教育出版社，2006.

⑤王娟. 民俗学概论［M］. 北京：北京大学出版社，2002.

⑥周贺来，王彬. 旅游企业信息化管理［M］. 北京：中国水利水电出版社，2010.

⑦冯天策. 略论信仰本体的起源、分类和本质［J］. 东岳论丛，2007，28（1）.

⑧张军. 对民俗旅游文化本真性的多维度思考［J］. 旅游学刊，2005，20（5）.

⑨郭善兵. 二十世纪八十年代以来魏晋南北朝时期婚丧礼俗研究概述［J］. 贵州文史丛刊，2001（4）.

⑩黄翔，连建功. 中国节庆旅游研究进展［J］. 旅游科学，2006，20（1）.

⑪高飞卫，李亚梅. 礼仪与中国传统文化［J］. 延安大学学报（社会科学版），2001，23（4）。

⑫李东，郑向敏. 在线旅行服务：概念分析与模式分类［J］. 北京第二外国语学院学报，2011（7）.

⑬曹锦阳.全媒体时代旅游文化传播模式的转化与重塑［J］. 社会科学家，2020（8）.

本章推荐阅读文献

❶库珀，弗莱彻，吉尔伯特，等. 旅游学：原理与实践［M］. 张俐俐，蔡利平，译. 2版. 北京：高等教育出版社，2004.

❷利克里什，詹金斯. 旅游学通论［M］. 程尽能，等译. 北京：中国旅游出版社，2002.

❸安吉洛，弗拉迪米尔. 当今饭店业［M］. 李昕，译. 6版. 北京：中国旅游出版社，2011.

❹GEE CY. 国际饭店管理［M］. 谷慧敏，译. 北京：中国旅游出版社，2002.

❺王永忠. 西方旅游史［M］. 南京：东南大学出版社，2006.

本章推荐网站

❶https://www.ly.com，同程旅行网

❷https://www.mafengwo.cn，马蜂窝

❸https://www.qunar.com，去哪儿网

❹https://www.ctrip.com，携程旅行网

❺https://www.tuniu.com，途牛旅游网

❻https://www.traveldaily.cn，环球旅讯网

第7章

旅游文化环境

【学习目标】

1. 了解旅游文化与可持续发展的关系。
2. 理解全球化背景下旅游文化的发展。
3. 掌握文化遗产旅游的文化功能。
4. 具有社会责任感，担当时代大任。

【知识导图】

第7章　旅游文化环境

- 7.1　旅游文化与生态文明
  - 7.1.1　生态文明的内涵
  - 7.1.2　生态文明与文化资源
  - 7.1.3　生态文明旅游
  - 7.1.4　生态文明视野下的文化旅游开发
  - 7.1.5　美丽乡村背景下的旅游文化发展
- 7.2　旅游文化与全球化
  - 7.2.1　全球化和文化全球化
  - 7.2.2　旅游全球化
  - 7.2.3　全球化对旅游文化的影响
- 7.3　旅游文化与文化遗产
  - 7.3.1　文化遗产的概念
  - 7.3.2　文化遗产旅游的文化功能
  - 7.3.3　文化遗产旅游与遗产原真性
  - 7.3.4　文化遗产旅游开发
- 7.4　旅游文化与全域旅游
  - 7.4.1　全域旅游的内涵
  - 7.4.2　全域旅游对目的地的社会文化影响
  - 7.4.3　全域旅游视角下文化旅游的发展

引例

湘西土家族苗族自治州生态文化旅游业发展思路

湖南省湘西土家族苗族自治州（简称湘西州）作为地处我国中部的民族地区，存在着经济增长与绿色低碳高质量发展的双重需求。生态文化旅游业是民族地区深入践行“两山”理念的重要抓手，是促进各民族广泛交往交流交融的有效手段，更是湘西州依托自身优势资源、践行习近平生态文明思想、走绿色低碳发展道路的重要内容。

坚持绿色低碳发展目标。践行“两山”理念和“共抓大保护，不搞大开发”方针，坚持生态优先、保护优先，突出“生态保护修复、生态惠民、生态治理”，推进山水林田湖草系统治理，全力做好保护、建设和利用绿水青山“三篇文章”，将生态大州转变为绿色低碳发展强州。

把握高质量发展理念。秉承生态文明立州、创新开放活州、文化旅游兴州、优势产业强州的“四州”理念，集中资源打造集自然山水大画园、民族风情大观园、绿色产品大庄园、休闲旅游大乐园、和谐宜居大家园于一体的国内外知名生态文化公园和旅游目的地。推进生态文旅与绿色产业协调发展，形成双轮驱动。一方面，大力推进国家生态文明建设示范区创建，实施生态景观走廊和生态景区示范工程、乡村生态文明建设示范工程；另一方面，放大绿色生态优势，发展生态经济，构建绿色低碳、循环发展的产业体系，建设一批绿色产业基地。

立足“四个全域”深耕生态文旅。以凤凰为龙头、吉首为集散中心建好四大核心景区，保护和发展约300个少数民族特色村寨和六大传统村落集群，打造“土家探源”和“神秘苗乡”两条生态文化村镇游精品线，构建全州一小时生态文旅经济圈，进一步打响“神秘湘西”品牌。推动旅游由观光型向休闲度假型、由资源开发型向深度融合型、由市场开拓型向规范管理型、由数量规模型向质量效益型转变。

资料来源　章文光，岳鸿飞，丰晓旭，等. 促进民族地区生态文化旅游业高质量发展——以湘西土家族苗族自治州为例［EB/OL］.［2021-12-27］. http://cn.chinagate.cn/news/2021-12/27/content_77955290.htm.

7.1 旅游文化与生态文明

7.1.1 生态文明的内涵

“生态文明”是“工业文明”之后的一种新的文明形式。中国共产党第十七次全国代表大会第一次将“生态文明”写进报告后，生态文明开始成为国内的研究热点。党的十八大将生态文明建设提升到前所未有的战略高度。党的二十大报告再次指出，“必须牢固树立和践行绿水青山就是金山银山的理念，站在人与自然和谐共生的高度谋划发展”。生态文明与可持续发展理念不可分割，生态文明是可持续发展理念的延伸与发展。生态文明是指人类在物质生产和精神生产中充分发挥人的主观能动性，按照自然生态系统和社会生态系统运转的客观规律建立起来的人与自然、人与社会的良性运行机制和协调发展的社会文明形式。生态文明以人与自然、人与人、人与社会和谐共生、良性循环、全面发展、持续繁荣为基本宗旨，以建立可持续的经济发展模式、健康合理的消费模式及和睦和谐的人际关系为主要内涵，倡导人类在遵循人、自然、社会和谐发展这一客观规律的基础上追求物质与精神财富的创造和积累。生态文明的核心是人与自然和谐发展。可持续发展理念催生出可持续旅游与生态旅游，可持续旅游与生态旅游的目标均体现了可持续发展理念。

启智润心 7-1 **生态文明与中华传统文化**

我国古代道法自然的朴素理念，在历代文人游记、诗词中皆有迹可循。祖国各地的名山大川、风景名胜是各朝各代文人墨客、雅士名流心之所向、身之所往的旅游胜地。以旅游为内容的游记、随笔、诗词、书画等不胜枚举。从《穆天子传》中的珍禽异兽，到《水经注》中的历史遗迹，再到《徐霞客游记》中的各类洞穴、泉水和动植物等，越是原生态的高山峻岭、激流险滩，越是珍贵奇特的动植物，越能激起古人的向往与赞誉。无数文人泼墨挥毫，尽显祖国河山的生态之美，如南宋诗人王正功的诗句“桂林山水甲天下，玉碧罗青意可参”；元末明初画家倪瓒的《狮子林图》描绘了苏州狮子林的清幽秀雅；清代乾隆皇帝为了能够随时欣赏江南风光，仿照无锡惠山脚下的寄畅园建造了有“皇家园林博物馆”之称的颐和园。可见，旅游景观的生态之美很早便能够与文化天然地结合在一起，成为具有独特吸引力的生态文明审美意蕴，这种审美意蕴在我国千年的历史文化积淀中逐渐形成了中华文化旅游品牌。

资料来源　费毛毛. 生态文明视角下中华文化旅游的品牌再造［J］. 社会科学家，2019（6）.

7.1.2 生态文明与文化资源

文化资源的开发与生态文明建设存在内在的耦合性，两者联系紧密、相互促进，是一种互惠共生的关系。一方面，通过对生态旅游、生态设计、生态影视等业态的开发，文化资源将自身优势转化为文化资本，从而发展了非物质经济，推动了生态文明建设的进程；另一方面，生态文明建设为文化资源的开发带来新契机的同时，也对文化资源的开发产生了指导和约束作用，保证了文化资源的合理开发与文化生态的传承，由此完成了二者的良性耦合。

1）文化资源的生态旅游开发

对文化资源进行生态旅游开发，因各地的资源禀赋不同，所以有诸多开发模式。例如，可以在挖掘自然生态的文化精神价值的基础上，以农田景观观光、农事农活体验为主开发乡村生态游，满足都市人返璞归真的精神和心理需求，有效整合乡村资源，繁荣农村经济与文化。在生态旅游开发火热的西部，特别是自然风貌与民间文化遗存较完备的地区和少数民族聚集区，由于文化生态旅游资源极为丰富，因此以民族风情、民俗活动游览为主开发的民族文化生态游成为一种低耗高效的文化经济形式，其中原地展示型的民族文化生态村是将民族文化与其形成、依存的原生环境有机结合的有效开发模式。尽管民族文化生态村最初是学者们为了保护与传承民族文化所进行的尝试，并不是以旅游开发为目的，但云南省腾冲市和顺镇、西双版纳傣族自治州景洪市基诺山基诺族乡巴卡小寨等试点文化生态村旅游效益的凸显，使“文化生态村”由学术主导的应用实验项目升格为生态旅游的重要内容。在合理适度的旅游开发中将民族文化原汁原味地展示出来，广大村民通过自主管理、自主经营获得了实惠，这又大大提升了村民们对本民族文化的自信与自觉，由此形成了民族文化、生态保护与旅游发展的良性循环。

拓展阅读7-1
国家级文化生态保护区

发展生态旅游，生态是基础，文化是灵魂，文化资源的特色性与原真性决定了生态旅游产品品位的高低和生态旅游目的地吸引力的大小。因此，要深层次开发生态旅游产品，为游客提供高质量的旅游体验，必须深入挖掘当地独特的文化资源，将文化内涵融于生态旅游产品的设计之中，突出自然野趣、田园风光与民族气息、历史文化的结合，平衡生态、文化、旅游的关系，形成三位一体、整合发展的格局，以实现环境、经济、社会、文化全面可持续发展的目标。

2）文化资源的生态设计开发

人类劳动创造的物质成果及其转化的文化资源是设计者取之不尽的灵感源泉，设计者的设计过程其实就是调动文化资源进行创作的一种有目的的创造性活动。随着生态危机的日益加深，发达国家逐步将对生态的关注融入设计领域，生态设计理念对城市规划、环境设计、艺术设计、建筑设计等产生了深远的影响。生态设计关注人与环境的关系，注重合理运用资源，强调在设计过程中充分考虑生态效益，在设计实践中贯彻3R原则（reducing（减量化）、reusing（再利用）、recycling（再循环）），从而设计出既能保护环境和节约资源，又能满足人的物质和精神需要的产品。

生态设计涉及人类的一切生产和生活领域。在建筑设计领域，早在20世纪70年代，麦克哈格的《设计结合自然》、西蒙兹的《大地景观：环境规划设计手册》、鲁道夫斯基的《没有建筑师的建筑：简明非正统建筑导论》等一系列作品就掀起了生态设计思潮，将人与自然和谐共生的生态文化理念融入建筑设计中。在当代艺术设计领域，艺术家将生态观念融入从产品构思、设计、制造、使用到废物利用的全过程，注重使用再生材料，减少材料消耗。例如，黑龙江打造了“龙江书刻”文艺品牌，创作者在创作过程中采用的材料都是废弃的木材，如老房子拆卸下来的房梁、门板、家具、窗格，报废的船板、马桩、牛槽等使用过的、留有岁月痕迹的材料。这些具有历史沧桑感和自然亲和力的材料在艺术家的手中经过刀凿墨染，与融合了现代文化符号的古老文字浑然一体，高雅古朴，内敛脱俗。

小资料 7-1　　后沟古村文化生态旅游特性

后沟古村位于山西省晋中市榆次区，它保存了千百年来黄土旱塬农耕文明的传统经典。优越的自然环境、合理的空间布局、典型的民居建筑、完善的风水体系以及浓郁的民俗风情构成了后沟古村特有的文化生态。后沟古村的文化生态环境为古村发展文化生态旅游提供了不可多得的天然条件，是后沟古村文化生态旅游得以健康、快速和可持续发展的保障。具体来讲，后沟古村发展文化生态旅游具有以下优势：一是风水文化的旅游利用价值。风水文化是中国独有的瑰宝，资源丰富，应用广泛，深度开发潜力大。后沟古村聚落深受我国传统哲学观念的影响，在选址上讲究风水，遵循古代堪舆学理论，与自然和谐共处。聚落在“天人合一”的思想指导下，择吉而居，虽然历经千年之后，但设计之初所要表现的符合“天人合一”“万物一体”的思想仍清晰可见。二是建筑文化的旅游利用价值。作为人类劳动的主要创造物之一的建筑，是构成文化的一个重要部分。后沟古村的土窑洞、古民居、吊桥院以及各种庙宇等建筑，突出展示了黄土高原特殊的地质地貌造就的独特建筑风格，不仅向游客展现了我国古代劳动人民的聪明才智，而且展现了黄土高原居民特有的生活方式和朴实的精神。三是民俗文化的旅游利用价值。民俗文化是广大劳动人民创造和传承的民间文化，是在共同地域经历了历史沉淀和传承的文化传统。受中国传统农耕文化的影响，从耕读织作、婚丧嫁娶到节日庆典等，后沟村民们形成了一整套形式繁复、极具特色的风俗。后沟古村的民俗文化资源不仅可以带来可观的经济效益，而且可以产生广泛的社会效益和深远的生态环境效益。

资料来源　张建忠，刘家明，柴达．基于文化生态旅游视角的古村落旅游开发：以后沟古村为例［J］．经济地理，2015（9）．

小思考 7-1

分析提示

小思考 7-1

谈谈基于文化生态旅游理念的后沟古村的旅游开发对策。

3）文化资源的生态影视开发

生态影视是“一种具有生态意识，探讨人类与周围物质环境的关系，包括土地、自然和动物，从生命中心的观点出发来看待世界”的影视作品。借助影视艺术影像符号传播的独特优势，生态影视从根本上启发了观众的自我救赎与生态责任，为生态文明与人类精神世界的合理建构提供了宝贵的精神资源。伴随着生态观念的日益增强，各种类型、各种题材的影视作品对生态意识的表达逐渐成熟。

大型美食纪录片《舌尖上的中国》以中华饮食文化为媒介，传递出了浸润在美食背后的明晰而朴素的生态思想——对自然的感恩和对人与自然关系的深沉思考。影片表达了人类对自然赠予的感激与敬畏，人与自然互利共生、生态平衡永续的思想在时空交叠的味觉刺激中得到了充分表达，在诱人的“食”文化包裹下的东方生态智慧也使该片的海外版权热销，促进了中国国家形象的积极输出。《舌尖上的中国》的成功表明，发展生态影视，应该在立足影视的艺术性本位的基础上拓宽创作思路，多方面挖掘文化资源的生态意蕴，利用多种类型的载体和精湛的艺术表现形式，有机地承载深厚理性的生态命题，引领观众把对自然的认同视为一种崇高的境界，通过最大限度地发掘人内心的善以及弘扬这种善来达到人与自然的和谐。

7.1.3 生态文明旅游

旅游作为我国国民经济的战略性支柱产业之一，在内涵、理念等方面都与生态文明的要求具有内在的一致性。在旅游中融入生态文明理念，倡导生态文明旅游，有利于推动国家生态文明建设，这也是推动我国文明旅游发展的新路子。生态文明旅游同生态文明在思想、内涵、方式等方面具有内在的一致性，发展生态文明旅游有利于树立良好的生态文化形象，完善生态文明的内涵，促进国家生态文明建设，展现良好的国家形象。

1）旅游规划的科学化

生态文明旅游规划与开发的内在要求更加倾向于科学化。在规划方面，人们更加注重规划的实践价值，以保持自然人文环境的原生态为主要原则，将理论同规划区域的地理、习俗、经济状况等有机结合；在开发方面，人们更加重视旅游利益相关者的观点与建议，关注人与环境关系的协调，注重自然资源的原生态保护，从而实现规划与开发的科学化。

2）景区管理的人性化

在旅游发展过程中，如果说景区的开发工作是打开旅游市场大门的钥匙，景区的管理工作则是保证市场大门常开的总开关，也是保证景区持续发展的营养品，而管理方式的选择是否恰当则决定了营养品的质量。在生态文明旅游管理中，刻板、缺乏灵活性的管理方式已不能满足当今多样化的市场需求，一些景区已开始转变管理方式，提高管理工作的创新性、人性化。

拓展阅读7-2

低碳世园：向世界传达绿色发展理念

3）旅游产品生产及消费的低碳化

生态文明旅游要求旅游企业树立生态文明理念，在生态文明理念的引导下采取低碳式的生产方式。党的二十大报告提出："推动形成绿色低碳的生产方式和生活方式。"因此，旅游企业应开发低碳环保旅游产品，引导游客在食、住、行、游、购、娱等方面进行低碳式的旅游消费活动。

4）游客行为的文明化

生态文明旅游不仅注重生态环境的保护，保留资源的原生态，而且注重游客旅游行为的文明化。随着经济的发展和国民文明素质的不断提高，游客在出游过程中更加注重自身形象，出游行为文明化程度不断提高。

拓展阅读7-3

文明旅游从我做起

7.1.4 生态文明视野下的文化旅游开发

1）加强政策支持，完善法律保障

在注重游客参与性的生态旅游活动中，游客的行为会对旅游资源环境产生一定的负面影响，因此需要有相关的政策法规来指导游客采用科学的方式开展旅游活动，以保护生态环境。加强生态文明法治建设，应充分发挥法律在生态文明旅游发展中的规范作用，明确政府、企业、游客在生态文明旅游发展中的权利和义务关系，全方位、多角度地促进旅游业的发展。在制定旅游相关法律法规的过程中，政府应将生态文明理念作为一个重要的参考原则，加大地方性生态文明法规的建设力度，因时因地制宜，完善生态文明旅游法律法规的层次体系。同时，国家应建立科学合理的生态文明旅游发展补偿机制，以促进生态文明旅游的健康可持续发展。

2）实现科学规划，转变管理模式

发展生态文明旅游必须以生态文明为导向，制定一个实践性强、科学合理的旅游发展规划。转变原有的发展模式，坚持自然与生态保护优先、特色与多样并重、人与自然和谐持续发展的原则，切实在旅游规划中把生态文明的理念放在第一位。同时，面对日益国际化、大众化、多样化的旅游市场，发展生态文明旅游更加需要科学、灵活的管理模式，以确保在节约资源、保护环境、控制容量的前提下实现持续发展。生态文明旅游要求景区在管理过程中以人为本，提高当地社区居民的参与性，引导居民共同管理当地的资源环境，提高当地居民的主人翁意识，吸引居民积极参与到环境保护中去；要加强对当地居民的生态文明教育，提高居民的生态文明意识，充分利用当地居民的地方特长和传统，更好地保护自然、人文资源，让居民在享受旅游发展带来利益的同时，为当地旅游业的可持续发展贡献自己的力量。

3）打造创新产品，丰富游客体验

生态文明旅游的发展还要转变旅游产品的开发模式，将生态文明理念融入旅游产品的开发过程中，加大对高新技术的投入力度，打造生态环保、特色多样、优质安全的旅游产品；同时，通过旅游产品创新引导游客以生态化的旅游方式积极投入到旅游活动中去，注重游客的参与性，丰富游客体验。例如，在景区道路设计方面，可就地取材建设游步道，减少索道等机械设备的建设，这样既保证了生态环境的协调性，又延长了游客的逗留时间，提高了游客的体验质量。在住宿方面，可建立环保酒店、发展民宿等。环保酒店可以采用木结构的树屋、改造后的原始山洞等形式，让游客体验回归自然的感觉；发展民宿既可以让游客深刻体会当地居民的民俗风情，提高游客的旅游体验质量，又可以增加当地居民的经济收入。在购物和娱乐方面，可以打造能够反映当地特色的产品，开展当地的民俗节庆活动等。

4）扩大公众参与，重视生态教育

扩大公众参与，不但要体现在旅游活动方面，而且要体现在生态文明旅游规划、政策法规的制定方面。提高公众在生态文明旅游规划、政策法规制定中的参与度和话语权，体现了我国以人为本的民主思想，有利于决策的科学化，有利于实现利益公平，有利于公众更好地参与到生态文明旅游发展中去。

此外，旅游可持续发展的实现还要加强生态文明的宣传教育。第一，政府可以通过互联网、电视、广播、报刊等发布生态文明公益广告、宣传标语，提高大众的生态文明意识。第二，旅游景区可以使用生态文明标语制作标识牌，提高导游的生态意识，要求导游在讲解过程中普及生态知识，提高游客的生态文明意识。第三，院校应重视生态文明教育，注重培养高素质的具有生态意识的旅游专业人才。第四，游客要注重自身素质的培养，学习生态保护知识，文明旅游。游客的消费方式将直接影响生态文明旅游能否实现，因此，使游客树立生态消费观念是实现生态文明旅游的决定性因素。

小资料7-2　　川甘青交界区文化生态旅游融合发展

川甘青三省交界区是我国重要的天然森林草原分布区，是黄河、长江上游水资源涵养区，被誉为“中华水塔”，属于国家重点生态功能区。川甘青三省交界区在三省经济发展中长期处于相对滞后的状态，是三省发展的“短板”区域。川甘青三省交界区的文化资源与自然环境紧密地融合在一起，形成了丰富、优质的特色旅游资源，发展旅游产业的资源优势突出。立足文化和自然生态旅游资源优势，着眼发挥旅游业的综合带动作用，大力发展旅游业，成为推动川甘青三省交界区经济社会发展的必然选择。

资料来源　喇明英．川甘青交界区文化生态旅游融合发展的理念与路径探讨［J］．西南民族大学学报（人文社会科学版），2016（2）．

小思考7-2

谈谈川甘青交界区实施文化生态旅游融合发展的路径。

小思考7-2

分析提示

7.1.5　美丽乡村背景下的旅游文化发展

1）完善乡村旅游基础设施

乡村旅游文化产业要想实现长远的发展，必须完善乡村旅游基础设施，提高游客接待能力。乡村旅游基础设施包括交通设施、住宿设施、通信设施、医疗设施等方面。交通设施包括乡村外部交通、乡村内部道路、停车场、服务驿站、特色风景道、指引系统等。交通设施关系着乡村旅游各个景点的通达性，决定着乡村文化旅游产业吸引的游客量，是促进乡村经济发展的重要保障。乡村交通设施建设应遵循绿色理念，在强化乡村交通功能性的同时，注重保护乡村生态平衡，展现乡村的特色风貌。住宿设施建设水平是衡量乡村旅游接待能力的重要指标，乡村可开发建设多种类型的住宿设施，如乡村客栈、休闲农庄、森林小木屋等。乡村住宿设施设计既要考虑经济效益，更要强调生态效益，尊重和保持周边乡土氛围，减少对生态系统的干扰和对自然环境的破坏，使乡村环境具有良好的再生能力。通信设施的完善可以加强乡村与外界的联系，有利于提高乡村旅游文化产业的知名度，在一定程度上增加了乡村旅游文化产业的客流量。医疗设施为乡村旅游文化产业的正常运转提供了安全保障，乡村旅游文化产业应建立紧急救援机制，配备专职医务人员，提供全天候医疗服务。乡村旅游基础设施的完善不但可以为乡村旅游文化产业的发展提供保障，而且符合美丽乡村建设理念，对于展现乡村文化旅游风貌具有重要作用。

2）根据实际情况开发利用乡村旅游资源

乡村旅游文化产业的发展是一个长期的过程，在此过程中，乡村旅游文化产业管理者应经常对乡村旅游资源进行实地考察，根据乡村经济发展的实际情况开发发展潜力良好的旅游资源。同时，游客的需求是不断变化的，这直接影响了乡村旅游文化产业的发展方向。因此乡村旅游文化产业开发者应树立创新发展理念，对现有乡村旅游资源进行有效整合，从而使乡村旅游资源更具地方文化特色，更能满足游客的旅游需求。此外，乡村旅游文化产业开发者与管理者也要意识到，旅游文化产业若想实现可持续发展，不能过分注重经济效益，不能盲目引进不适合乡村文化旅游产业发展的项目，必须结合当地的实际情况制定相应的旅游文化产业发展策略，在保护旅游资源的同时，有效利用当地的旅游资源，这样乡村旅游文化产业才能实现可持续发展，才能真正带动乡村的经济发展，加快形成城乡发展一体化新格局。

3）创新乡村旅游文化的运营管理模式

乡村旅游文化产业在发展过程中，应充分调动每个村民的积极性，将个体经营融入集体经营中，让不同的村民负责不同的经营项目。村民既可以负责旅游线路的规划及导游讲解，还可以负责接待游客等工作。团结全体村民发展乡村旅游文化产业，可以营造独具特色的乡村人文氛围，打造乡村特色旅游文化，给游客带来全新的旅游体验。此外，乡村旅游文化产业的发展也离不开当地政府的支持。政府应通过制定相关政策和扶持措施，支持乡村旅游文化产业的发展，鼓励村民参与其中；同时，应加大对乡村旅游文化市场的监管力度，保障游客的权益。只有政府的有力推动和规范，才能确保美丽乡村建设工作的长效发展。

4）充分利用现代传媒技术宣传乡村旅游文化产业

如果拥有优良的自然资源、浓厚的人文氛围、高水平的接待服务、完善的基础设施，但是没有适度的广告宣传，乡村旅游文化产业也无法吸引游客。因此，充分利用现代传媒技术对乡村旅游文化产业进行宣传是十分必要的。宣传者应深入了解乡村的旅游文化特色，根据实际情况塑造乡村旅游文化产业的独特品牌，同时应利用现代传媒技术强大的传播性，提高乡村旅游文化产业的知名度。

7.2 旅游文化与全球化

7.2.1 全球化和文化全球化

1）全球化的概念

关于全球化（globalization），学者们有诸多定义。通常意义上的全球化是指全球联系不断增强，人类生活在全球规模的基础上发展及全球意识的崛起，国与国之间在政治、经济贸易上互相依存。全球化亦可以解释为世界的压缩和视全球为一个整体。20世纪90年代以后，随着全球化对人类社会影响层面的扩大，全球化已逐渐引起各国政治、教育、社会及文化等学科领域的重视，并引发了大规模的研究热潮。

2）文化全球化的概念

文化全球化既是经济全球化在文化领域内的深层反映与体现，也是经济全球化的必然结果。文化全球化主要是指世界上各个国家、各个民族之间通过文化交流、文化借鉴、文化渗透以及文化互补，最终不断突破本民族文化的地域及内容限制而走向世界，实现各个国家、各个民族之间文化融合的过程。

小资料7-3　　经济全球化与徽文化的传承发展

徽文化是古徽州文化的简称，主要是指北宋宣和三年改歙州为徽州以后，特别是明清两代，徽州一府六县（即徽州府及其所辖的歙县、休宁、婺源、绩溪、祁门、黟县六县）所创造的地域特色与时代特色鲜明的文化。徽文化以封建民族宗法制为社会基础，以徽商的雄厚实力为经济基础，以儒、商互济为文化精神指向，其建树广及明清文化的多个领域，如新安理学、徽派朴学、新安画派、黄山画派、徽派版画、徽派雕刻、徽派篆刻、徽派建筑、徽派刻书、徽派盆景、新安医学、徽剧、徽菜等。

经济全球化对徽文化的正面影响包括：第一，国际旅游市场蕴藏的巨大商机，促使国家制定“大力发展入境旅游”的战略方针，从而发现了黄山与徽文化巨大的旅游开发利用价值，造就了规模可观的安徽旅游产业，让徽文化又勃发了生机。第二，中国旅游业的外向服务性促使其成为与国际接轨最早、最充分的行业，黄山旅游业的超常规快速发展，推动了黄山市的管理体制改革与创新。

经济全球化对徽文化的负面影响，就旅游而言包括：第一，某些旅游开发破坏了文物的真实性与完整性，如为了“美化”某个景点，强行拆迁了数座古牌坊，切断了这些牌坊与原址的文化血脉；第二，以西递、宏村为代表的古村落旅游走红之后，对经济效益的过分追求造成餐馆林立、商铺满街，极度的商业化与集市化破坏了古村落的宁静与平和；第三，大量运载游客的车辆的进出污染了大气、水系与环境，并且游客数量的增加加快了作为旅游景点的民宅、祠堂等古建筑的损坏；第四，旅游活动的金钱示范效应侵蚀了山乡水村老百姓的淳朴民风。

资料来源　章尚正．经济全球化与徽文化的传承发展［J］．黄山学院学报，2004（2）．

小思考7-3

小思考7-3
分析提示

徽文化的复兴带给我们哪些启示？

3）文化全球化的特征

（1）文化全球化是一种“文化浸入”

这主要表现为经济发达国家把自己的文化价值观念加以普世化，这些国家在经济上占据统治地位的同时，试图把适用于本国的文化价值观念推广到其他国家，实现经济、政治以及文化上的统一。从这个意义上讲，文化全球化往往表现为经济发达的西方国家的文化浸入过程。这种情况在20世纪中期以后表现得尤为明显。“冷战”结束以后，以美国为代表的西方国家不断调整自己的战略，建立文化霸权，推行文化扩张，力图把非西方文化纳入到自身的文化体系。于是，这些国家在经济交流、经济援助的同时极力推行文化交流以及文化合作，推行自己的文化价值观念，从而实现本国的战略意图。

(2) 文化全球化也是本土文化逐渐彰显其价值的过程

一方面，文化全球化常常导致经济发达国家对经济欠发达国家的文化浸入；另一方面，文化全球化并不排斥本土化，它是建立在本土化基础上的全球化。不同的民族有不同的价值观，即使同一个民族的社会成员，由于个体的差异，也会存在着不同的文化观念，因此文化全球化与本土化必然能够同时得到发展。

(3) 文化全球化是一个不断变化的过程

文化本身也会随着人类社会的变迁而不断进行传播。在工业革命之前，不同地域、不同类型的文化交流就已发生，只不过受生产力发展水平的限制，空间上的传播相对有限，流动周期也比较长。随着工业革命的发展，航海业和陆路交通得到了巨大的发展，这缩短了国家与国家、民族与民族乃至人与人之间的距离，文化交流也更加频繁。20世纪以来，文化之间交流与融合的趋势日益明显。

4) 文化全球化的成因

(1) 文化全球化是经济全球化的一个有机组成部分，它随着经济全球化而产生与发展，是经济全球化的归宿

全球化的形成与资本主义生产方式在世界的扩张有着紧密的联系。加拿大学者基蒙·瓦拉斯卡斯基曾经这样描述：现代版的全球化始于15世纪的航海大发现，到17世纪末和18世纪，重商主义者把治国平天下变成了实施经济政策的精巧艺术。后来他们遭到自由贸易者的反对，主张国家干预经济的重商主义同亚当·斯密及其门徒的经济自由主义之间的理论之争在整个19世纪从未停止过。到19世纪末，我们今天称作全球化的状态已经实现了，只不过版本低些罢了。尽管各个殖民帝国以国家为单位奉行新重商主义，将世界分成彼此竞争的贸易区，但全球的商品市场还是融为一体了。

(2)“冷战”结束后，以意识形态对立为表象的文化对垒迹象趋缓，在巨大变动冲击下的人们开始接受西方文化填补真空

1991年，苏联解体，“冷战”时代宣告结束。在此之前，文化全球化的进程就已经开始，但由于社会主义阵营和资本主义阵营的对立，文化全球化主要是资本主义或社会主义阵营内部的文化交融，是文化区域化。“冷战”结束后，社会主义发展出现低潮，西方文化乘虚而入，填补了这一时期的文化真空。另外，“冷战”的结束使国际关系发生了变化：一是国际格局由两极向多极变化，在现实中存在美国一极与世界多极的斗争；二是文化由配角向主角变化，原来存在于阵营间的政治斗争、军备竞赛不再突出，政治因

素和军事因素在国际关系中的作用减弱，这为文化因素作用的增强提供了契机，也为一些商人找到了新的经济增长点。文化商人带着他们的商品来到曾经陌生的、对立的国度，在获得商业利益的同时，充当了文化传播的媒介。

（3）信息技术的发展为文化全球化提供了物质保障，也使文化全球化具有客观现实性

首先，互联网使文化传播的方式发生了质的变化，既冲破了时间、空间的限制，也打破了民族、种族的隔阂，实现了在虚拟空间中的自由流动。其次，信息技术促进了文化产业的发展，而文化产业是文化全球化的重要基础之一，如果没有现代信息、通信技术，就不可能出现覆盖面如此之广、影响力如此之大的现代传媒，文化产业也就无从谈起。最后，信息技术的发展从根本上改变了知识的性质，知识成为世界权力竞争的重要"赌注"。

5）文化全球化的发展趋势

（1）文化全球化最终将形成一个现实生活层面上的全球文化

不同民族、国家、地区的文化将在文化全球化进程中得到融合。当人们把文化的主体定位于社群、民族、国家的时候，人们所看到的只能是多元文化、异质文化；但是当人们把文化的主体定位于整个人类的时候，文化的共同性就是难以否认的命题。

（2）在文化全球化进程中，各民族文化在理想性层面的差异将继续存在

文化同质化是有限的，不具有一种文化完全吞噬另一种文化的可能性。文化包括实用性文化和理想性文化两个层面。全球化对两个层面文化的影响是不同的，应当把两个层面的文化区分开来，分别考察它们与经济、政治全球化的关系，以及它们在知识经济时代的命运。在知识经济时代，人与人之间交往的高度全球化，将不可避免地导致实用性文化的全球化，即在实用性文化层面上，各民族文化聚合成一种普遍的全球性文化；在理想性文化层面上，各民族文化则可能通过返本开新而保留下来，从而形成文化理想争奇斗艳的亮丽景象。

（3）文化全球化将是一个长期、复杂的过程，也是一个双向浸入的过程，即同质性与异质性共存，一体化与多元化并进

从实现途径上考虑，文化全球化有两条路径：一条是世界文化民族化；另一条是民族文化世界化。在相当长的时期内，由于文化势差现象的存在，高层次文化还将继续影响低层次文化，西方文化的优势不可能在短时期内消除。但不同的文化，只要有适合的土壤，其中对社会进步有贡献的部分就会被广泛接受并不断被吸收，从而融入民族文化之中。党的二十大报告指出："深化文明交流互鉴，推动中华文化更好走向世界。"新时代新征程，我们要充分抓住文化全球化的机遇，推动中华文化更好走向世界。

7.2.2　旅游全球化

1）旅游全球化的特点和现状

（1）旅游全球化的背景

由100多个国家共同签署的《服务贸易总协定》于1995年1月1日正式生效，这

标志着世界范围内旅游服务贸易自由化进程开始启动，并且还将通过不断谈判掀起全球旅游贸易自由化的高潮。此外，世界贸易组织已把服务贸易多边谈判列为20世纪的主要议题，同时，由于有世界贸易组织作为组织保证，因此各国政府对旅游贸易的限制会大大弱化，各国的旅游贸易会日趋规范化和制度化，这不仅有助于各国、各地区旅游市场的开放与融合，而且有助于国际旅游业潜力的挖掘。

（2）发展中国家在国际旅游市场上的份额逐渐扩大

由于旅游受个人可自由支配收入和时间，以及接待地设施等的影响，因此从旅游业诞生之日起，欧美发达国家就一直是国际旅游市场的主宰，它们既是最大的旅游客源输出国，又是出境游客的首选目的地。随着发展中国家经济的腾飞，发展中国家的国民收入有了较大提高，旅游资源也更具吸引力，因此发展中国家在国际旅游市场上的份额不断增加。世界旅游组织预测，到2030年，全球旅游人数将达到18亿人次，其中赴新兴经济体国家旅游的游客将占全球旅游人数的57%。

（3）远程旅游的份额将增加

随着人们收入水平的不断提高，以及高科技在旅游领域的应用，未来全球旅游业发展的一个主要特征就是远程旅游的份额将增加。远程旅游份额的增加意味着各国旅游市场融合度的增加，同时也说明旅游贸易渐趋自由化。

（4）旅游企业的国际化经营

开展国际化经营的企业具有规模优势、成本优势、市场优势、人才优势、品牌优势，并且可以优化资源配置，因此旅游企业越来越偏好向集团化、国际化方向发展。特别是近年来，企业间跨国并购高潮迭起，投资范围和规模也日益扩大。目前，世界主要国家都有以本土为基地的旅游集团公司，其中大多数已发展成为国际化的旅游集团公司。

2）旅游全球化的动因

（1）经济原因

世界经济的高速发展使工业化国家具备了发展旅游业的三大基础：充足的闲暇时间、便利的交通及通信条件和可自由支配的收入，在此基础上形成了目前规模宏大的国际旅游市场。随着经济重心由发达国家向发展中国家转移，旅游业在全球的分布也在发生变化。发展中国家越来越成为经济增长最快的地区，从而有能力参与国际旅游市场，并且在市场上扮演着越来越重要的角色。各国对边界贸易、投资与旅游的开放为旅游企业创造了新的市场，同时也方便了外国竞争者的进入。

（2）技术原因

1946年，世界上第一台计算机的问世拉开了信息革命的序幕，从此信息技术在全世界广泛应用。信息技术的应用使得全球的通信联络越来越方便，缩短了各国和各地区市场的距离，让全球范围内的经营协调工作可行、可靠、效率更高，也使得大型旅游集团（公司）进行全球化经营成为可能。信息技术在旅游业的应用，首先体现在全球预订和分销系统上，如著名的全球分销系统（GDS）

就是由国际性航空公司联合创建，最初以航班预订为主营业务，后来发展为向饭店、度假村、邮轮公司等其他旅游相关行业提供预订和市场营销综合服务的大型计算机信息服务系统。

（3）社会原因

虽然国际争端和局部战争时有发生，但是和平与发展仍然是当今世界的两大主题。稳定的国际环境大大降低了旅游者对安全的顾虑，有利于旅游者与当地居民友好交往。同时，世界范围内的文化交流越来越多，旅游者渴求增进了解的欲望越来越强。世界各国、各地区、各民族都有自己独特的文化，这些文化一方面相互融合，另一方面又保持了自己鲜明的特色，这种特色无疑对有旅游需求的人充满了吸引力，旅游者试图用这些独特的文化陶冶自己的情操，增强对其他国家、其他民族的了解，从而满足自己在精神方面的需求。

3）旅游全球化对中国的影响

（1）旅游市场方面

中国是世界上最大的旅游客源国和接待国之一。2019 年，我国出境旅游人数15 463万人次，比上年同期增长3.3%；出境游客境外消费超过1 338亿美元，增速超过2%；入境旅游人数14 531万人次，比上年同期增长2.9%；国际旅游收入1 313亿美元，比上年同期增长3.3%。受新冠肺炎疫情影响，我国出入境旅游在2020—2022年一直低位运行。2023年以来，随着我国采取“乙类乙管”措施，出入境旅游呈现有序复苏的良好态势。未来，将有更多中国游客走出国门，定制化精品小团、主题游等特色产品及新兴小众目的地也将进入大众视野并促进出境旅游市场的回暖；同时，在各项利好政策的持续推动下，将有更多的海外游客来到中国，提升国内世界级旅游目的地品质、关注城市旅游品牌的构建、创新推动国际传播等举措，是在愈发激烈的全球旅游目的地竞争下的必经之路。

（2）文化方面

文化因素在旅游活动中占有重要地位，在国际旅游中更是如此。通过旅游实现的跨国人员流动，以及由此带来的文化间的接触、交流，对于不同文化的相互理解、取长补短、共同发展具有重要意义。与这种趋势相适应，中国各级旅游单位在进行旅游产品开发、宣传时都大打文化牌，用独具地方特色的生活方式和景观来吸引海内外游客。文化旅游还引起了文化人类学家的关注，文化人类学家认为在少数民族地区开展的旅游活动，是观光者与地方群体间进行文化互动的过程。在这个过程中，旅游者与当地的族群形成了一种特殊的族群关系，一个是“看”的主体，另一个是“看”的对象，在“看”与“被看”之间产生了一种“非对称的族群关系”。外国游客在体验新奇的异文化的同时，会对地方少数民族居民产生强烈的文化冲击，从而导致当地相对稳定的文化生态遭到破坏。当然，地方族群也不是完全被动的，面对外来文化的冲击，他们也在不断调整与创造。

小资料7-4 **全球化背景下的民族文化旅游**

民族文化旅游包括民族物质文化、民族制度文化和民族精神文化三个方面的内容。其中，民族物质文化包括民族建筑（如土家族的吊脚楼、侗族的风雨桥、傣族的竹楼）、民族服饰（如苗族服饰和藏族服饰）和民族饮食等。民族制度文化包括民族节日习俗、民族婚俗等，如壮族的三月三歌节已经演变为国际歌舞节，海南黎族的三月三节已演绎成海南国际椰子节，它们不仅是民族节日，而且是“世界性”的节日，是海内外旅游者共同的节日。民族精神文化包括民族意识、民族性格、哲学思想、价值观念、审美情趣等，主要通过开展上述民族文化旅游活动来体现，如土家族的摆手舞通过对生产活动的再现，反映了土家族人民勤劳和善于总结的民族性格。

资料来源 金毅. 论全球化背景下的民族文化旅游［J］. 内蒙古大学学报（人文社会科学版），2004（2）.

小思考7-4

分析提示

小思考7-4

如何在全球化背景下进行民族文化旅游的开发？

7.2.3 全球化对旅游文化的影响

1）全球化经济文化对旅游交往的矛盾两重性

全球化经济文化趋势在承继现代启蒙运动理性内涵的同时，又将其彻底改头换面，因而在文化思潮、经济准则、审美取向上表现出了矛盾两重性。对旅游者和东道主共同形成的旅游关系文化来说，矛盾两重性的影响主要体现在如下方面：

（1）现代性与后现代性的矛盾演绎使旅游主客交往多元化

现代性是伴随着17世纪以来资本主义工业化运动而形成的社会群体心性结构和文化态质，它并不是静止的，而是一个不断衍生着差异性的过程。从文艺复兴时期到现在，它可以分为不同的发展阶段，主要特点在于张扬人的主体性和感性。后现代性脱胎于现代性思想母体，以反叛和解构现代性为主要特点，表现为去中心化、边缘化等。现代性与后现代性相互交叉渗透是旅游者与目的地社会的关系文化的大环境，这种关系文化表现为三种主要类型：第一种是以知识为导向的关系文化。旅游者倾向于在旅游目的地获取社会政治、经济、文化艺术等各方面的知识，这些知识的含量越丰富，旅游者的积极印象就越深刻，如江西等革命老区推出的红色旅游、浙江绍兴推出的“跟着课本游绍兴”等。同时，追求探险求异的民族旅游或国际旅游，也可以看成追寻地方性知识的结果。第二种是以审美为导向的关系文化。旅游者暂时悬置现代性与后现代性所造成的理论纷争，将超功利的个人审美放在首位，他们偏向选择风格迥异的自然生态形貌为旅游目的地，追求自然之美。第三种是以交往为导向的关系文化。这种关系文化更注重旅游者与东道主的生活交往，在交往中辨认地方性和实现自我认同。总体来说，全球化中的现代性和后现代性矛盾造成了旅游者与目的地社会的

拓展阅读7-4

后现代主义

关系思辨，最终将旅游置于一个开放、流动的环境中，确认文化的主体性和多元性，以实现平等自由的文化交往。

(2) 标准化与个性化矛盾在旅游交往内部显现张力

在全球化过程中，现代化工业的发展和跨国投资的增多使商品和服务日益标准化。以大众旅游为主体的当代旅游，非常重视旅游服务体系的完善，酒店、景区、餐饮等要素受全球化的影响朝着标准化迈进。但是，这种趋势缩小了旅游者与旅游目的地之间的文化差异，无法激发旅游者的审美感官。人们参与旅游活动的根本目的是追求旅游生活与日常生活的反差，唤起新奇感，旅游目的地的趋同化削弱了旅游目的地应有的魅力。在旅游发展过程中，标准化与个性化始终是一对矛盾体，因为旅游本身包含了作为日常生活部分的世俗过渡行为和超越日常生活部分的文化体验行为。前者在旅游中主要表现为食、住、行等方面的商品或服务消费，这些方面的运营必须以现代化和标准化服务为主导；后者却需要保留并彰显原生的地方文化。旅游者的到来能为静止的或不自觉的地方文化注入各种物化的、意化的要素，从而构建一个独特的地方性旅游景观。我们可以看出，在旅游交往中，单纯的标准化理性操作对旅游者而言是被动接受的过程，对东道主而言是以乏味单调的语言重复缺失了意义的劳动；个性化的旅游交往在这对矛盾中则体现为：旅游者和东道主都能秉持文化自尊，旅游交往成为自由与愉悦的生命体验。

(3) 全球化消费中商业法则与审美尺度的矛盾作用

全球化的旅游活动使旅游交往体验趋同化。从历史上看，旅游及与其相近的概念如旅行、云游、远足、行游、航游等，都代表了不同意义上的旅游活动，呈现出多样的旅游者文化体验。以经济为先导的全球化降低了旅游活动文化体验的多样性。不难发现，在住宿、餐饮、交通、娱乐、游览、购物六大旅游供给系统中，各方面服务消费的比重日渐加大。购物成为旅游的重要环节，这意味着旅游者将在商家的促销下购买各种物品，这将成为一种旅游生活习惯，并且占据相当一部分旅游交往时间。然而，旅游交往的目的是一种脱离现实世界的“悬置”，这不仅意味着个体感性的独立和目的地社会文化审美价值的实现，而且意味着旅游者的主体感性超越了日常生活的感受，在审美层面上与目的地社会文化实现了自由融洽的交流和普遍情感意义上的相互理解。

2) 旅游者与东道主现实交往的场景内涵

(1) 旅游者在旅游过程中带来本国本地区的文化，并以人际交往的方式不自觉地呈现这种文化

需要注意的是，旅游者在旅游过程中的体验状态与日常生活有着明显差别。旅游者在旅游过程中具有“游戏”的心境。与旅游前的日常生活和旅游后回归的日常生活相比，旅游者的旅游活动是一次文化意义上的“冲浪运动”。日常生活的结构化中融入一个解构的、不一般的状态，有可能形成一种氛围，这种个人体验的波形图对于旅游者融入东道主文化有积极的影响。旅游过程的设计应该体现与日常生活的差别，两者的差别越大，文化冲浪的能量就越大。

(2) 东道主文化以日常氛围形式围绕在旅游者周围，形成一种文化强势

这种文化主要出现在旅游者身处目的地的各种不同情境中，如乘坐飞机、火车、汽车、地铁等交通工具，在酒店居住、餐馆用餐、商店购物、景区游览、参观城市风貌等，旅游者在此过程中通过语言等多种途径与目的地居民产生文化互动。互动的理想模式是来自不同文化个体之间的社会交往导致不同文化个体互相欣赏、理解、尊重、宽容和喜爱。比如，尼泊尔的夏尔巴人与攀登喜马拉雅山的旅游者之间建立了一种古老而浪漫的互助模式，一个夏尔巴人有几个旅游者赞助是很正常的事，旅游者对登山充满渴望和热情，对帮助他们实现梦想的人非常感激，并且会给予厚报，当地人则邀请旅游者再次光临尼泊尔，并赠予旅游者名义上的亲戚称谓，使旅游者感到自己也成为所仰慕的地方文化的一部分。但是急功近利的旅游开发会导致目的地文化的扭曲和沦丧，人类学从目的地社会出发，用“涵化”来解释欠发达地区因为旅游开发而带来的种种弊端，包括环境恶化、劳动权利丧失和观念变更等。“涵化”是一个时间性的渐变过程，对于一个具体的旅游者与东道主的关系场景来说，如果旅游者没有充分的知识准备，交往过程中就会出现语言交流、行为组织、安全健康等方面的障碍，旅游者就会感到不满意，甚至出现紧张、不适应或敌对的局面。

(3) 旅游者对东道主文化的接近和融合需要遵守目的地文化的规范潜力，同时也造就了目的地文化的可变潜力

文化的流变在当今时代变得更加自然和频繁，全球性的时尚风潮和流行文化风向标正以全方位、立体化的媒体传播形式重复传递信息，文化的边界变得越来越模糊。要将目的地文化的特色加以维系和传承，就要考虑文化力量的两面性，我们可以用文化的规范潜力和可变潜力来描述。所谓文化的规范潜力，是指东道主在文化环境中自然习得的各类活动规范和行为礼仪，用以保持与群体的密切关系，从而在群体中得以生存。旅游者必须尊重规范潜力，意识到它的存在维持了一个族群的存在，并且应尽力减少交往时的摩擦和冲突；同时，东道主必须让规范潜力发挥它稳定社会文化传统的作用，打破边界意味着文化交往立场的丧失。文化的可变潜力则是指文化环境中不具有决定性意义，随季节而变化的表面流通特征，其中表现最突出的是旅游服务系统追随时代潮流，不断将各类服务项目和旅游商品推陈出新。对旅游者来说，与目的地社会的交往必然有一个时代印记；对东道主而言，文化的可变潜力为他们进行文化更新和多元文化交往提供了现实条件，而旅游者就是其中一个重要的推动力。

3) 旅游者与东道主主体意识的相互呈现与渗透

(1) 旅游者与东道主在文化选择上的自觉与自适

旅游者应尽快调整文化间的振荡，尽量融入目的地社会以获得和谐交往。尤其是在旅游前，旅游者应对目的地社会的文化状况有一个初步了解，这是对异族文化的前期接受过程。例如，随着国际旅游业的迅猛发展，许多文化冲突现象出现了，主要表现为旅游者对目的地社会文明规则的不适应或不尊重。因此，旅游者不但要学习全球化带来的国际交往礼仪和规范，而且要学习特定族群地区的特殊规则。同样，东道主也应更多地了解旅游者所在地区的文化特色，根据自身旅游服务市场的特点，为旅游

者提供异中有同的体验，拉近与旅游者的距离。

（2）时空意识的觉醒与实践

现代性与后现代性交错流动是全球化文化的生态景观，这里暗含着社会时间形式由于族群社会所从事产业的不同而产生的隔阂。例如，身处纽约、东京等国际性大都市的人群与非洲热带雨林的部落人群在时间观念上存在极大的差异。在空间意识上，不管是偏远农村还是大都市，都与旅游者的生活方式紧密联系在一起，并且共同成为全球化文化建构的一部分。此外，旅游目的地的人文景观必须有具体的时空坐标，制度、文化、人的行为、艺术等一旦脱离时空坐标，就会泛化并且失效。

（3）文化价值观的比较性认同与渗透性影响

文化价值观决定了旅游者与东道主之间的交往。价值观中的文化相似性越大，相互间积极的知觉程度越高，交往的有效性越显著。东道主对自己的主要客源国和客源地市场加以分析，得出主要旅游者崇尚的价值观，然后将这些观念以比较的方式传递给旅游者和东道主双方。假设中国为东道主，主要客源国日本的文化价值观中集体利益、社会等级结构和礼貌谦卑等最为突出，而主要客源国美国的文化价值观重在体现个人主义、理性等，这些文化价值观为旅游目的地提供了展演的故事脚本。从整体上看，旅游者自身的文化呈现在目的地会引起一定的示范效应，使目的地居民因为向往旅游者的物质水平和价值观而改变自身的价值观。对地方性旅游生态系统来说，每个旅游者都是一个自由移动的节点，因为选择的多元化和旅游经验的丰富，他们对目的地社会文化价值观的认同更为积极主动；目的地居民旁观旅游者的行为具有强迫性，目的地居民以静态方式被动吸收旅游者的价值观，完成自身观念的转变，这就是一个不平等的具有正负双重效应的涵化过程。

7.3 旅游文化与文化遗产

启智润心 7-2 **擦亮文化遗产名片　推进文化自信自强**

“历史文化是城市的灵魂，要像爱惜自己的生命一样保护好城市历史文化遗产”“要敬畏历史、敬畏文化、敬畏生态，全面保护好历史文化遗产，统筹好旅游发展、特色经营、古城保护，筑牢文物安全底线，守护好前人留给我们的宝贵财富”……党的十八大以来，习近平总书记对文化遗产保护传承工作的一系列重要论述、重要指示，为新时代传承保护历史文化遗产指明了方向，提供了根本遵循。

文化遗产是人类文明的象征、凝聚共识的纽带。如何深入挖掘文化遗产中蕴含的精神价值、文化价值，使之成为坚定文化自信、建设文化强国的强大动力，是时代提出的重要课题。习近平总书记以深邃的历史眼光和深厚的文化情怀指出：“要让更多文物和文化遗产活起来，营造传承中华文明的浓厚社会氛围。要积极推进文物保护利用和文化遗产保护传承，挖掘文物和文化遗产的多重价值，传播更多承载中华文化、中国精神的价值符号和文化产品。”

资料来源 王洋. 擦亮文化遗产名片 推进文化自信自强［N］. 中国旅游报，2023-06-15（1）.

7.3.1 文化遗产的概念

1）物质文化遗产

物质文化遗产包括古遗址、古墓葬、古建筑、石窟、石刻、壁画、近现代重要史迹及代表性建筑等不可移动文物，历史上各时代的重要实物、艺术品、文献、手稿、图书资料等可移动文物，以及在建筑式样或与环境景色结合方面具有突出普遍价值的历史文化名城（街区、村镇）。

2）非物质文化遗产

联合国教科文组织2003年10月通过的《保护非物质文化遗产公约》中指出，非物质文化遗产是指被各社区、群体，有时是个人，视为其文化遗产组成部分的社会实践、观念表述、表现形式、知识、技能以及相关的工具、实物、手工艺品和文化场所。非物质文化遗产包括：口头传统和表现形式，包括作为非物质文化遗产媒介的语言；表演艺术；社会实践、仪式、节庆活动；有关自然界和宇宙的知识和实践；传统手工艺。《中华人民共和国非物质文化遗产法》中规定，非物质文化遗产是指各族人民世代相传并视为其文化遗产组成部分的各种传统文化表现形式，以及与传统文化表现形式相关的实物和场所。

7.3.2 文化遗产旅游的文化功能

1）文化传承功能

《保护世界文化和自然遗产公约》明确缔约国的责任包括该国领土内的文化和自然遗产的确定、保护、保存、展出和遗传后代五项。我们应该把这种责任理解为，不但要对遗产的物质形式加以保护、保存，而且要通过展出和遗传后代来传播和继承璀璨的遗产文化。文化遗产旅游就是通过各种方式，向旅游者展示遗产的文化内涵和独特性。旅游者在旅游过程中获得的主要是文化体验，这种文化体验是直观的、轻松的，它不像阅读古籍那样烦琐，旅游者往往会主动积极地了解遗产文化。文化遗产旅游是传播和传承遗产文化最好的方式，传承遗产文化应成为文化遗产旅游可持续发展的重要理念。

2）文化教育功能

旅游过程是旅游者增长见识的过程，也是受教育的过程。采用不同的方式对旅游者进行教育，既是旅游经营者的重要管理方法，也是文化遗产旅游可持续发展必不可少的措施。

（1）环境教育

环境教育产生于20世纪70年代，是全球环境问题和人们生态意识觉醒的产物。旅游发展对旅游资源及环境具有一定的负面影响，旅游经营者往往借助一定的教育设施，有意识地对旅游者进行环境教育活动。生态环境是文化遗产旅游资源的重要组成部分，文化遗产旅游过程就是对旅游者进行环境教育的过程。例如，通过游览世界自然遗产张家界国家森林公园，旅游者可以欣赏美丽的自然山水，享受自然带来的沁人心脾的愉悦；通过游览文化景观遗产庐山，旅游者会陶醉于文化与自然和谐相融的氛围中，从而能够更深层次地理解人与自然、人与环境的关系，反思人类对环境不负责任的行为，使旅游体验得到升华，这正是环境教育的本质。

(2) 旅游者行为教育

在大众旅游时代，旅游者的消费方式具有多样性。很多旅游者崇尚娱乐性、参与性、独特性的旅游活动，喜欢舒适的旅游条件。在一些遗产景区，旅游经营者以市场为导向，想方设法满足旅游者的需要，修建与旅游景观不协调的设施，如建索道、观光电梯、豪华宾馆等。对遗产景区来讲，这样的旅游开发是破坏性开发和错位开发，是与遗产保护背道而驰的。文化遗产旅游以展示遗产文化为主要形式，以旅游者的审美和文化体验为主要旅游活动内容，倡导旅游者采用有利于遗产保护的积极的旅游方式，如修学旅游、徒步旅游、生态旅游等。

(3) 民族文化教育

在全球化时代，旅游业的跨国经营促进了全球旅游业的迅速发展，但也给旅游文化带来了一定的威胁，民族文化的弘扬成为旅游业发展中需要关注的重要问题。文化遗产旅游展示给旅游者的是承载着不同历史时期民族文化信息的景观元素，通过文化遗产旅游，国内旅游者能够深刻体会本国历史文化的悠久和灿烂，本国人民的伟大创造和智慧，从而树立民族自豪感，坚定文化自信。

(4) 审美教育

旅游活动是一个审美过程，不同的旅游景观带给旅游者的美学价值是不同的。遗产是自然造化的杰出典范，是人类文化的精髓，它给旅游者带来的震撼和启迪作用是其他旅游资源无法比拟的。因此，文化遗产旅游是高质量的审美活动，旅游者在旅游过程中能够获得真正的审美愉悦，审美素质也会得到培养和提高。

3) 文化保护功能

遗产的保护要用科学的发展观来指导，不能因为发展旅游的过程中存在一定的负面影响，就把遗产封存起来加以保护。发展旅游与遗产保护能够双赢的观点已在国内外达成共识，并且已有许多成功案例。

4) 社区参与功能

拓展阅读7-5

“颗粒归仓，守护城墙”公益活动

文化遗产旅游开发提倡社区居民的参与，社区居民通过参与文化遗产旅游经济活动，增加了收入，提高了消费水平。遗产地通过环境建设，为社区居民提供了和谐、优美、健康的高质量生活休闲环境。例如，峨眉山市十分注重生态文明建设和全域旅游发展，2021年、2022年连续入选“中国最美县域榜单”，为峨眉山人创造了良好的人居环境。

5) 塑造形象功能

文化遗产旅游的发展，不但是景区资源的开发过程，而且是一个整合遗产地资源的过程。遗产地应保护自身的文化特征，挖掘自身的文化内涵，塑造地域个性；应维护自然风貌，保护自然环境，保持良好的社会秩序，培养社区居民热情、礼貌、自信的文明素质，提供优美的旅游环境，提供足够的旅游基础设施和服务设施，提供高质量的旅游服务。这个过程形成了遗产地的特色，塑造了遗产地的形象，增强了遗产地的吸引力。

7.3.3 文化遗产旅游与遗产原真性

1）遗产原真性

原真性对遗产具有重要意义，体现了遗产历史文化价值的本质属性。《威尼斯宪章》提出，“将文化遗产真实地、完整地传下去是我们的责任”，这强调了原真性对遗产的重要性。1994年在日本奈良通过的《奈良真实性文件》是有关原真性问题的重要国际文献。文件中肯定了原真性是定义、评估和监控文化遗产的一项基本因素，指出“原真性本身不是遗产的价值，对文化遗产价值的理解取决于有关信息来源是否真实有效。由于世界文化和文化遗产的多样性，因此将对文化遗产价值和原真性的评价置于固定的标准之中是不可能的”“要多方位地评价文化遗产的原真性，其先决条件是认识和理解遗产产生之初及其随后形成的特征，以及这些特征的意义和信息来源。原真性包括：遗产的形式与设计；材料与实质；利用与作用；传统与技术；位置与环境；精神与感受。有关‘原真性’翔实信息的获得和利用，需要充分了解某项具体文化遗产独特的艺术、历史、社会和科学层面的价值”。

学术界对原真性有不同的理解。一般说来，判断产品是否具有原真性，通常仅仅依赖于这些产品是否由当地居民按照传统方式进行营建。从这个意义上来讲，原真性与传统文化、原创和真实感伴生。在旅游文化范畴，原真性产品依赖于一些复制的行为，旅游点、吸引物、形象甚至人员都不能简单视为当代的产物，而应该被定位为过去事件、历史时期或者生活方式。这样说来，原真性与原创性等同。

另外一些学者认为，人们是怀旧的，他们希望以旅游的方式回到以前的生活，哪怕这样的生活体验只是暂时的。考虑到怀旧是旅游的动机，那么可以假定文化遗产旅游的满意度并非取决于严格意义上的原真性——不在于它是否是过去场景的精确再现，而在于感知到的原真性。这样，并非旅游经历的每一个部分都必须是原真性的(或让人满意的)，只需要这些要素的整合能够产生所需要的怀旧感就可以。对文化遗产原真性的感知，在很大程度上取决于媒体和旅游者自身。研究显示，文化遗产旅游的原真性通过口碑获得了最大的公众效应。

2）文化遗产的商业化对原真性的影响

事实上，非原真性被很多学者认为起源于商业化进程，因为商业化给某种物品或现象一个可以让渡的清晰的交换价值。文化遗产旅游可能导致文化的标准化和本土现象的全球化。在发展文化遗产旅游的过程中，文化事件和吸引物的原真性常常被刻意展示和扭曲，以迎合“客人”和“主人”的需求。

原真性也经常被有意识地作为一种实际的市场策略。例如，不同的旅游商品都被作为原真性体验而生产和消费。然而非常清楚的是，旅游商品的生产具有双重作用：一方面，旅游商品可能使当地社区获利；另一方面，旅游商品的大量生产可能使其不再具有原真性，并且失去原始的意义。在寻求原真性时，一些旅游者将注意力放在了产品的独特性、原创性、工艺性、历史文化完整性和美学价值上。针对这样的市场需求，旅游开发者可以提供产品标签和产品质量保证书，以使产品看起来具有原真性，同时也能够使产品的交换价值更清晰。

发展文化遗产旅游导致的社区商业化是一种负面的商业化进程，其对遗产原真性具有明显的损害作用，但是这种商业化进程也可能给当地文化增加新的力量和合法性。因此，不能把文化遗产旅游视为社区以外的东西，文化遗产旅游也可以对当地文化的发展起到积极作用，它能够增强社区居民的文化自豪感，深化而不是淡化传统文化。此外，对过去的商业化再现，也能够满足部分旅游者对原真性产品的需求。

3）原真性对文化遗产旅游的意义

原真性能够提升文化遗产旅游的品质，同时，原真性是把遗产和旅游联系起来的关键点。原真性对文化遗产旅游具有两方面的作用：一方面，它作为推力，对个人的遗产消费决策具有重要影响；另一方面，它作为拉力，对提高遗产目的地的吸引力具有重要作用。

原真性这个概念可以分为两个独立的部分，即旅游者体验（强调原真性体验）和旅游对象（强调原创性）。从旅游需求方面来看，由于文化遗产旅游者动机的多样性，旅游者和当地社区对于什么是原真性不能够达成一致的标准，因此每一方都可能建立一个关于原真性的概念框架。这样一来，原真性就从一个静止的概念演变成为一个流动的概念，它可以根据需求模式（旅游者动机）来界定。文化和遗产作为一个过程，将吸引旅游者通过旅游体验来寻求原真性。随着越来越多的旅游者被吸引到目的地旅游，遗产的原真性变得至关重要。

在后工业化条件下，原真性对文化遗产旅游的市场运作具有重要意义。这可以分为两个方面：一方面，原真性能够起到当代市场发动机的作用，文化遗产旅游资源的多样化属性使得开发多样化的旅游产品成为可能，这些旅游产品能够有效满足细分市场的多样化需求（即旅游者动机的多样化）；另一方面，由于潜在旅游者按照使自身满意度最大化的原真性水平来决定消费，而消费的满意度又取决于潜在旅游者面临的有效时间和预算约束，因此开发者对不同的细分市场和吸引物采取不同程度的原真性。这样，原真性取决于消费者的重视程度，以及文化遗产旅游的供给方所面临的市场需求。从这个意义上来看，文化遗产旅游的焦点显然已经从以产品为中心转为以消费者为导向，消费者偏好模式成为最重要的影响因素。这样的结果是，市场仅仅根据需求对过去的事物提供一个可能的解释，而所有对过去事物的再现都是有选择性的。

7.3.4 文化遗产旅游开发

小资料 7–5　　**“一带一路”省区文化旅游开发**

文化遗产与旅游深度融合，不仅让文化遗产活起来，也让大众旅游更具文化味。值得注意的是，文化遗产地成为热门旅游目的地并非一蹴而就、一融就活。2023年暑期，故宫等热门文博场馆一票难求，然而仍有一些文化遗产景点游人稀少。这一现象表明，文化遗产旅游发展还有很长的路要走。从根本上讲，文化遗产旅游的载体是遗产，文化是灵魂，旅游是活化与传播手段。因此，必须在坚持保护的前提下，统筹好旅游发展与特色经营，围绕游客求新、求异、求知的消费需求，全力做好文化遗产创新活化这篇大文章，将文物故事、历史文化更加生动地呈现出来，不断优化人们在文旅体验中的知识浓度、感悟深度和互动程度，实现文化遗产从文化资源向旅游产品有效转化，进而获得更多游客的青睐。

资料来源　熊海峰，张文静．文化遗产旅游开发需做好创新活化文章［N］．中国旅游报，2023-09-06（3）．

小思考 7–5

分析提示

在线课堂 7–1

文化遗产旅游开发

小思考 7–5

开发文化遗产旅游需要做好哪些工作？

1）文化遗产旅游开发的理念、原则和目标

（1）文化遗产转化为旅游产品的“四化”理念

在市场经济条件下，产品是产业发展的根基。文化遗产转化为旅游产品，也就是文化遗产的产品化，是指通过有序开发文化遗产资源，形成种类完善、结构合理的旅游产品系统。“理念是行动的指南”，为了实现文化遗产的产品化，文化遗产旅游开发应当树立文化遗产资源化→遗产资源产品化→遗产产品形象化→遗产形象市场化这一逐步递进的“四化”理念。在这里，文化遗产资源化是指在对文化遗产进行科学分类和筛选的基础上，使之成为具有旅游开发价值的资源；遗产资源产品化是指对文化遗产旅游资源进行开发，使之成为旅游者可以观赏、参与、体验的旅游产品；遗产产品形象化是指赋予文化遗产旅游产品丰满而鲜明的旅游形象，从而提升其旅游吸引力；遗产形象市场化是指以旅游者的需求为导向，对文化遗产旅游产品及其形象进行包装和整合，强化其市场卖点和盈利能力。很明显，整合各类文化遗产资源→将文化遗产资源转化成旅游产品→塑造遗产旅游品牌形象→走向市场，这一递进的理念从系统观、大旅游观出发，涉及开发文化遗产旅游产品全过程的各个主要环节，是适应我国文化遗产旅游发展实际、指导其实现跨越式发展的思想理念。

（2）文化遗产转化为旅游产品的“三高”原则

如果说理念解决的是思想和观念问题，那么原则解决的是规则和标准问题。在上述“四化”理念的指导下，文化遗产旅游开发应当坚持高规划起点、高科技含量、高产品品位的“三高”原则。高规划起点即在文化遗产旅游开发过程中，应当首先进行高起点的规划，这是坚持高标准建设和高效能管理的基础，是打破各种条块分割、提高文化遗产旅游产品开发水平、加快文化遗产旅游资源开发进程的前提条件。高科技含量即以创新、创意和创造为原则，在文化遗产旅游资源开发的规划、建设、经营、管理等各个环节，采用国内外先进技术，提高文化遗产旅游产业的科技含量，降低资源开发的硬成本。高产品品位是在“休闲引领时尚、旅游改变生活”的历史阶段中提高文化遗产旅游产品吸引力的根本出路，也就是说，文化遗产旅游产品的开发不但要看数量，而且要看质量，不但要有格局，而且要有档次和品质，重中之重的问题是提高文化遗产旅游资源开发的文化含量以及表达方式，大力开发建设具有文化品位的新型休闲娱乐项目和场所。

（3）文化遗产转化为旅游产品的“三化”目标

关于文化遗产旅游开发的目标，业界和学界有各种各样的说法。比较一致的观点是，文化遗产旅游开发应秉承主题化、深度化、目的地化的“三化”目标。主题化是当今旅游产品开发的潮流趋势之一，主题旅游产品是传统大众旅游产品的升级换代。我国现阶段文化遗产旅游产品的开发对主题特色的表现较薄弱，因此应该将主题化作为文化遗产旅游产品开发的基本目标之一。旅游产品开发的深度化是指旅游者在做出大量调查、学习乃至研究之后，从文化、历史、地理的角度，去观赏一个城市或地区的自然人文景观，体味当地人的生活状态，感受目的地地域文化的特色和魅力。深度旅游是一种以当地人的心态来感受风景、体验文化、了解生活的方式，因此，深度化也是适合文化遗产旅游产品开发的基本目标之一。目的地化则是指在文化遗产旅游产品开发过程中，应当以城市或区域文化为背景，开发不同类型的文化遗产旅游产品，并形成科学合理的文化遗产旅游产品体系。

拓展阅读7-6

文化和自然遗产日

2）文化遗产旅游开发模式

（1）保护视角的文化遗产旅游开发

在属于文物范畴的文化遗产旅游产品的开发中，保护与开发之争表现得尤为激烈。其根本原因是利益追求的冲突，直接原因是旅游开发所导致的文化遗产的破坏。近年来，很多学者从经济效益的角度提出，旅游开发能够为文化遗产获取保护经费，从而提高文化遗产的自我保护能力。这种观点有一定的现实意义，但是并没有指明保护与开发关系的核心。保护与开发从本质上看具有内在统一性，二者的关系定位应该是：保护是基础，开发是目的，开发促进保护。虽然保护是基础，是文化遗产旅游开发的前提，但是保护本身并不是目的。如果文化遗产被“密封罐式”地保护起来，我们对文化遗产的保护也就失去了意义。文化遗产是文化载体、文化媒介，更是人类的历史记忆现场、情感空间和精神殿堂。保护文化遗产的目的是更好地开发利用文化遗产，是为了让公众认识、认可、认知文化遗产，从而充分发挥文化遗产的历史、社会、文化、精神等功能。文化遗产的保护需要通过开发来加强，实现以开发促保护。

长期以来，我国文化遗产保护工作主要由遗产保护工作者和政府来承担，但面对规模庞大的文化遗产，其力量是薄弱的。只有公众积极参与，才能真正实现对文化遗产的有效保护。目前，我国很多文化遗产还处于“全面保护、拒绝开发”的状态，这导致公众与文化遗产之间缺少有效的沟通渠道。虽然所在地居民与文化遗产之间因地理位置相近而存在沟通渠道，但尚缺少保护意识。党的二十大报告提出，“加大文物和文化遗产保护力度，加强城乡建设中历史文化保护传承，建好用好国家文化公园”“坚守中华文化立场，提炼展示中华文明的精神标识和文化精髓，加快构建中国话语和中国叙事体系，讲好中国故事、传播好中国声音，展现可信、可爱、可敬的中国形象”。这为新时代我国文化遗产保护事业发展擘画了蓝图，指明了方向。因此，从保护的角度来看，只有通过有效的开发，让公众能够通过直接或间接途径获得利用文化遗产的机会，意识到文化遗产与自己的关系、对自己的意义，公众才能做到自觉保护、主动监督。

（2）发展视角的文化遗产保护与开发

发展是文化遗产保护与开发的目的，保护与开发是文化遗产发展的实现手段。文化和旅游部也一直强调文化遗产保护一定要考虑如何促进当地经济社会的发展，要惠及民众。保护是发展的基础手段，开发是发展的直接手段。保护首先是对文化遗产现存状态的维护和原真性的维持，而这正是文化遗产旅游吸引力的本源。当然，保护不仅仅是一个静止的概念，它还包括不断发现、挖掘、扩充文化遗产的内涵。开发能够直接促进经济、社会、文化、环境、人的发展等。此外，文化遗产不应该仅仅被赋予静态的意义，它需要“传承、融合、吸收、创新”。对于物质文化遗产，我们需要加强考古发掘，不断发现新的遗产，创新研究方法，从而丰富原有遗产的内涵，拓宽开发利用渠道，进一步增强物质文化遗产的功能；对于非物质文化遗产，我们应通过调查对其进行客观记录，并对其进行丰富和创新，同时要积极培养传承人，让非物质文化遗产绽放出更加迷人的光彩。

发展是判断保护与开发绩效的标准，发展对文化遗产的保护与开发具有导向作用。这种导向作用体现在发展观的引导和发展结果的激励两个方面，有积极导向，也有消极导向。一方面，旅游发展观决定了人们对保护的重视程度和开发的基本模式。一般来说，在经济动力型发展观的引导下，文化遗产旅游追求市场规模和旅游收入，容易导致过度开发甚至破坏性开发；在可持续发展观的指导下，保护往往成为重点，开发为循序渐进式的集约模式。另一方面，文化遗产带来的发展在经济、社会、文化等各个领域的表现往往是不同步的。通常，发展最强劲的领域会被开发者或公众所认可，由此“激励”了保护与开发集中趋向这个领域；发展势弱的领域则会被忽略或淡化。

小资料 7-6　　旅游对中国世界遗产地的影响

截至2023年9月17日，中国世界遗产总数已达57项。被列入《世界遗产名录》的项目都是世界级名胜，这意味着其声名远播并为当地旅游业带来了丰厚的收入。因此，中国各级地方政府掀起了一股申遗的热潮。然而，在入选世界遗产后，许多地方政府往往只看到了旅游开发能带来的巨大利益，却忽略了对世界遗产的保护，或者是保护不到位，从而导致了一系列问题的出现。例如，过度开发导致环境污染问题日益严重，遗产地的人工化、商业化、城市化痕迹不断增大。

小思考7-6

分析提示

小思考7-6

说说中国世界遗产旅游可持续发展的对策。

(3) 可持续发展视角的文化遗产旅游产品体系

可持续发展是文化遗产保护与开发的立足点，是文化遗产旅游开发的目标。从可持续发展的视角来分析文化遗产旅游，保护、开发、发展的内在互动机制是基础，旅游发展观的提升和发展模式的转变是中心，目标则是构建可持续文化遗产旅游产品体系。可持续文化遗产旅游产品体系体现的是对公众权利的保障，追求的是以人为本、文化遗产相关主体的利益实现、资源的永续利用。具体来说，可持续文化遗产旅游产品体系就是遵循可持续发展理念，树立文化资源观、文化尊重（自尊和他尊）观、文化保护观、文化发展观，形成涵盖时间维度、空间维度、功能与形式维度的多元化产品体系。

①时间维度

时间维度包括历史时间和旅游季节性两个层面。首先，文化遗产旅游产品既要体现文化遗产的历史静态性，又要体现文化遗产的历史动态性。从历史静态性的角度来看，文化遗产旅游产品应展现文化遗产在某一个历史时期的状态、形式与内涵，一般为文化遗产被发现时的原态所代表的时期或其自身发展的繁荣期。从历史动态性的角度来看，文化遗产旅游产品应反映文化遗产的发生、发展、传承以及融合创新，体现文化遗产的历史纵向延伸，这有助于公众全面客观地认识、解读、认知文化遗产。其次，文化遗产旅游产品应体现旅游活动的季节性，要有平衡旅游者需求淡旺季的多种类型产品。

②空间维度

空间维度包括遗产存在空间和旅游开发空间两个层面。很多文化遗产存在的空间跨度较大，尤其是线性文化遗产和流传范围较广的非物质文化遗产，它们在空间上大都跨越多个行政区域。因此，文化遗产旅游产品要表现文化遗产的整体性和空间多元性，要体现文化遗产的文化共性和地域差异性，要在主题统一的基础上展现各空间部分的地域特色。从旅游开发空间的角度来看，文化遗产旅游产品必须体现保护与开发的内在统一性，要实现合理的产品空间布局，从而保证遗产自身的尊严和各利益主体权利的合理实现。具体来说，文化遗产旅游开发应该形成合理的功能分区和产品空间布局：保护中心（原态保护或局部展示型旅游产品）；展示中心（博物馆、艺术馆、展览馆、特色文化街区等）；文化基地（文化园、文化传承中心、文化聚集点等）；文化主题公园（文化娱乐、文化参与、文化体验型旅游产品）；文化产业区（文化商品、文化演艺产品等）；文化产业聚集区（文化产业带动的其他产业转化成的旅游产品）。需要注意的是，不同分区、不同类型的产品针对的是不同的旅游群体，满足的是旅游者不同层次的需求，最终实现的是保护、开发、发展的协调。

③功能与形式维度

功能与形式维度包括开发什么性质的产品和什么形式的产品两个层面。功能是指文化遗产旅游产品的性质和用途，其产生的前提是旅游者的旅游目的不同。旅游者在旅游过程中，往往只对符合自己旅游目的的产品进行选择和消费。因此，文化遗产旅游产品应满足不同的旅游目的，形成涵盖文化观光、文化学习、文化认知、文化娱乐、文化参与、文化体验等功能的产品体系。形式是指文化遗产旅游产品的存在形式和表现形式，其产生的前提是公众对文化遗产需求层次的差异。公众需求层次的差异主要体现在旅游者对文化遗产的接受和认知能力不同，精英旅游者具有很高的自我解释和自我认知能力，其可以自主解读文化遗产的内涵和价值；大众旅游者则需要通过辅助性的展示、模拟以及自我的参与、体验等来完成对文化遗产的认知。因此，文化遗产旅游产品必须符合不同旅游者的认知能力，能够满足不同层次旅游者的需求。基于此，文化遗产旅游产品的形式主要有静态展示、多媒体展示、虚拟/数字化展示、场景展示、场景模拟、活动参与等。

7.4 旅游文化与全域旅游

7.4.1 全域旅游的内涵

所谓全域旅游，是指在一定区域内，以旅游业为优势产业，通过对区域内的经济社会资源尤其是旅游资源、相关产业、生态环境、公共服务、体制机制、政策法规、文明素质等进行全方位、系统化的优化提升，实现区域资源有机整合、产业融合发展、社会共建共享，以旅游业带动和促进经济社会协调发展的一种新的区域协调发展理念和模式。进入新时代以来，我国旅游领域发生了显著变化，民众出游目的呈现多元化特征，活动遍布目的地公共空间，这与传统的旅游接待模式和空间发展格局产生了巨大的矛盾。旅游者和目的地民众共享的生活空间不断扩大，专门服务于旅游者的旅游要素与专门服务于居民的休闲要素渐行渐近。发展全域旅游，是新时代我国旅游业发展理念的升级、模式的转化和路径的变革，是旨在解决长期以来我国旅游业发展过程中诸多积弊和促进目的地社会可持续发展的划时代重大战略。

7.4.2 全域旅游对目的地的社会文化影响

旅游对目的地的社会文化影响是指旅游活动对目的地社会的价值观、意义体系（如语言、服饰、民间艺术、宗教等）以及社会生活质量（如家庭结构、性别角色、社会结构等）所产生的影响。

全域旅游时代，旅游者越来越深地与旅游目的地的各个环节和要素发生交集，旅游者和目的地民众之间的交往也日益密切。旅游活动对目的地社会文化影响的表现形式及具体内容都在一定程度上发生了改变，目的地各类社会资源积极融入旅游接待。旅游餐厅、旅游商店、旅游酒店等设施和服务不再是旅游者不变的选择，民宿、社会餐厅、目的地民众的公共生活空间等成为旅游者更愿意光顾的地方。产业融合发展的结果是旅游接待系统不再是独立于目的地社会之外的自循环，旅游者的活动空间大幅度拓宽，活动影响涉及目的地社会的各个领域，由此导致旅游者和目的地民众接触和交流的范围更广、频率更高，旅游者的活动对目的地社会文化的影响也因此超越了传统的旅游接待业。

1）影响的表现形式

全域旅游对目的地的社会文化影响依据表现形式的不同，可以分为显性影响和隐性影响两种。显性影响的表现较为直观，易于感知。例如，目的地居民的传统服饰受外来文化影响而发生改变并失去特色，在特定时空环境中举行的民俗节庆等活动被商业化和舞台化，目的地某些业已消失的文化现象因发展旅游业而被刻意恢复或保护等。隐性影响的表现较为隐晦，短时期内难以觉察，但具有较强的惯性，一旦形成，再采取任何措施都为时已晚。例如，目的地文化在与外来文化的交流中实现现代化，或被外来文化同化导致特色丧失，传统的价值观和伦理道德因受外来文化的影响而消退或遗失等。

2）影响的具体内容

全域旅游对目的地的社会文化影响的具体内容基本没有发生改变，已有的研究成果对此有较多的描述，但是影响的范围会大大突破其原有的边界而蔓延至目的地社会的各个层面。整体而言，全域旅游对目的地的社会文化影响分为积极和消极两个方面。在发展全域旅游的过程中，目的地加强本土文化保护和传承的工作会突破原有空间界限，覆盖到整个旅游接待地，这虽然是为了促进旅游业的发展，客观上却有利于文化的保护和传承。同时，全域旅游能够在原有基础上进一步促进目的地的对外文化交流，这不仅有助于肯定其原有价值观，而且有助于实现目的地文化的现代化。全域旅游对目的地社会文化的消极影响依然表现为本土文化被同化，被过度商业化、庸俗化，目的地道德水平下降及犯罪率上升等。基于这一时期旅游对目的地影响的泛化特征，全域旅游可能给目的地社会文化带来的消极影响范围更广、程度更深、内容更复杂，对目的地社会文化的破坏性更强。学术界和业界必须予以高度重视，积极探索科学可靠的方法和路径，在保护好目的地社会文化资源的前提下，促进经济社会的全面发展。

7.4.3　全域旅游视角下文化旅游的发展

1）注重互联互通，融通产业要素

基于全域旅游的思路开发文化旅游产品，应该准确把握产业要素的融通方式。

一是要摆脱传统旅游产业发展的思维束缚，发挥其社会娱乐和强身健体的功能。在开发过程中，赋予文化旅游产品崭新的内涵和外延，使之符合当下旅游者的需要，提升文化旅游产品的竞争力。

二是将单体旅游项目放在区域发展中通盘考量。把文化旅游产品放在一个行政区内来考量，或者将诸多单体作为一个景点放在较大的旅游区域内加以设计，实现区域内的旅游产业全景化、全覆盖，这是一种资源优化、空间有序、产品丰富、产业发达的系统旅游思维。因此，开发文化旅游产品需要区域内全社会参与、全民参与，进而推动产业建设和区域经济整体提升。

三是全域旅游开发的着力点在于提升旅游体验的质量和旅游产品的品质。因此，开发文化旅游产品要切实做好项目自身与外部产业要素及行业资源的整合，打破原有的观念束缚，推动单一旅游项目向深度衍生；要融入其他产业要素，实现跨界融合、协同发展，加快推进旅游产业与体育、医疗、农业、工业等关联产业的结合；要运用互联网思维融通整个区域的产业发展，倡导各行业积极融入其中，在最佳时间、最佳地点、最佳节点上配置旅游产业要素，为旅游者提供全过程、全方位的体验产品。

2）强化政府引导，做好顶层设计

文化旅游资源中的大部分都是群众自发组织的民俗活动，处于不同的时间和场所，尽管有着深厚的群众基础，但要形成现代全域旅游产品还需要时日。因此，政府的宏观管理和中观引导作用不可或缺。

一是要进一步加强对单体与区域发展整体的契合设计。做好顶层设计，就是要从区域整体发展的层级对资源单体或景区进行设计规划，进一步整合区域历史文化资源，适度统筹层级分工，在活动的开发、管理、组织和实施过程中，运用政府调控手段，激活呆滞的产业要素，共建共享，实现景区、行业与区域的协同发展。

二是进一步做好文化活动计划的统筹设计。政府可以根据旅游产业发展规划，组织设计形式新、内容新的活动载体，分步分层实施。

三是注重与文化活动的关联设计。政府作为地方旅游项目的顶层设计者，应该加强资源协调，注重引导，有所作为。这就需要将原来各自分割的文化活动要素聚集起来，形成跨产业、跨行业、跨区域、跨时段、跨载体的贯通融合发展格局。

3）聚力创意创新，打造全新产品

在发展全域旅游的过程中，还要满足现代居民对旅游功能的要求，创新文化旅游产品。

一是创新文化活动的内容。根据文化旅游产业的发展趋势，有的放矢地丰富文化旅游的内容，并衍生到旅游产业的“食、住、行、游、购、娱”全部环节中，实现文化旅游产业自身的全覆盖。

二是创新文化活动的载体。按照全域旅游的发展思路将文化内容附着在不同的载体上，打造新的文化旅游产品。例如，可以将文化内容设计在新农村建设中，开发城乡一体化的乡村游；还可以将文化内容设计在全民健身运动中，开展徒步、登山、野外骑行等活动，打造体育休闲健身品牌。

三是创新文化活动的运行机制。发展全域旅游，其核心思路是将旅游活动融入区域整体发展，而不能人为地割裂旅游活动与周边社会生态环境的联系。一定要破除门票经济的束缚，使文化旅游活动与景区周边的开发建设融为一体，借助产业、企业、个人等多元力量进行开发，全民共用、共享、共赢，协同创立文化旅游新品牌。

4）充分利用各类资金渠道

开发文化旅游活动，并将之提升为现代文化旅游产业，需要投入大量资金。首先，要善于借力民营资本。开发全域旅游项目，要鼓励大众参与、全民创业，让民营资本唱主角。可以由政府出面整合资源、设计项目，将城乡一体化、乡村游、全民健身、市民休闲等创业要素融聚到一起，也可以建立项目库，发布信息，提供服务，主动对接民间资本。其次，要善于借助银行资本。可以采取整合项目的形式，利用文化资源的预期效能协调银行专项贷款产品，加速打造文化项目品牌。最后，要善于利用文化旅游产业专项引导资金。利用文化旅游产业专项引导资金弥补前期投资短板，能够实现项目经济效益和社会效益的双提升。

本章小结

- 生态文明是指人类在物质生产和精神生产中充分发挥人的主观能动性，按照自然生态系统和社会生态系统运转的客观规律建立起来的人与自然、人与社会的良性运行机制和协调发展的社会文明形式。
- 文化遗产旅游是以世界遗产为吸引物，到遗产地去欣赏遗产的景色、体验或学习遗产文化的旅游活动。
- 全域旅游是指在一定区域内，以旅游业为优势产业，通过对区域内的经济社会资源尤其是旅游资源、相关产业、生态环境、公共服务、体制机制、政策法规、文明素质等进行全方位、系统化的优化提升，实现区域资源有机整合、产业融合发展、社会共建共享，以旅游业带动和促进经济社会协调发展的一种新的区域协调发展理念和模式。

主要概念

生态文明　文化全球化　全域旅游

基础训练

7.1　选择题

1）下列属于可持续发展原则的有（　　）。

A.公平性原则　　B.发展的原则　　C.质量原则　　D.时序性原则

2）旅游全球化的动因有（　　）。

A.经济　　B.社会　　C.技术　　D.历史

3）文化遗产旅游的原真性概念可以分为两个独立的部分，即（　　）。

A.旅游者体验　　B.旅游业　　C.旅游对象　　D.旅游学科

随堂测验7-1
选择题

7.2　判断题

1）可持续发展指标体系的一个重要功能是定性评价和预测一定区域的可持续发展状态和趋势。（　　）

2）全球化对旅游文化只有消极影响。（　　）

3）文化遗产旅游更具有大众性，因为遗产是全世界人民的共同财产，游览遗产是全世界人民的权利。（　　）

随堂测验7-2
判断题

随堂测验 7-3

简答题

7.3　简答题

1）简述旅游的两种文化发展观。

2）遗产旅游的文化功能有哪些？

案例分析

欧洲文化遗产的保护

欧洲文化遗产的保护最初仅局限于建筑物，随着实践的深入以及对历史背景和文化环境重视程度的提高，保护对象的种类逐渐增多，范围也越来越大，从建筑物到建筑群，从建筑群再到历史地段，从历史地段再到整个城区。各个保护对象都逐渐有了自己的保护原则和保护方式。

1）建筑及建筑群

建筑及建筑群是欧洲文化遗产中保护最早也是最受关注的对象，对它们的分类研究也是最细致的。根据建筑所蕴含的价值，欧洲建筑文化遗产可以分为具有重大历史和艺术价值的古建筑、历史纪念建筑物、在城市规划和城市发展史上产生巨大影响的建筑物、具有重大意义的近现代建筑物、具有文化意义的建筑物。在此基础上还可以进一步细分（见表 7-1）。

表 7-1　欧洲建筑文化遗产分类

大　类	细　类	代表建筑
具有重大历史和艺术价值的古建筑	古希腊、古罗马建筑	雅典卫城、罗马角斗场、卡拉卡拉浴场
	中世纪建筑（拜占庭式、罗马式、哥特式）	圣索菲亚大教堂、比萨大教堂、巴黎圣母院
	文艺复兴至古典主义时期建筑	花之圣母大教堂、卢浮宫
历史纪念建筑物	宗教史上重大事件发生地的建筑	圣伯多禄大教堂、耶路撒冷圣石庙
	其他重大历史事件发生地的建筑	凡尔赛宫、威斯敏斯特教堂
在城市规划和城市发展史上产生巨大影响的建筑物	构成城市构图轴线的建筑	巴黎的协和广场、香榭丽舍大道、戴高乐广场
	和城市主要广场相联系的建筑	威尼斯市中心的圣马可大教堂
	历代留存的城墙及城门	罗马奥勒良城墙
	城市标志建筑或雕塑	埃菲尔铁塔
具有重大意义的近现代建筑物	反映社会发展和经济进步的建筑	巴黎火车站
	显示技术进步与技术完美的建筑	英国乔治铁桥、罗马小体育宫
	近代史上有重要地位或著名建筑师的作品	法国的朗香教堂
具有文化意义的建筑物	科学家、文学家、艺术家活动留下文化印记的建筑物	巴黎的名人故居

欧洲各国对建筑文化遗产注重原则性保护，其中又对全面保护原则即整体性保护原则极为重视。为此，欧洲各国做了大量的研究和实践工作，如制定文化遗产保护清单、考虑城市和乡村现有社会和自然现实的连续性等。

在建筑遗产保护的具体措施方面，主要有防止衰变、维持现状、加固、修复、使用、复制和重建七种方法。在实际操作中，这七种方法的使用有先后之分。首选的方法是防止衰变、维持现状、加固，其次是修复、使用、复制，重建只在迫不得已的情况下采用。易地重建要满足集中保护、集中观赏、解决城市建设矛盾等条件。

2）遗址及历史地段

《威尼斯宪章》对遗址的保护有原则性的规定：保护其完整性，并确保用恰当的方式进行清理和开放。欧洲国家在对遗址保护的实际操作中采用归位复原的原则。在归位复原的原则下有两种做法：一是原真性复原，这适用于挖掘出来的构件比较齐备的历史遗迹；二是示意性复原，这适用于构建不齐的立面建筑和历史遗址。

遗址环境的保护也是欧洲国家遗址保护的一部分，在地段周围设置围护设施是常见的做法。保护的内容还包括严格控制遗址周围一般性的建设项目、交通设施等。

文化遗产保护的对象由建筑遗址扩大到历史地段，是20世纪60年代以来欧洲各国开始重视的事情。历史地段主要指建筑历史遗址集中的地区及其周围的环境。对历史地段的保护一定要充分体现其历史价值，切忌“锦上添花”、画蛇添足。

3）城市环境

欧洲国家把城市环境纳入文化遗产保护对象的范畴中虽然时间不长，但研究的内容无所不包。其大致可分为两类：一类是城市格局；另一类是城市风貌。

城市格局的保护主要从城市发展模式、城市交通、城墙、城市构图轴线和重要节点四个方面着手。城市风貌的保护包括城市天际线和历史街区的保护。历史街区包括住宅、店铺、园林以及社区活动等。一方面，要保护历史街区的社会功能，满足今日生活的需要；另一方面，历史街区作为历史的风情画卷，应尽量保持其原有面貌。取得后一种效益，要以巨大的财力、物力为代价，显然不可能普遍推广。在实践中，欧洲各国主要采用物质效益和精神效益相结合又相“妥协”的办法，严格控制最敏感的区域，其他地段则比较自由，建筑外部必须仿古，内部格局允许按新的功能要求改变。

对于变化很大的城市环境，采取的保护措施是借助协调和对比手法进行整治和再设计。华沙古城的重建就是这样一个典型的例子。一般来说，文化遗产是不主张重建的，但是为了保护自己的民族文化和历史传统，有时这种做法是值得借鉴的。

除上述种类以外，欧洲文化遗产的保护对象还包括历史村落、古典园林、风景名胜、历史文化传统以及体现地方特色的民俗风情、集市贸易、手工艺品、风味菜点等。

随堂测验7-4

案例分析

资料来源　张维亚，喻学才. 欧洲文化遗产保护研究述评［M］. 南京：东南大学出版社，2007.

问题：欧洲文化遗产保护对我国文化遗产保护和利用有何启示？

实践训练

以小组为单位，以我国某处世界文化遗产为例，列出可持续发展的文化指标体系并予以解释。

本章参考文献

❶马勇，陈慧英. 旅游文化产业竞争力综合评价指标体系构建研究［J］. 中南林业科技大学学报（社会科学版），2012（1）.

❷邓明艳. 世界文化遗产旅游基本问题研究［J］. 乐山师范学院学报，2005（10）.

❸方宏烨. 全球化背景下旅游者与东道主的交往文化［J］. 郑州大学学报（哲学社会科学版），2008（2）.

❹巨东红. 文化全球化成因及其发展趋势探析［J］. 北华大学学报（社会科学版），2006（2）.

❺姜浩然. 论旅游全球化及其对中国的影响［J］. 商场现代化，2008（7）.

❻牛亚菲. 旅游业可持续发展的指标体系研究［J］. 中国人口资源与环境，2002（6）.

❼王京传. 文化遗产的保护、开发与旅游产品体系构建［J］. 旅游学刊，2010（5）.

❽王玉成. 旅游文化概论［M］. 北京：中国旅游出版社，2005.

❾喻学才. 遗址论［J］. 东南大学学报（哲学社会科学版），2001（2）.

❿颜军，李荃辉，庞甲光，等. 论文化旅游是实现旅游可持续发展的有效途径［J］. 改革与战略，2009（12）.

⓫朱竑. 文化遗产转化为旅游产品：理念·原则·目标［J］. 旅游学刊，2010（6）.

⓬钟贤巍. 旅游文化学［M］. 北京：北京师范大学出版社，2004.

⓭谷金明. 基于美丽乡村建设的旅游文化发展研究［J］. 农业经济，2021（1）.

本章推荐阅读文献

❶甄尽忠. 中国旅游文化［M］. 郑州：郑州大学出版社，2002.

❷喻学才. 非物质遗产定义的局限性研究［M］. 北京：北京师范大学出版社，2007.

❸喻学才. 中国三千年遗产保护传统的初步研究［M］. 杭州：浙江大学出版社，2007.

本章推荐网站

❶https://www.ihchina.cn，中国非物质文化遗产网·中国非物质文化遗产数字博物馆

❷https://www.sinowh.org.cn/Home/Index，亚太世界遗产网

富媒体智能型教材出版说明

“财经高等职业教育富媒体智能型教材开发系统工程”入选国家新闻出版广电总局新闻出版改革发展项目库，并获得文化产业专项资金支持，是“国家文化产业资金支持媒体融合重大项目”。项目以“融通”“融合”“共建”“共享”为特色，是东北财经大学出版社积极落实国家推动传统媒体与新媒体融合发展的重要举措之一。

“财济书院”智能教学互动平台是该工程项目建设成果之一。该平台通过系统、合理的架构设计，将教学资源与教学应用集成于一体，具有教学内容多元呈现、课堂教学实时交互、测试考评个性设置、用户学情高效分析等核心功能，是高校开展信息化教学的有力支撑和应用保障。

富媒体智能型教材是该工程项目建设成果之二。该类教材是我社供给侧结构性改革探索性策划的创新型产品，是一种新形态立体化教材。富媒体智能型教材秉持严谨的教学设计思想和先进的教材设计理念，为财经职业教育教与学、课程与教材的融通奠定了基础，较好地避免了传统教学模式和单一纸质教材容易出现的“两张皮”现象，有助于教学质量的提高和教学效果的提升。

从教材资源的呈现形式来说，富媒体智能型教材实现了传统纸质教材与数字技术的融合，通过二维码建立链接，将VR、微课、视频、动画、音频、图文和试题库等富媒体资源丰富地呈现给用户；从教材内容的选取整合来说，其实现了职业教育与产业发展的融合，不仅注重专业教学内容与职业能力培养的有效对接，而且很好地解决了部分专业课程学与训、训与评的难题；从教材的教学使用过程来说，其实现了线下自主与线上互动的融合，学生可以在有网络支持的任何地方自主完成预习、巩固、复习等，教师可以在教学中灵活使用随堂点名、作业布置及批改、自测及组卷考试、成绩统计分析等平台辅助教学工具。

富媒体智能型教材设计新颖，一书一码，使用便捷。使用富媒体智能型教材的师生首先下载“财道书院”App或者进入“财济书院”（www.idufep.com）平台完成注册，然后登录“财济书院”，输入教材封四学习卡中的激活码，建立或找到班级和课程对应教材，就可以开启个性化教与学之旅。

“重塑教学空间，回归教学本源！”“财济书院”平台不仅仅是出版社提供教学资源和服务的平台，更是出版社为作者和广大院校创设的一个教学空间，作者和院校师生既是这个空间的使用者和消费者，也是这个空间的创造者和建设者，在这里，出版社、作者、院校共建资源，共享回报，共创未来。

最后，感谢各位作者为支持项目建设所付出的辛劳和智慧，也欢迎广大院校在教学中积极使用富媒体智能型教材和“财济书院”平台，东北财经大学出版社愿意也必将陪伴广大职业教育工作者走向更加光明而美好的职教发展新阶段。

东北财经大学出版社